우문희 산문집
산성마을 농사꾼 이야기

우문회 산문집
산성마을 농사꾼 이야기

이병한 外

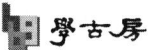

책을 내면서

우문회友文會는 중문학을 전공한 이들의 글쓰는 모임입니다. 회원들의 삶에 대한 진솔한 이야기를 통해 중문학의 심오함과 다채로움을 드러내어 보자는 뜻에서 시작된 산문 모임입니다. 우문회가 모임을 시작한 날은 1996년 9월이었습니다. 2년 뒤인 1998년 8월 창석蒼石 이병한李炳漢 선생님의 정년퇴임을 기념하여 수필집 《요리사와 천하지사》를 출간하였습니다. 그로부터 다시 10년이 지난 지금 우리는 그동안 쓴 글의 일부를 골라서 또 한 권의 책을 엮었습니다. 줄곧 모임을 이끌어 오신 창석 선생님의 퇴임 10주년을 기념하려는 취지에서입니다.

창석 선생님을 모시고 우리는 두 달 마다 한번 씩 모였습니다. 주로 서울대학교 동원관에 모여 반주를 곁들인 저녁 식사를 하면서 각자가 쓴 글을 번갈아 읽고 함께 감상하면서 즐거운 시간을 보냈습니다. 때로는 다른 즐거움도 있었습니다. 선생님께서 집에서 담은 술을 가지고 오시는 날에는 술맛을 즐기는 재미가 있었고, 박석 회원이 자기가 작사 작곡한 노래를 기타 반주로 부를 때나 김성곤 회원이 대금을 멋들어지게 불 때에는 음악 감상하는 기쁨도 곁들일 수 있었습니다. 창석 선생님께서 최근에 배웠다고 하시면서 하모니카를 불 때는 선생님의 천진함에 감동하기도 하였습니다. 그렇게 하여 강산도 변한다는 10년의 세월이 훌쩍 지났으니, 이 책은 우리 모두의 10년 세월을 기념하는 것이기도 합니다.

글을 읽으면서 우리는 글쓴이의 지향을 알 수 있었고 정서를 공유할 수 있어서 좋았습니다. 그리고 글쓴이의 최근 관심사에 대해서도 알게 되었습니다. 특히 창석 선생님께서 산성마을에서 사모님과 농사를 지으면서 체험하고 느낀 것을 글로 써 오셨을 때에는 선생님의 그 생활이 우리의 눈앞에 생생하게 그려졌습니다. 이 책을 읽는 독자들도 아마 공감하게 될 것입니다. 선생님이 늘 건강하시고 늘 글을 쓰셔서, 산성마을의 생활과 그 외 여러 이야기를 계속 붓에 담아 주시기를 바라마지 않습니다.

이 책을 낸다는 소식을 들으시고, 우리의 큰 선생님이시고 우리 중문학계의 태산북두泰山北斗이신 한당閒堂 차주환車柱環 선생님께서 귀한 글을 주셨습니다. 감사드리며 늘 건강하시기를 축원합니다. 반농伴農 이장우李章佑 선생님께서도 글을 주셨습니다. 덕택에 이 책이 한결 빛을 발하게 되었습니다.

매번 모임이 있을 때면 우리는 글을 짓느라고 고심하였고, 모임에서 서로 과제는 해왔냐고 물으면서 웃곤 하였습니다. 전문 수필가가 아닌 우리에게 수필 쓰기는 분명 학창시절 과제물 같은 것이었습니다. '수필隨筆'의 뜻이 '붓 가는 대로 쓰다'라는 사실에 용기를 내어 이 책을 엮었지만 시원찮은 과제물이 혹 독자들의 눈을 거슬리게 하지나 않을까 걱정입니다. 독자들의 아량을 바랍니다.

끝으로 이 책을 흔쾌하게 출판해 준 학고방 여러분에게 감사의 뜻을 표합니다.

2008년 4월 18일
이 영 주

차 례

시인의 영토 - 시도 읽읍시다_강성위 / 11
아, 기계(碁械)형!_강성위 / 15
퇴계의 어머니_강성위 / 21
진미집 이야기_김성곤 / 27
꽃을 찾아서_김성곤 / 33
여유로운 삶을 위하여_김성곤 / 38
노래 이야기_김성곤 / 45
漢詩로의 초대_김성곤 / 51
말_류종목 / 59
한 치 앞_류종목 / 64
휴일 나들이_류종목 / 71
예정주량과 십일금_류종목 / 79
「천녀유혼倩女幽魂」의 장국영張國榮을 애도하며_박석 / 85

속리산의 황홀한 일몰, 그리고 어둠 속의 산행_박석 / 95

음악, 영혼을 울리는 바람_박석 / 106

젊은 날의 무거운 짐 하나를 내려놓다_박석 / 115

노자의 부드러움의 철학과 바라보기 명상_박석 / 125

남산 산책로로 학교를 다닌다면_오태석 / 133

르네 마그리트전을 다녀와서_오태석 / 139

섞임의 미학_오태석 / 142

'池塘生春草'와 '芙蓉出水'_원종례 / 148

매화_원종례 / 155

納凉斷想_원종례 / 159

가을의 기원_원종례 / 162

所有와 逍遙_원종례 / 164

귀농 예비 제일단계_원종례 / 171

遊春散策_원종례 / 178

우문회입적기_이남종 / 183

드라마 '하늘이시여(上邪)'를 시청하고_이남종 / 188

《맹호연시 연구》 출간 후기_이남종 / 195

자랑스러운 방송대, 자랑스러운 우리들_이남종 / 205

장미薔薇, 그녀_이남종 / 212

등대지기_이병한 / 218

삼절입문 (三絶入門)_이병한 / 223

눈이 오는 계절_이병한 / 230

땅 쓸고 꽃잎 떨어지기 기다리노라_이병한 / 237

산성마을 농사꾼 이야기_이병한 / 243

어느 良醫 이야기_이영주 / 251

한시를 읊는 중국 정치인_이영주 / 257

阿房宮 매화_이영주 / 265

인연_이영주 / 268

월영매_이영주 / 272

나의 좌우명_이장우 / 277

벤쿠버 통신 1_이장우 / 282

벤쿠버 통신 2_이장우 / 285

벤쿠버 통신 3_이장우 / 288

퇴계선생의 소백산 유람기_이장우 / 291

갈매기_차주환 / 296

康健 有爲 長壽_차주환 / 300

老後生活_차주환 / 305

시인의 영토 - 시도 읽읍시다_강성위

　　세간에 한창 뜨고 있는 "독서권장 프로그램"을 두고 말이 많습니다만 이 TV 프로그램으로 인하여 책읽기를 죽기보다 싫어하던 애들이 서점을 찾는 일이 잦아졌다는 이상 신드롬을 두고 고무적인 현상으로 파악하는 관측이 지배적인 듯합니다.
　　TV 프로그램으로 인해 청소년 독서량이 늘어나고 그로 인해 좀 더 성숙한 청소년 문화가 열린다면 이 아니 반가운 일이겠습니까만 문제는 상당수 청소년의 독서 열풍이 진정 독서에 대한 중요성을 깨달아 책을 가까이 하게 된 것이라 보기엔 뭔가 석연찮은 구석이 있다는 데 있습니다. 뜨고 있는 TV 프로그램에 대해 할 얘기가 없으면 시대에 뒤처지는 것으로 인식되는 상황에서 만에 하나 있을지 모르는 요행(매스컴을 타는 일)을 위한 것일 수도 있다는 우려와 함께, 요즘의 베스트셀러만 권장하는 왜곡된 독서 유도 방식이 오히려 부작용을 초래할 수도 있다고 진단한 전문가의 의견이 그저 변방의 군소리 정도로만 여겨지고 있는 데서 저는 일종의 비애감 을 느낍니다. 최근에 각광을 받고 있는 책 몇 권을 읽지 않았대서 잘못된 독서를 하고 있지는 않느냐며 비아냥거리는 걸 접할 때면 때로 분노감 같은 것을 느끼기도 합니다. 불과 몇 달 사이에 베스트셀러의 대열에 든 책을(베스트셀러가 반드시 베스트 북인 것은 아니지요) 몇 백 년 동안 꾸준히 읽혀 확고하게 베스트 북으로 자리 잡은 책보다 가치 기준을 높게 책정하는 듯한 프로그램 진행은 얄팍한 상술(TV 프로그램도 상품이지요) 그 이상도 이하도 아닌 것이라 여겨보면서…

다들 레이몬드 위버 교수의 얘기를 아시겠지만 기억이 가물가물한 분들을 위해 다시 소개하도록 하겠습니다.

한 여대생이 컬럼비아 대학의 레이몬드 위버 교수에게 요즈음 한창 인기 있는 베스트셀러를 읽었느냐고 물었을 때의 일입니다. 교수가 아직 읽지 않았다고 말하자, 그 여대생은 무척이나 안타깝다는 표정을 지으면서 출판된 지 석 달이나 지났으니 빨리 읽어보시라고 하였다지요. 그러자 교수는 그 여학생에게 단테의 〈신곡〉을 읽었느냐고 물어 보았지요. 여학생이 아직 읽지 않았다고 말하자 "이 책은 나온 지가 600년이 넘었으니 빨리 읽게."라고 했다는 바로 그 이야기…

독서가 시류를 타는 것은 어쩌면 당연한 일이겠지만 그렇다고 시류에만 묻혀버린다면 고전이란 필요조차 없는 것이겠지요. 새 작가, 새 책은 계속해서 나오고 유행은 끊임없이 만들어질 테니깐…

내가 아는 한 인사가 최근에 읽은 책 몇 구절을 들먹이며 무척 신이 나서 떠들기에 익히 알던 얘기인지라 그 내용이 거의 그대로 나오는 고전 한 권을 소개했더니 얼마 후에 그 인사가 내게 전화를 했더랬습니다. 아무래도 젊은 작가가 그 고전을 표절한 듯하다며… 그러나 전 그게 표절이라 생각하고 싶지는 않습니다. 적어도 그 인사가 접한 책의 저자는 그 고전을 읽어보았을 것이고 그 고전에서 따온 것이라는 걸 굳이 밝힐 필요를 느끼지 못했을 수도 있을 테니깐...

서론이 길었네요.
제가 오늘 진짜 하고 싶은 얘기는 소설가의 대부분이 시인으로 등단했다가 시는 포기하고 소설을 쓴다는 그렇고 그런 얘기입니다. 그들의 시에 대한 열정이 식어서라거나 시가 문학적으로 뒤떨어지는 양식이어서가 아니라, 시를 지어서는 밥 먹고살기 힘들다는 이유 하나 때문에 시에서 소설로 전향한 일군의 작가들을 볼 때면 글을 쓰는 이나 책을 만드는 이나 책을 파는 이들이 결국에는 수요자의 요구에 굴복할 수밖에 없다는 이 시대의 준엄한 논리, 그에 수반하여 점점 더 왜소화되어 가는 시인의 영토가 그저 안타깝게 여겨질 따름입니다.

시는 시대로 소설이나 여타 글과 마찬가지로 분명 우리의 삶을 윤택하게 할 수 있는 것임에도 시집이 베스트셀러에 오르는 일은 점점 더

줄어들고(아예 없다시피 하지요) 대학에는 시를 배우려고 하는 학생이 해마다 줄어들고, 시를 배웠다는 이들마저 소설로 시나리오로 발길을 돌리고 있습니다. 그나마 인터넷에서 읽을거리로 시를 요긴하게 취급하는 것이 다행이라면 다행이겠지만 시집이 팔리지 않는다면 좋은 시는 지어지기 어렵고 종국에는 시도 자취를 감추고 말겠지요.

시인은 늘 가난했지만 지금처럼 그리 서럽지만은 않았을 것입니다. 내 시를 사랑하듯이 내 삶도 사랑해 주리라고 여기는, 그런 꿈속에서 사는 시인들이 아직껏 있어 우리는 시를 인터넷에서 무시로 대할 수 있는 것입니다. (시인들의 분노가 폭발한다면 "소리바다" 사태와 같은 일이 생기지 말라는 법이 없습니다.) 우리를 양해하는 그들 시인에게 감사의 뜻을 전하는 마음으로, 이 가을에 베스트셀러는 아니래도 자기에게 맞는 시집 한 권쯤은 사서 읽도록 합시다. 시인의 영토가 점점 왜소화되어 마침내 시가 이 땅에서 사라지기 전에…

아, 기계碁械형! _강성위

올 추석 연휴 마지막 날이자 한로寒露였던 10월 8일 새벽에 종섭형이 마흔 일곱의 나이로 세상을 떠났다. 여한이 많아 어떻게 눈을 감았을까만 그 모든 짐 다 내려놓고 먼 길을 떠나 이제는 저 세상의 사람이 된 형을 생각하며 삼가 옷깃을 여민다.

내가 형을 알게 된 것이 1985년이니 햇수로는 벌써 20년이 넘는다. 그 동안 나눈 얘기며 일들을 꽁꽁 쟁여두었다면 족히 몇 가마니도 넘을 터인데 이상하게도 그리 많은 것이 생각나지는 않는다. 그것은 형에 대한 내 그리움이 덜해서가 아니라 어쩌면 나와 별반 다르지 않은 삶을 살아왔기 때문일 것이다. 같이 하는 술자리면 늘 함께 가장 시끄러웠고 언쟁도 가장 많이 했던, 그리하여 남들이 볼라치면 무슨 원수지간인 것처럼 여겨졌겠지만 사실은 나는 형을 좋아했고 형 또한 나를 싫어하지 않았다. 형은 좀은 과격한 언행으로 인해 이따금 구설수에 오르기도 했지만 형을 아는 사람이라면 가슴이 따뜻했던 진군자眞君子였음을 결코 부정하지 못할 것이다.

빈소에서 누구보다 종섭형의 타계를 가슴 아파 하시던 전남대 이등연 선생님 앞에서 나는 "천리마가 소금 수레나 끌다가 저 세상으로 가버린 게 너무나 원통하다"고 했다. 이 말은 정말이지 누구 듣기 좋으라고 한 말이 아니라 내가 평소에 늘 가슴에 담고 있었던 생각이었다. 세상 누군가가 종섭형이 학문적으로 이룬 게 뭐냐고 반문할지 모르지만 만일 형이 끈 게 소금수레가 아니었다면 이처럼 명을 재촉하지도 않았을 것이고, 뭔가 형의 몸무게만큼이나 묵직한 것을 분명히 남겼을 것이기 때문에, 지금 남은 몇 편의 논문과 몇 권의 번역서만으로 형을 평가한다는 것은 결코 온당하지 못하다. 이 세상이 천리마에게 재주를 펼 기회조차 주지 않고서 험한 일로 혹사케 하고서는 그 천리마를 평한다는 게 도대체 말이나 되는가? 누가 보든 한 눈에 천리마인데도 여태 버려두고 있다가 세상을 하직한 뒤에야 안타까워하는 것 역시 웃기는 일이 아닌가?

내가 대학 4학년 때 형은 2학년으로 진입하여 84학번들과 대학 생활을 함께 하였다. 나는 당시에 지금의 관악산 입구 주차장 끝자락에 있었던 연립주택에서 동기 조병일과 함께 자취를 하고 있었고 형은 우리 자취방 젊은 주인의 노모 집에서 하숙을 하고 있었다. 마주보고 있던 연립

주택이기도 했지만 주인네들은 한 식구라 왕래가 잦았고 우리는 동학이라 왕래가 잦았는데, 형 하숙방 출입은 나보다는 병일이가 열심히 하였고 형은 나를 보기 위해 우리 자취방 출입을 자주 하였다. 어쨌거나 셋은 함께 하는 횟수나 시간이 남들과 비할 바가 아니었다.

형은 병일이와 바둑을 즐겨두었는데 수를 생각하느라 시간을 지체하는 일이 거의 없어 병일이가 "기계碁械"라는 별명을 지어준 뒤로 다들 기계형이라 부르게 되었다. "碁械"란 '바둑 두는 기계機械'라는 뜻으로 병일이가 나름대로 조어한 것이었다. 그런데 형의 면면을 들여다보면 모든 점에서 기계가 아닌 적이 거의 없었다. 그리하여 나는 '바둑 기' 자를 쓸 게 아니라 그냥 '기계 기' 자를 써야 한다며 병일이와 함께 논쟁 아닌 논쟁을 벌이기도 하였다. 학과 공부나 번역하는 걸 볼라치면 정말 불도저와 같은 기계라는 생각이 들지 않을 수 없었다. 게다가 기계형은 그 거구에 걸맞게 술도 기계적(?)으로 마셔 주량이 보통 사람의 두세 배는 족히 넘었다. 지금에야 느끼는 것이지만 그런 음주 습관이 형을 힘들게 한 한 계기가 되었고 종국에는 세상을 일찍 뜨게 한 이유가 되었으니 유난히 술자리를 자주 청하였던 나 역시 형의 명을 재촉한 죄인이 아닐 수 없다. 유족들에게 한없이 죄스러운 것은 바로 이 때문이다.

형에 대한 잊을 수 없는 기억 하나는, 형이 해마다 지도교수셨던 홍인표 선생님의 기일이면 잊지 않고 선생님 댁을 방문했다는 것이다. 형이 광주로 내려 간지 얼마 되지 않았던 2000년에 나는 형을 따라 딱 한 번 기일에 홍선생님 댁을 방문한 적이 있다. 그것도 형이 전화를 하지 않았다면 당연히 가지 못했을 것이지만 내가 가게 된 데는 이보다 앞서 형과의 약속이 있었기 때문이었다.

  2000년 여름 막바지에 나는 형을 영등포역 앞에 있는 한 해장국집에서 만났다. 마침 그 때 나는 의뢰받은 번역물로 골머리를 앓고 있던 터였기 때문에 형을 보자마자 해결이 안 되는 부분을 꺼내놓고 다짜고짜 도움을 청하였다. 사실 말이 났으니 말이지 그때나 그 이전부터 형의 한문 실력은 이미 가공할 정도였다.
  그 때 내가 의뢰받은 번역물은 고려高麗 목은牧隱 이색李穡의 〈서대행犀帶行〉이었다. 이 〈서대행〉은 당대 최고 문인의 상징인 무소뿔 허리띠를 통해 문인세계의 계통을 한유韓愈가 얘기한 "도통道統"과 같은 맥락으로 파악하면서 "비인부전非人不傳"의 도를 설파한 7언 30구의 시인데, 내가 출강하였던 대학의 총장님이 선물로 받은 대형 병풍에 쓰인 것이었다. 그런데 번역이 없어 총장실에서 그 대학의 중문과 고참 교수에게 번역을 부탁하였고 현대문학이 전공이었던 그 교수께서 다시 내게 번역을 의뢰하였던 것이다. 여러 사정으로 거절하기도 어려운 데다 시간도 없고 글마저 만만치 않아 이래저래 골치 아프지 않을 수 없었는데 바로 이 때 형을 만났으니 내가 어찌 반갑지 않았겠는가! 형 덕택에 애매했던 두 세 구절을 해결한 뒤 나중에 서울 오면 소주 한 잔 사겠노라는 겉치레 인사를 건넸더니 쓸 데 없는 소리 말고 나중에 자기가 서울 올라오면 홍선생님 댁에나 같이 가자고 하였다. 그리하여 나는 꼭 그러겠노라고 약속하였던 것이다.

형을 전송하고 집으로 오는 길에 형을 생각하자니 나도 모르게 눈물이 핑 돌았다. 평소에 번역이라면 나도 한 가락 한다고 여겨왔던 내가 한 시간을 넘게 고민해도 풀리지 않던 것을, 해장국의 뼈다귀를 발라가면서도 술술 풀어주던 형과 같은 실력자가 생긴 지 얼마 되지도 않는 조그마한 지방대학의 교수로 있다는 게 너무도 안타까웠기 때문이었다. 그리하여 그날 밤에 바로 시 한 수를 지어 형에게 보냈다.

蟲鳴秋氣近	벌레 울어 가을 기운 다가오는데
山色尙依然	산 빛은 오히려 의연하여라.
迎風千里外	천리 밖에서 불어오는 바람을 맞으며
抱卷一燈前	책을 안고 등불 앞에 앉았나니
無嫌物可用	싫어함이 없어야 물건은 쓰일 수 있고
有所人能全	몸 둘 곳이 있어야 사람 완전해지는 법,
恩門何日闢	은혜로운 문은 어느 제나 열리려나?
貧士痛呼天	가난한 선비는 통렬히 하늘을 부르짖네.

은문恩門은 고려시대 과거에 급제한 사람의 시관試官을 일컫는 말로〈서대행〉에 보이는 '좌주座主'와 같은 뜻인데 문생(門生: 과거에 급제한 자가 자기를 발탁해준 시관에게 자기 자신을 칭하는 말)은 시관을 '은문'이라 칭하며 평생 문하생의 예를 다했다고 한다. 시에서의 '은문'은 바로 그런 뜻을 약간 변용한 것이다. "〈서대행〉을 읽고서讀犀帶行"라 제한 이 시는 나이 마흔에 여전히 여러 대학을 전전하던 당시 내 처지와 머나먼 전라도 광주 땅에 둥지를 튼 형의 처지를 생각하며-헤어지기 전에

몇 마디 그런 얘기를 나누었다-즉흥으로 지은 것이다. "無嫌物可用"은 형을 생각하며, "有所人能全"은 나 자신을 생각하며 엮은 것인데 이 시에 대해 형은 끝내 아무 말이 없었고 나 역시 형에게 아무 것도 묻지 않았다. 그러고 보니 내가 형이 살아생전에 형과 관련하여 지은 시는 이 시 한 수 뿐이다. 누군가에게 주는 시는 심심찮게 쓰고서도 정작 내 마음의 든든한 안식처였던 형에 대해서는 제대로 된 시 한 수 못 지은 것이 그저 한스러울 따름이다.

형은 이제 우리 곁을 떠났다. 장지까지 쫓아온 형의 친구들이 거의 없어 서럽게 울었고, 형수님의 절규가 가슴 아파 더더욱 서럽게 울었던, 안개와 찬송가가 에우던 그 가을날 나지막한 산자락을 끝내 잊을 수 없는 것은, 금방이라도 좁은 농로를 돌아 예의 버릇처럼 뭐라 뭐라 툴툴거리면서 꼭 형이 내려올 것만 같기 때문이다.

기계형! 내년 기일에 형이 그렇게도 좋아했던 술 한 병 들고 찾아갈 터이니 부디 안면하소!

(2006년 10월 25일)

퇴계의 어머니_강성위

　　초등학교에 다니는 딸아이의 학교 숙제로 '위대한 어머니 像 사임당 신씨'에 대한 조사를 하느라 밤늦은 시간까지 온 식구가 부산을 떤 적이 있었다. 그도 그럴 것이 요즘 초등학교 아이들의 숙제란 거개가 혼자 할 수 있는 것이 못되어 가족이 함께 해야만 하는 큰 일이 되고 말았기 때문이다. 딸아이의 사임당에 대한 숙제를 돕는다기보다는 거의 도맡다시피 하면서 딸아이와 몇 마디 대화를 나누었다.

"신사임당이 어떤 점에서 위대한 어머니라고 생각하니?"
"율곡선생과 같은 훌륭한 학자를 낳아 길렀으니까 위대한 어머니죠."
"율곡선생 외에도 훌륭한 학자들이 많았는데?"
"그건… 아, 한석봉선생의 어머니도 계시네요. 불 끄고 떡을 썰었다는…"

"너 퇴계선생이 누군지 아니?"

"그럼요. 율곡선생과 함께 훌륭한 학자였다는 거 학교에서 배웠어요. 고향이 안동 도산서원이라고 그러던데 옛날에는 서원에서 애기를 낳았나요? 거긴 학교와 같은 곳이라 하던데… 혹시 서원 안에 병원도 있었나요?"

나도 모르게 웃음이 터져 나왔다. 서원을 학교 비슷한 곳으로 이해하면서도 도산서원을 퇴계선생이 태어난 곳으로 잘못 알아 생뚱맞게 서원 안에 병원도 있었느냐고 되묻는 딸아이에게 이것저것을 한참 설명해준 뒤에 퇴계선생의 어머니는 누군지 아느냐고 물어보았다. 고개를 갸우뚱할 뿐 한동안 아무 대답이 없던 딸아이가 급기야 걱정스런 얼굴빛이 되는 것을 보고는 서둘러 사태를 진정시켜 줄 수밖에 없었다.

사임당과 마찬가지로 위대한 학자를 길러낸 여인임에도 퇴계의 어머니를 기리는 행사는 고사하고 퇴계의 어머니 성씨나 관향조차도 제대로 알고 있는 사람이 무척 드물다. 심지어 퇴계의 후손들조차 퇴계의 어머니에 대해 얘기하는 경우가 거의 없으니 딸아이가 모른다는 게 조금도 이상할 것이 없다. 율곡선생을 얘기할 때 으레 그 어머니인 사임당 신씨를 거론하는 것과 비교해보자면 달라도 무척 다른 것이다.

≪한국민족문화대백과사전≫에서 퇴계의 어머니에 대해 기술한 것으로는, "후실이었지만 자모慈母요 현부인이었던 생모 박씨의 훈도 밑에서 (퇴계는) 총명한 자질을 키워갔다."고 언급한 대목과, "어머니의 소원에 따라 과거에 응시하기 위하여 성균관에 들어가 다음해 사마시에 급제하였다."라 언급한 대목이 있을 뿐이다. 박씨에 대한 항목이 따로 없는 것

은 말할 필요도 없다. '후실이었지만' 이라 한 말의 뉘앙스가 자못 많은 것을 생각하게 한다.

퇴계의 어머니 박씨 부인은 관향이 춘천春川이며 1470년에 경상도 용궁현(龍宮縣: 오늘날의 예천군 용궁면) 대죽리大竹里에서 태어나 20대에 퇴계의 아버지 이식李埴에게 계실로 시집을 갔다. 이식은 당시에 전처소생의 2남 1녀를 두고 있었는데 1501년에 진사시에 급제하고는 그 이듬해 여름에 병으로 세상을 떠났다. 박씨 부인 소생으로는 5형제가 있었는데 퇴계는 그 가운데 막내로 생후 7개월 만에 외간상을 당하였다. 이 무렵에 퇴계선생의 백씨 이잠李潛만이 성가成家한 상태였고 명색은 반가였지만 살림은 궁색하기 짝이 없었다.

아버지를 일찍 여의었던 퇴계선생에게는 어머니의 훈도가 여느 여염집보다 더 중요할 수밖에 없었다. 퇴계선생이 젊은 시절에 학문에 제대로 정진하지 못하고 있을 때 생모 박씨는 퇴계를 불러 앉혀놓고 다음과 같은 말을 들려주었다 한다.

"나는 본디 한미한 가문 태생으로 배운 바도 없고 아는 것도 없다. 그리하여 내가 너에게 해줄 수 있는 말은 단 두 마디뿐이다. 너는 후처의 소생이다. 그리고 너는 애비 없는 자식이다. 부디 이 두 마디만 명심하여라."

이 얘기를 들은 퇴계선생은 몇 날 며칠을 두고 울었다고 한다. 전처소생과 후처소생의 격이 다르고 미성년에게 애비가 없다는 것 자체가 큰 결점으로 간주되었던 그 시대의 도덕률은 기실 누구도 넘기 어려운 벽이었다. 본인의 의지와는 관계없이 가난과 함께 두 보따리의 짐까지지게 된 운명을 모르지 않았을 퇴계선생의 일시적인 방황도 따지고 보면 여기서 비롯된 것이겠지만, 선생을 평생토록 학문에 매진케 한 동력 또한 바로 여기에서 마련되었을 것이다. 어머니의 가르침이 또 어찌 말씀에만 있었겠는가? 한미한 가문 태생으로 가난한 반가에 후처로 시집을 와 지아비 없는 하늘 아래서 전처소생까지 거두어야 했던 박씨 부인이, 농사와 길쌈으로 남루한 살림을 꾸려간 그 경건한 모습이야 말로 어떤 매질보다 더 아프게 선생의 가슴을 후렸을 것이다. 효심이 깊었던 선생이 어찌 일생동안 학문에 정진하지 않을 수 있었겠는가?

우리는 흔히 사임당 신씨를 조선시대 반가 여인의 전형으로 거론한다. 그러나 신씨는 명가에서 태어나 시문과 서화를 두루 익혀 여류로서는 조선시대를 통틀어 거의 독보적인 존재로 평가되는 천재라 할 수는 있어도 전형으로 삼을 수는 없다. 전형이란 같은 부류의 특징을 가장 잘 나타내는 본보기로 보편성을 그 생명력으로 하는 것이기 때문이다. 신씨는 조선왕조가 요구했던 유교적 여성상에 만족하지 않고 독립된 인간으로서의 생활을 스스로 개척한 여성이다. 그런 의미에서 신씨는 시대를 앞서간 여인이라 할 수는 있어도 조선시대 반가 여인의 전형이라 할 수는 없는 것이다. 이에 반해 퇴계의 어머니 박씨는 가난한 반가의 지아비 없는 지어미라는 특수한 상황에 놓이기는 하였어도 여느 반가의 여인과 마찬가지로 학문과 예술에는 문외한-그것은 시대적 상황이 강요한 것이다-이었다는 사실과 자식의 교육에 대한 열정은 있었으되 마음으로만 조력할 수밖에 없었던 점으로 따지자면 오히려 전형에 더 가깝다고 할 수 있을 것이다.

그럼에도 오늘날 그 누구도 퇴계 어머니의 그 위대한 희생정신-그것은 바로 큰 가르침이다-을 거론하거나 귀감으로 삼지 않는 것은 어째서인가? 그것은 어쩌면 아직까지 형식률을 중시하는 우리의 의식 때문일 수 있다. 내가 아는 어떤 친구는 박씨 부인이 계실이자 한미한 가문 태생이었기 때문에 전통시기에 별로 주목받지 못했으며 지금에도 그런 상황은 별반 달라지지 않았다고 공공연히 말하고는 한다. 친구의 말을 곧이곧대로 받아들이는 것은 아니지만 애기가 태어나자마자 고급 돌잔치집을 예약하고, 주민등록번호가 나오자마자 유명 외국어학원으로 몰려가 자식을 등록시키는 모습이야 말로 아이의 인성과는 관계없이 최고를 지향하고 천재 지상주의에 모든 것을 거는 이 시대 우리의 자화상이 아닌가? 교육의 목적은 지식 기계를 만드는 데 있지 않고, 사람을 만드는 데 있다고 갈파한 루소의 이야기를 공허한 메아리로 떠돌게 하는 이 시대 우리의 모습은, 여전히 우리가 외적인 형식률을 중시하고 있음을 반증하는 것이다. 조용히, 그러나 뜨겁게 자식을 사랑할 줄 알았던 박씨 부인과 같은 태도를 시대에 뒤처지는 걸로 인식하고 그것을 위기로 여기는 한, 박씨 부인과 같은 숭고한 희생정신은 박제된 언어로만 남을 것이 분명하다.

 교육의 가치는 얼마간의 지식으로 남보다 앞서게 하는 데 있는 것이 아니라 피교육자가 성실한 삶을 살 수 있도록 하는 데 있는 것이다. 해동海東의 공자孔子로 칭송되는 퇴계선생의 삶과 그 학문은 여전히 우리들로 하여금 고개 숙이게 하지만, 그 위대한 학자를 성실한 삶 그 자체를 교본으로 삼아 가르친 거룩한 어머니가 뒤에 있었다는 사실은 잊고 지나칠 때가 많다. 명색이 교단에 서는 사람이면서도 학생들에게나 내 아이들에게 내 삶을 교본으로 보여주지 못한 것이 그저 부끄러울 따름이다.

(2007년 2월 23일)

진미집 이야기 _김성곤

　　　　청주에 와서 즐거운 일이 적지 않은데 그중 하나가 상당산성 안쪽 깊숙이 자리 잡은 진미집이라는 음식점을 찾는 일이다. 시어머니와 며느리 둘이서 운영하는 음식점인데 음식이 아주 정갈하고 맛있는데다가 부근 낭성면에서 들여온다는 막걸리가 유난히 맛이 좋아 이곳을 찾게 되면 절로 마음이 푸근해지고 기분이 유쾌해진다. 마을 위쪽에 자리를 잡아서 탁 트인 경치 또한 빼놓을 수 없는 장점이니 술잔을 기울이다 보면 그윽한 풍경들이 수시로 눈 속을 후비며 찾아든다. 앞마당이 제법 넓어 아이들이 즐겁게 뛰어놀 수가 있고, 뒤쪽으로는 산기슭이 바로 연해있어서 바람이 일적마다 숲 향기가 밀려온다. 마당 한 구석에는 풍성한 그늘을 만들어내는 밤나무 정자수가 하늘을 가득 가리고 서있는데 그걸 바라보다 보면 발이 저절로 그 아래로 가서는 몸을 앉힌다.

봄비가 내린 어느 토요일에 장모님을 모시고 상당 산성을 찾았다. 가랑비가 조금씩 내리는 터라 사람들이 없어 한적한 풍경이 쓸쓸한 비애감마저 불러일으켰다. 남문에 올라가 공활한 옛 풍경을 감상도 하고 성벽을 따라 흙길을 걸으며 축축한 비 냄새를 즐기기도 하였다. 춘한에 몸이 오슬오슬 춥기도 하고 마침 점심때도 다 되었기로 진미집으로 가서 음식과 술을 시켰다. 아이들은 파전으로 즐거워하고 어른들은 막걸리로 흥을 돋구는데, 술 몇 잔이 오가자 춘흥이 살랑살랑 일기 시작하는지라 우리 집안의 명가수인 장모님을 부추겼다. "어머니, 〈봄날은 간다〉 한 곡만 부탁합니다." 하지만 장모님은 거듭 사양하시었다. "아들놈 몸이 그렇게 되었는디 내가 무슨 노래를 하겠는가!" 손아래 처남이 위암 판정을 받고 수술을 앞두게 되었으므로 하시는 말씀이었다. 위암 초기라서 그나마 다행한 일이었으나 장모님의 걱정은 이만저만이 아니었다. 그래도 잠시라도 걱정을 잊게 해드리는 것이 지금 할 수 있는 유일한 일이 아닌가. "어머님께서 안 부르시니 제가 부르겠습니다."하고는 〈봄날은 간다〉 처음 몇 소절을 엉터리로 불렀다. 과연 장모님께서는 빙그레 웃으시면서 "그것이 아니고~" 하시면서 결국 구성진 목소리로 〈봄날은 간다〉를 불러주셨다.

    연분홍 치마가 봄바람에 휘날리더라
    오늘도 옷고름 씹어가며
    산새들 넘나드는 성황당 길을
    꽃이 피면 함께 웃고
    꽃이 지면 함께 울던

알뜰한 그 맹세에
봄날은 간다

아득한 옛 시절의 서정성 넘치는 애절한 곡조의 노래를 들자니 술잔이 절로 기울어졌다. 그날부터인가, 그해 봄이 다가도록 그 〈봄날은 간다〉를 수도 없이 불렀다. 그날 얼큰해진 얼굴로 진미집을 나서는데 비는 이미 개어 앞 봉우리에서는 구름이 연기처럼 피어올랐고 뒷산에서는 뻐꾸기가 전설처럼 울었다. 산성 마을 앞 호숫가에 붉게 핀 박태기 나무의 꽃그림자가 물결 위로 일렁이고 있었다. 돌아가 그 정경을 엮어 이쁜 절구시 한 수 만들어 그날의 정회를 새겼다.

遊春

雨過山湖花影淨　　비 지난 산 호수에 꽃 그림자 맑고
風遲翠麓起煙雲　　바람 더딘 푸른 산기슭에 구름이 인다
春愁自歇春杯綠　　봄 근심 절로 그치고 봄 술잔 푸른데
隔院時時布穀聞　　뜰 너머 때때로 뻐꾸기 소리 들린다

그 해 봄날 다시 진미집을 찾은 것은 시회 모임을 위해서였다. 청명한 늦은 봄날 오후 각처에서 모여든 회원들은 밤나무 정자수 그늘 아래서 유쾌한 아회雅會를 가졌다. 막걸리 몇 잔에, 유쾌한 농담 몇 마디에 모두들 가가대소하면서 아이들처럼 행복한 시간을 보냈다. 무성한 그늘 아래로 맑은 바람이 소맷자락에 가득 불어 심회가 절로 맑아지는 듯했다. 막걸리 잔에 거미 한 놈이 빠져서 허우적대길래 꺼내어 보니 이놈이 술에 취한 탓인지 비틀비틀 정신이 없다. 잠시 쉬어 술 깨거든 가라고 옆으로 밀어두었더니, 한 시우가 즉석에서 글을 지어 이르기를 "酒盤無肉愧主人, 蜘蛛自供爲嘉賓"이라 하였다. 술상에 고기가 없어 주인이 부끄러워하니, 거미가 손님을 위해 스스로 몸을 바치네. 얼마나 즐거운 이야기였던가! 거기서 멀지 않은 산자락에 그럴듯하게 정자가 세워져 있었는데, 혹이 그리로 자리를 옮겨 흥을 새롭게 하자 하여 남은 술을 싸들고 서로 부르고 서로 부축하면서, 흥청거리는 걸음을 구불구불 산길에 흩으면서 혼연히 정자를 찾아갔다. 새들의 환영을 받으며 정자에 도착해서는 녹옥 같은 신록을 병풍으로 두르고 치마폭 같은 청풍을 가슴에 가득 안고 해가 저물도록 시를 외우고 노래를 부르며 놀았다. 〈봄날은 간다〉 노래 가락과 두보의 '寂寂春將晚' 시구가 서로 잘도 어울려 봄날 저물녘의 끝없는 애수를 자아내었다. 깜깜해져서야 산길을 되짚어 진미집으로 돌아와 불을 밝히고 각자 가져온 시를 읽었다. 한 달 뒤에 모인 시회에 이날의 즐거움을 적은 시를 가지고 나갔다.

上黨山城集飮

山城招客地	산성에 객을 불러
古屋設筵時	옛 집에 잔치를 배설하였더니
嘉蔭紅盤積	아름다운 나무 그늘 붉은 소반에 쌓이고
惠風靑袖遲	부드러운 바람은 푸른 옷소매에 감돌았지
謔談何有忌	즐거운 대화에 무슨 꺼림이 있었으랴
斗酒自無私	한 말 술에 절로 삿됨이 없어졌느니
日入春歌歇	해 저물어 봄노래 그치고
點燈才讀詩	등불 밝혀 비로소 시를 읽었지

봄이 다 가고 더운 여름에도 두어 차례 진미집을 찾았다. 더위가 한풀 꺾인 여름날 저녁 서예가 몇 분과 함께 어울렸는데, 해가 저물고 우리 외에 다른 손님들이 없자, 진미집 주인 할머니가 와서 자기 가족들끼리 회식이 있어 시내로 나가게 되었으니 우리끼리 알아서 다 드시고 가라 하였다. 막걸리를 넉넉하게 시켰고 미리 음식값 계산까지 마쳤으니 우리도 별로 아쉬울 것은 없었으므로 그리 하라 하였다. 그런데 주인이 떠난 지 30여 분도 되지 않아 주문한 막걸리가 동이 났다. 어딘가에 술독이 있을 것이니 찾아보자 하고 어두운 주방 곳곳을 다 뒤지고 뒤뜰도 구석구석 다 수색하였지만 끝내 술독을 찾을 수가 없었다. 결국 냉장고를 열어 백세주 두 병을 가져다 먹고 빈 병 아래에 술값을 눌러놓고 내려왔다. 얼마 뒤에 그곳에 갈 기회가 있어 가서 이리이리 하였다고 이실직고하였더니 주인 할머니가 반갑게 웃으면서 그래도 술값을 치르고 갔으니 외려 고맙다 하였다. 하지만 술독의 소재에 대해서는 끝내 말하지 아니하였다.

이 후로도 몇 차례 모임이 진미집에서 있었다. 여름 다 간다고, 매미 시끄럽게 우는 늦여름 날에 그곳 밤나무 정자수 아래에서 글모임을 갖기도 하였고, 가을바람 스산한 날에 친구 두엇과 함께 내실을 마다하고 시린 어깨 잔뜩 움츠리고 정자수 아래에서 만산에 물든 홍엽을 바라보며 술잔을 기울이기도 하였고, 눈이 가득 날리는 겨울날 눈 구경하기 힘들다는 먼 남도에서 올라온 사람들과 함께 내실 창문을 활짝 열어놓고 설경을 감상하기도 하였다. 그 때마다 주인 할머니의 푸근한 정성과 맛난 음식, 향긋한 막걸리가 모임을 유쾌하고 행복하게 만들어 주었음은 물론이다. 겨울이 가고 있다. 다시 봄이 오고 있다. 햇살이 좀 더 따뜻해지면 장모님을 모셔다가 다시 〈봄날은 간다〉를 들어야겠다. 시회도 다시 계획하고, 글모임도 일정을 잡고, 아참, 지난 여름 빗속을 뚫고 찾아갔다가 문이 닫혀 허탕치고 돌아갔던 친구들도 다시 불러야지. 상당산성 진미집을 생각하면 항상 즐겁다. (2007년 2월)

꽃을 찾아서 _김성곤

　　이젠 습성이 되었나 보다. 길을 걷다 보면 몽매 그리운 얼굴인 듯 찾는 것이 바로 꽃이다. 어디에나 꽃은 있다. 이른 아침 운동 마치고 돌아오는 들길에도 있고, 고층 아파트 사이 빈터에도 있고, 빨래 널린 베란다에도 있고, 차가 쌩쌩 달리는 가로수 곁에도 있고, 멈춰 서서 신호를 기다리는 사거리 횡단보도 옆에도 있고, 햇살 따사로운 학교 뜰에도 있고, 서로 인사를 주고받는 학교 현관에도 있고, 형광등 침침한 복도에도 있고, 신문지와 공문서가 쌓인 사무실 안에도 있고, 해장국 집으로 가는 길목에도 있고, 해장국 집 신발장 옆에도 있고, 터덜터덜 발걸음 뿌려가며 걷는 오후 산책길에도 내내 꽃들이 있다. 길을 걷고 난 후에 남는 것은 그 꽃들의 잔영이다. 내가 무엇을 하고 왔는지, 무엇하러 갔는지, 누구를 만났고, 무슨 이야기를 나누었는지는 기억이 오래가지 않는다. 그 무엇을 하기 위해 가던 길에 만났던 꽃과 그 누구와 함께 이야기 나누던 곳에 피었던 꽃은 오래토록 남아 있다. 오히려 전자의 기억들은 후자의 기억에 의지해서 명맥을 유지한다고 하는 것이 옳을 것이다. 중국 여행과 관련된 오래된 기억들을 떠올려 보자. 중국 섬서성의 용문 석굴 앞에 불타는 듯 여름 하늘을 붉게 물들이던 것이 배롱나무 꽃이다. 그 꽃이 먼저 오고 그 꽃 주위에 둘러있던 봉선사의 아름다운 거대 불상들과 그 불상들을 바라보던 그리운 사람들이 따라온다. 하남성 공의시 두보 탄생지 정원에 피었던 상사화가 데리고 오는 풍경과 사람들, 절강성 소흥 심원에 피어 지던 경화가 전해주는 소흥주의 흥취와 추억들, 섬서성 서안은 침향정의 모란 꽃 속에 살아오고, 눈 내린 소주는 졸정원 납매의 노란 향기 속에 아득하고, 이른 봄 남경은 자금산의 드높은 매화 향기 속에 어른거린다. 3월의 동백이 전하는 것은 보길도의 꿈같이 아름다운 파도소리요, 4월 홍매가 펼치는 것은 남원 광한루의 기와 담장과 봄 하늘을 가르던 그네 위의 아름다운 웃음이다. 5월의 모란은 함께 꽃그늘 아래 앉아 술 마시던 그리운 이의 노래를 듣게 하고, 6월의 찔레꽃은 나로 하여금 여전히 느린 기차의 창가에 앉게 한다.

2

8월 무더위 속이지만 꽃을 찾아 나섰다. 무안 회산에 백련이 무성하다고 했다. 길을 물어 찾아간 회산 백련지에서 만난 것은 백련이 아니라, 눈부신 빛 덩어리들이었다. 푸른 잎 넘실대는 바다 위에서 둥실 둥실 떠있는 하얗게 빛나는 등불들이었다. 마침 백로 몇 마리가 날아와 꽃과 어울렸다. 그 모습이 하도 보기 좋아 넋을 놓고 보고 있자니 무엇이 백로이고 무엇이 백련인지 황홀하였는데, 홀연 연꽃 몇 송이가 하늘 높이 떠 날아가고 있었다.

  回山大野白蓮塘 회산 큰 들 하얀 연꽃 피는 곳
  荷葉蒼蒼碧未央 연잎은 바다처럼 푸르름 끝이 없고
  萬朶如燈天地照 만 송이 꽃 등불 되어 천지를 비추니
  遊人一路在新光 나그네 길은 내내 새 빛 속에 있어라

  其二
  白鷺群來花下遊 해오라기 무리져 꽃 아래 노닐어
  鳥花相映自成儔 하얀 새 하얀 꽃이 절로 짝을 이루었네
  忽聞雷響驚飛去 갑작스런 천둥소리에 놀라 날아가니
  恍惚白蓮天上浮 황홀히 하얀 연꽃이 하늘에 떠있구나

 돌아오는 길에 전주 덕진 공원에 들러 홍련을 보았더니 염염히 타오르는 것이 횃불 같다는 생각이 들었다. 마침 정오의 더위가 찌는 듯하여 그런 생각을 더욱 부채질 하였는데, 순식간에 뇌성이 울리고 바람이 불면서 소나기가 장쾌하게 내리기 시작하여 하일취우도夏日驟雨圖의 근사한 풍경을 이루었다. 장대비 속에 서서 횃불들의 찬연한 무도회를 그윽히 감상하였다. 그리곤 장난스러운 상상으로 혼자 즐거워했다.

  千千火炬碧湖燃 천천의 횃불 푸른 호수를 태우고
  熱熱薰蒸寶宇纏 뜨거운 열기가 세상을 싸 안았네

| 造物恐憂焚昊幕 | 조물주 하늘 탈까 조바심 났는지 |
| 急呼雨伯數雷天 | 급히 우백을 부르느라 자주 천둥 울려대네 |

其二

烏雲潑墨蓋炎天	검은 구름이 먹물처럼 뜨거운 하늘을 덮고
萬斛銀珠瀉火田	만곡의 은구슬이 불밭에 쏟아지네
風葉如濤愁溺沒	바람 부는 연잎은 파도 같아 잠길까 걱정인데
雨停回看焰逾燃	비 그치고 바라보니 화염은 더욱 타오르네

햇불이 하늘을 태울까 걱정하여 소나기를 퍼붓는 조물주를 상상한 것이다. 소나기 오기 전 천둥소리는 우사를 부르는 조물주의 급한 음성이라는 것이니 상상이 좀 유치하긴 하지만 즐거운 상상임에는 틀림없다. 8월은 연꽃으로 인해 줄곧 행복했다.

3

베고니아와 국화로 학교 현관을 둘렀다. 메마르고 침침하던 인상이 좀 가시고 상그럽고 화안한 느낌이 전해진다. 꽃이 있는 현관이나 복도는 그저 목적지를 향해 빠르게 지나가야만 하는 메마른 공간이 아니다. 사람들은 그곳에 잠시라도 머물기를 즐긴다. 사실 따지고 보면 그렇게 바쁜 일도 없었던 것이 분명하다. 그저 습관에 베인 빠른 발걸음과 분주한 마음이 있었을 뿐이다. 잠시 머물러 꽃이 전하는 환한 미소와 향기를 얻어가는 일은 얼마나 아름답고 얼마나 지혜로운가! 그 꽃을 중개로 해서 사람들에게 말을 걸어보니 다들 싫어하지 않는 눈치다. 생소한 사람들이 따뜻하고 자연스럽게 인사를 나누게 되는 것이 그저 신기하다. 다 꽃 덕분이다. 그리고 보면 사람과 사람을 자연스럽게 이어주고 서로 소통하게 하는 것이면 그게 다 꽃이 아닌가. 고층 아파트에 살면서 엘리베이터를 이용하다 보면 사람을 서로 이어주는 참 빛나고 향기로운 꽃들이 있다. 어린 아이들이다. 어른들만 있게 되면 어색하기 그지없어서 모두들 층수를 알리는 불빛 나는 글자만 바라보고 있다. 어서 속히 이 어색한 공간을 빠져나가고 싶은 마음들 일 게다. 그러다가 아이 하나가 들어오면, 그것도 아주 어린, 엄마 품이나 등에 붙어있는 아이를 만나면 그 엘리베이터 안은 생명과 빛으로 환해진다. 아이를 매개로 해서 어른들은 밝은 표정이 되고 즐거운 소통을 시작한다. 아이들은 참으로 아름다운 꽃이다. 아이를 품에 안고 있는 사람은 꽃다발을 가슴에 안은 향기로운 사람이요, 뒤에 엎은 사람은 꽃을 등 뒤로 감춘 멋진 사람이다. 누구든 그에게 쉽게 말을 걸어올 것이다. 그 꽃 참 아름답네요, 향기도 좋구요, 행복해 보여요, 좋은 일이 있으신가 보군요....그럼 아이가 없는 상황이라면 어떡할까? 계절이 깊어 꽃이 다 떠나간 시절이라면 또 어떻게 할까? 방법이 있다. 아주 간단한! 우리 얼굴에 조그맣게 정원을 만들어 흙을 일구고 꽃을 심으면 된다. 그러면 꽃은 사시장철 피어서 사람들과의 자연스럽고 편안한 소통을 도와줄 것이다. 내 얼굴 정원에 핀 꽃은 밝은 눈빛 바람을 따라 꽃씨를 다른 얼굴 정원에 뿌릴 것이다. 그러면 메마른 정원에 다시 봄이 오고 다시 향기로운 꽃그림자가 어른거리게 될것이다. 꽃은 어디에나 있게 될 것이다.

(2004년 11월)

여유로운 삶을 위하여_김성곤

얼마 전 내가 빠진 교수 서예반 회식자리에서 회원 제위께서 나를 도마에 올려놓고 한참을 즐겼다는데, 그 중 한 분이 이르기를 "김 모는 청주에서 온갖 즐거운 일을 다 하고 있다 하던데, 붓글씨도 하고 대금도 불고 국궁도 쏘고 한답디다"라 하자, 또 어떤 이가 말을 받아서는 "예전에 들으니 중국에 있을 때 말 타는 것 또한 즐겼다 했으니까 조만간 사극 연개소문에 출연할 일만 남았겠습니다" 하였다 한다. 좌중이 가가대소하면서 이러쿵저러쿵 나를 연방 씹어댔다는데 모두가 허물이 없는 터라 전하는 자나 또 듣는 자가 모두 즐겁게 말하고 듣고 하였다 한다. "참 여유롭게 사는군요. 이런 바쁜 생활 중에 그런 여유를 즐길 수 있으니 참 좋겠어요" 다들 바쁘게 살기는 마찬가지여서 나의 여유로운 삶에 대한 부러움에 서둘러 동의를 했다는데, 차암~ 그게 사실은 그렇게 생각만큼 여유로운 일이 아님을 아직은 모르는 것이라. 결론부터 얘기하자면 나의 삶을 여유롭게 만들 것으로 생각하는 여러 가지 취미 생활들이 사실은 나를 더욱 여유 없는, 분망한 삶으로 내몰고 있다는 말이다.

붓글씨를 쓰는 일이야 얼마나 여유롭고 향기로운 일이랴. 조용히 먹을 갈아 묵향으로 방을 가득 채우고 하얀 화선지에 옛 성현의 좋은 말씀이나 옛 시인의 멋진 싯구를 유려하게 써내는 일은 참으로 선비다운 멋스러운 풍류가 아닌가. 게다가 한술 더 떠 사군자라도 배워서 봄에는 향기론 매화, 여름엔 시원한 대나무, 가을엔 서늘한 국화, 겨울엔 청초한 난초를 그릴 수 있다면 금상첨화일 것이라. 천년 혼이 깃든 우리 가락 대금의 그윽하고 청아한 음색은 또 얼마나 황홀한 것이냐. 달이 떠오른 청명한 가을밤에 구슬픈 옛 가락 한 자락 뽑아내어 달빛에 올려놓을 수 있다면 그 가락을 타고 시간은 다시 아득한 옛 시절로 돌아갈 것이려니, 그렇게 빚어진 마음이 얼마나 호젓하고 얼마나 소슬할 것이냐. 눈이 하얗게 내린 겨울날 홀로 활터에 올라 멀리 눈 덮인 과녁을 향해 한 발 한 발 시린 화살을 날릴 때, 사위는 적막하고 오직 바람 소리 너머로 텅텅 과녁을 때리는 소리만 계곡을 울리면 그 호연한 기상으로 나는 또 얼마나 우쭐대며 가슴 벅차겠느냐. 이윽고 하루가 지나고 한달이 지나고 일년이 다 가고 붓으로 일군 정취情趣, 대금으로 얻은 풍취風趣, 국궁으로 얻은 일취逸趣들이 가슴 속에 그렁그렁 모여 곰삭게 되면 그 때 기분 좋은 율시律詩 하나 얻게 되리라. 그렇게 얻은 시는 내 슬하에서 즐겁게 노니는 어린 자식 얼굴 같으리니 그 또한 얼마나 행복할 것이냐. 그러나 이런 행복한 꿈은 그저 아득한 꿈일 뿐이니, 나는 이 꿈과는 도무지 거리가 먼 현실에서 그저 총망하고 분주하게 오락가락 들떠 있을 뿐이다.

붓글씨를 시작한 것은 이제 4년이 되었는데, 시작한 지 1년여 만에 서울에서 이곳 청주로 이사하는 바람에 일주일에 한번씩 스승님께 지도받던 것을 한달에 한번으로 줄이게 되었다. 그러니 실력이 그저 늘 그저 그런 수준으로 맴돌고 있을 뿐이다. 육조 해서를 한 1년 쓰고 나서 왕희지 행서를 배웠고 이제 막 안진경의 행서를 배우고 있는 중이다. 연구실 한 쪽에 늘 먹과 벼루를 놓아두고 틈이 나는 대로 붓을 잡고 있으나 화선지를 펼치고 붓에 먹물을 잔뜩 묻일 때까지는 마음은 안진경이요 이상은 왕희지이건만, 정작 첫 글자를 다 마치기도 전에 그만 붓을 놓고 다시 종이를 바꾸고 싶은 마음이 절절해지니, 내 글씨의 수준이 어떤지는 가히 짐작할 만하지 않겠는가. 한번은 서예가 한 분을 모시고 늦가을 사과향기가 그윽한 과수원에서 아회를 즐긴 적이 있었는데, 밤이 이슥하도록 즐거운 대화와 향기로운 술로 정회가 풍성한지라, 서예가에게 부탁하여 이곳 풍정을 글로 표현하기를 재촉하였다. 그 분은 여러 말로 사양하였으나 나를 비롯한 주변의 여러 사람이 사뭇 권하니 어쩔 수 없이 붓을 들어 예서체의 글씨로 '내납송향奈納松香', 즉 능금에 솔향기가 스민다는 내용의 글을 썼다. 과수원 위에 근사한 솔밭이 있어서 나온 구절이었다. 구절도 좋거니와 글씨도 좋으니 그저 감상만 하고 즐거워했으면 그만이었겠으나 술이 올라 객기가 발동하니 나도 써보겠다고 청하고는 붓을 잡고 휘둘렀는데, 뜻은 고상하고 폼 또한 그럴싸하였으나 글씨는 영 갖추어지질 못하여 취중에도 민망하기가 이를 데 없었다. 스스로 이르기를 '폼만 이암怡庵이다'라 하니 모두 함께 가가대소하였다. 이암은 우리 교수서예반 지도 선생님의 아호이시다. 그분이 가끔 대취하셔서 글을 쓰시는데 그 폼이 유별하여 손목과 어깨를 과도하게 흔들며 쓰는 것이 매우 인상적이었으므로 내가 취하여 부지중에 스승의 자세를 흉내 내게 된 것이다. 본시 어설프기 그지없는 붓글씨 솜씨에 취기와 객기가 보태졌으니 그 결과는 알만한 것이다. 어느 세월이 되어야 취기가 작품에 진기眞氣로 스며들어 예기藝氣 높은 작품이 되어 스스로 만족하고 모두를 행복하게 할 것인지, 그저 아득하기만 하다.

대금의 상황은 더욱 열악하다. 이제 겨우 9개월이 지났거니와 일주일에 한번 배우는 시간도 자주 빼먹는 형편이니 애간장 녹이는 선율은 어느 시절에나 불어볼 수 있을지 그저 아득하기만 하다. 대금을 늘 곁에 놓아두고 일하는 중간 중간에 양손으로 날렵하게 안고 어깨에 사뿐히 올려 그윽하게 입을 맞추는데, 마음은 '千年鶴'에 가 있어도 솜씨는 여전히 '떴다떴다 비행기' 수준에서 크게 벗어나지 못하고 있다. 금년 여름 내가 살고 있는 청주의 산성에서 글 모임을 가졌는데, 그곳 음식점의 음식이 정성스럽고 막걸리가 소박하여서 모두 유쾌하고 흥겹게 놀아댔다. 운치 있는 글도 읽고 웃음 넘치는 대화도 나누면서 흥이 무르익을 무렵 내가 또 객기를 부렸으니 이번엔 붓이 아닌 대금을 꺼내든 것이다.

그 무렵이면 수준이 지금보다도 훨씬 처졌을 터이니 도대체 그런 객기가 어디서 나왔는지, 그저 술이 원망스러울 뿐이다. 악보를 펼치고 가락을 부르는데 도무지 '중려仲呂'의 기본음조차 형성이 되지 아니하였다. 몇 번을 빈 바람소리만을 내었더니 금새 좌중이 시시해 하면서 '하던 일이나 잘 하지 그래' 하고 핀잔을 주니, 더욱 분발하여 명예를 만회하고자 하였으나 좌중의 관심은 다시 돌아오지 않았고 명예는 거듭 실추될 뿐이었다. 아, 어느 세월에나 황학루黃鶴樓에서 시인을 전송하는 가슴 저미는 '취적吹笛'이 될 수 있을는지, '오월 강성에 매화꽃 진다江城五月落梅花'는 그윽한 분위기를 만들어낼 수 있을는지……

국궁의 경우는 소문이 잘못 된 탓이다. 나는 아직 활터에 나가보지도, 과녁을 향해 화살을 날려본 적도 없다. 이곳 청주에 중문과 학생 중에 국궁 사범이 있어 수년 전부터 나에게 국궁을 권하였다. 서울에 있을 적에는 대학로에서 멀지 않은 사직공원에 황학정이라는 활터가 있으니 그곳에 적을 두고 활을 연마하는 게 어떠냐면서, 그곳은 국궁 일번지로서 이전에 고종황제께서 납시어 활을 쏘시던 곳이라는 말까지 덧붙였었다. 귀가 솔깃하긴 하였으나 몸을 빼어 활터를 찾기가 쉽지 않아 주저하고 미루던 차에 청주로 발령이 나서 그 국궁사범을 가까이에서 자주 보게 되었더니, 그가 하루는 연습용 활을 가지고 직접 방문하여 활시위를 당기는 기본적인 자세를 가르쳐주며 우선은 틈틈이 연습하고 자세가 어지간히 잡히면 활터에 나가자 하였다. 성의도 고맙고 관심도 없는 게 아니어서 일과 중에 간간히 시위를 당기어 보기는 하였으나 그리 오래가지는 못하였다. 국궁 사범은 활을 배우게 되면 그 즐거움이 커서 여타 운동이나 취미를 모두 버릴 정도라고 하였으나 열심을 내 연습하지 않으니 자세가 아직도 잡히지 않은 터라 활터에 나갈 계획도 흐지부지 미루어지기 일쑤다. 국궁의 호연한 기상을 맛볼 일도 아직은 요원한 듯하다.

결론적으로 누군가 부러워하듯이 말한 '붓글씨도 쓰고 대금도 불고 활도 쏘면서 유유자적한다'는 얘기는 과장된 말이고 진실은 '붓글씨 쓰랴, 대금 불랴, 활 쏘랴 정신이 없단다'가 정확한 표현인 셈이다. 연구실에서의 내 행동거지를 잠시 따라가 보자. 무슨 발표회 준비를 하느라 컴퓨터 앞에 앉아서 사전을 찾고 참고 서적을 뒤적거리다가 구절이 분명치 않고 생각이 정리가 되지 않으면 잠시 자리를 떠서 구석에 있는 붓글씨 책상으로 가서 글씨 연습을 한다. 몇 글자 쓰고는 다시 제 자리로 돌아와서 하던 일을 계속하다가 이번엔 소파 옆에 세워진 대금을 찾아 입을 맞추고 수연장지곡壽延長之曲 두어 소절을 불러본다. 다시 제 자리로 오다가는 붓 쪽으로 몸을 틀어 글씨를 쓰기도 하고, 활 쪽으로 가서 활시위를 당겨보기도 한다. 어느 한 가지를 오래하지 못한다. 기본적으로 해야 할 일이 끊임없이 생기는데다가 잠시 틈을 내면 붓이 부르고, 대금이 부르고, 활이 부른다. 이놈과 벗하다가도 저년이 마음이 걸리고 저년과 놀다보면 다시 딴 놈이 성을 내니 그저 마음만 분주하고 발걸음만 부산한 것이다. 이런 나를 두고서 어떤 친구는 이렇게 말한다. "너는 참 혼자서도 잘 논다!" 부산하기만한 내 삶이 여유로움을 얻게 되려면 상당한 시간이 필요할 듯하다. 모든 취미 활동은 여가를 활용한 것이어서 전폭적인 학습투자가 어려울 수밖에 없기 때문이다. 최소한 10년의 시간이 지나야 그 취미에서 멋을 얻고 여유도 느낄 수 있을 것이라는 생각이다. 물론 그 중간 중간에 그런 취미 생활이 주는 즐거움과 여유가 전혀 없는 것은 아니겠지만 앞서 밝힌 그런 정도의 여유로움과 멋은 한참 훗날에나 가능할 것이라는 말이다. 아, 이미 충분히 분망한 내 삶을 더욱 총망하게 하는 일들이 어디 붓, 대금, 활뿐이랴. 시사詩社에서는 격주로 시를 내라 재촉하고 문회文會에서는 격월로 글을 내라 독촉하고……. 이 글도 서둘러 마무리하는 이유가 있으니 바로 과제시를 지어야 하는 까닭이다. 글이 끝나갈 무렵인데 아내가 끼어든다. "아까 전화 왔는데요, 합창단 공연이 곧 있으니 오늘 밤 연습에 꼭 나오래요!"
(2006년 12월)

노래 이야기 _김성곤

1

저 목자여 깊은 잠을 깨어 일어나 밤은 벌써 사라지고 먼동이 터온다
희미하던 지평선이 완연해오니 목자들아 양을 몰아 가야하리라

내가 다섯 살 무렵에 즐겨 불렀다고 전해지는 노래이다. 고향 마을 초입에 세워진 조그마한 교회에서 배운 노래인데, 지금 들어보면 근대풍의 애상조의 느릿느릿한 가락이다. 이 노래를 하도 잘 불러 어른들이 너도 나도 나를 세워놓고 이 노래를 부르게 하였다고 하니, 대중 앞에서 전문적으로(?) 노래를 부르기 시작한 것이 아마 이때부터였던 것 같다. 그 뒤의 가수의 행보는 내 앨범을 따라가면 자연스럽게 알 수 있다. 초등학교에 들어가기 전에 찍은 사진에는 내 고향친구 - 지금은 양돈업에

성공하여 큰 부자가 된 -와 함께 마이크를 잡고 인사하는 모습이 나와 있다. 고향에서 좀 떨어진 큰 산으로 소풍을 가서 노래자랑을 한 것으로 생각되는데 반바지에 타이즈를 신은 내 어린 모습이 귀엽기 그지없다. 초등학교 시절에는 특별히 기억되는 가수 행각은 없고, 다만 둘째 누나가 부엌에서 불을 때면서 들려준 노래, 먼 들길을 걸어 누나 친구 집에 갈 때 불러주던 찬송가가 어렴풋하게 기억될 뿐이다. 중학교 1,2학년의 변성기를 거치고 중3이 되어서부터는 교회에서 줄창 앞에 나가 노래를 불렀다. 고등학교에서는 음악 선생님의 총애를 받고 학교 예술제에 나가 노래를 부르기도 하고, 각 교회에 불려 다니며 특송을 부르기도 했다. 대학 시절부터는 대학의 각종 행사 뒤풀이에 단골 초청 가수가 되었고, 결혼한 후로는 아내와 함께 결혼식에 초대되어 축가를 불렀다. 그 후로 아이들이 태어나면서 결혼식 축가에 참여하는 숫자가 둘에서 셋으로, 셋에서 넷으로, 다시 다섯까지로 늘었다. 방송대 전임이 되어서는 강의 녹음 중에 노래를 직접 부르기도 하고 입학식과 졸업식장에서 교가를 지도하고 선창하기도 했다. 이런 나를 두고 주변에서 어떤 이는 제일 행복한 일을 맡은 사람이라고 부러워하기도 했다.

2

 음악은 같아지기 위함이요, 예란 달라지기 위한 것이다. 같아지니 서로 친해지고, 달라지니 서로 공경한다. 樂者爲同, 禮者爲異, 同則相親, 異則相敬. - 樂記

노래를 통해 얻어지는 것은 무엇일까? 그것은 같아지게 하는 것이다. 서로 다른 데서 오는 여러 긴장과 알력을 넘어서 서로 친밀하게 만들어 내기 위한 것이다. 성격이 다르고 말투가 다르고 일이 다르고 직급이 다르고 지역이 다르고 사는 모습이 다른 데서 오는 다양한 형태의 분기와 파열을 묶어내는 데는 노래만한 것이 없다. 술 역시 그런 하나됨에 이르게 하기도 하지만 부작용이 많아 합일로 가다가도 이내 폭력적 분열에 이르게 하는 수가 종종 있어서 노래가 갖는 순연하고 효율적인 합일의 기능에는 미치지 못한다. 예라는 것은 반대로 서로 달라지게 하기 위한 것이다. 서로가 다른 사실을 인정하여 상대를 존중하게 한다는 뜻이다. 예의범절이 바르다는 것은 상대가 나와 다름을 인정하여 그 상대에 걸맞는 대우를 한다는 말이다. 그것이 바로 '공경'이다. 서로의 위치를 확인하여 자신의 자리를 알고 그 자리에 걸맞는 행동과 양식을 갖는 일이기도 하다. 서로 일정하게 거리를 두어 자신의 자리를 지키는 것이라고도 할 수 있다.

우리의 일상은 모두 이 예와 악의 중간에 있다. 예를 통하여 서로를 존중해주고, 악을 통하여 서로 친밀해진다. 때로는 예로 치우쳐 과도하게 경직된 인간관계를 만들어 내기도 하고, 때로는 악에 치우쳐 분별없이 경거망동하기도 한다. 예만을 강조하는 곳은 돌파적이고 창의적인 면이 부족하게 될 것이 뻔하고, 악을 우선하는 집단은 무질서하고 비효율적일 가능성이 높다. 따라서 질서유지가 생명인 군에서는 예를 강조할 수밖에 없고, 창의력이 생명인 벤처회사에서는 악의 정신을 높이 살 수밖에 없다. 이 둘을 적당하게 잘 배열하고 조화하는 것이 가장 이상적이다. 그러나 현실은 대체적으로 예가 압도하고 있다. 근무시간은 대체적으로 예가 다스리는 시간이다. 그리고 회식자리는 예를 벗어나 악의 공간으로 전환하는 시간이다. 일주일에 한번 회식자리를 갖는 집단이라면 예가 지배하는 시간은 40시간이요, 악이 다스리는 시간은 술이 거나하게 오른 뒤로부터 노래방에서 악을 쓰는 약 2시간에 불과하다. 일의 효율을 따지고 사회의 질서를 강조할 수밖에 없는 현실에서는 어쩔 수 없는 일이기는 하나, 바로 이런 심각한 불균형 때문에 악의 효용은 더욱 강조되고 더욱 계발되고 더욱 추구되어야 한다. 40시간에서 오는 긴장을 해소하기 위해서는 2시간 동안 가장 높은 효율성의 악의 정신과 기술을 만들어내야 한다. 지위 높은 어른들이 이 2시간 동안에 어떤 모습으로 악의 정신에 충실한가가 바로 성공의 열쇠이다. 때로는 넥타이를 풀어 머리에 두르고 엉덩이를 흔들며 춤을 추어야 한다. 풋내기 신입사원과 더불어 어깨동무를 하기도 하고 마주보고 트위스트 춤도 추어야 한다. 악의 정신과 악의 효용을 높이는 모든 일들에 서슴지 말아야 한다. 아무리 길어봤자 고작 2시간 뿐이다.

> 군자는 화합하나 뇌동하지 않고, 소인은 뇌동하나 화합하지 않는다. 君子和而不同, 小人同而不和. - 論語

여기서는 '同'이 부정적 의미의 '뇌동'으로 소개되고 있다. 그리고 가장 바람직한 것으로 '화합'의 '和'를 제시하고 있다. '和'는 과연 무슨 의미일까? 내가 보기에 이 '和'는 '樂'과 '禮'가 변증법적 통일을 이룬 경계이다. 악의 합일의 정신과 예의 존중의 정신이 조화롭게 만나 이룩한 그 윽한 경지이다. 노래로 이룬 합일의 경험이 예의 존중의 정신을 해치지 않는 것이며, 오히려 그 존중을 더욱 새로운 차원으로 높이는 긍정적인 경지이다. 술과 노래로 하나가 되었다고 해서 예의 공간에서 행하여야 할 의무를 소홀히 한다면 그것은 '同'에 머무를 뿐 '和'로 나아가지 못하는 것이다. 마찬가지로 이미 하나된 경험을 가지고 있으면서도 이전과 아무런 변화도 없이 여전한 거리감과 긴장감을 갖고 있다면 이것도 '和'로 나아가지 못한 것이다. 이미 경험한 하나가 됨의 감정은 서로에 대한 깊은 인간적 신뢰를 만들어 낼 것이고 그 신뢰의 터 위에서 상호 존중이라는 진정한 의미의 예의 실현이 가능해질 것이다. 바로 이 단계가 '和'의 의미이다. 그러므로 위의 구절은 다음과 같이 번역하는 것이 좋을 것이다.

군자는 진정으로 화합하나니 하나가 되는 일에만 머무르지 않는다. 소인은 하나가 되는 일에만 머무를 뿐 진정한 화합을 모른다.

3

내 방에는 '異音相從, 同聲相應'이라고 큼지막하게 쓴 전서체의 액자가 걸려있다. 이 글씨는 부산에서 활동하는 서예가가 《문심조룡》에서 뽑아 써 보내준 것이다. 큰 글씨 옆에 본래의 문구가 행서체의 작은 글씨로 다음과 같이 적혀있다.

다른 음이 서로 따르는 것이 和이며, 같은 소리가 서로 응하는 것이 韻이다.(異音相從謂之和, 同聲相應謂之韻.)

서로 다른 음이 만나서 어울리는 것이 '和'라고 했다. 여기서 말한 '異音'이 바로 예의 상호 존중의 정신이요, '相從'이 바로 악의 합일의 정신이라고 볼 수 있을 것이다. 합일하되 존중하고 존중하되 합일하는 것, 이것이 바로 '和'의 위대한 경계이다. 코드가 맞지 않아서 못해먹겠다고, 기질이 너무 달라서 함께 일하기 힘들다고 불평하는 사람들에게 '和'의 정신이 담겨진 이 구절은 충분한 교훈적인 가치를 지닌다. 세상은 어차피 서로 얼굴도, 마음도, 말도, 문화도 각각인 사람들이 지구촌이라는 한 동네에 모여 함께 살아보겠다고 난리 부르스를 추는 데서 오는 재미로 사는 것 아닌가!

漢詩로의 초대 _김성곤

〈淸明〉	淸明　　　　唐 杜牧
淸明時節雨紛紛,	청명이라 부슬부슬 비가 내리는데,
路上行人欲斷魂.	길가는 나그네 외로워 마음 자지러진다.
借問酒家何處有,	주막집 있는 곳 어디쯤이냐 물으니,
牧童遙指杏花村.	목동은 저만치 살구꽃 핀 마을을 가리킨다.

봄비에 젖어 먼 길을 걸어온 지친 나그네에게 필요한 것은 '술집'이다. 그리고 그 술집은 '살구꽃이 핀 마을'에 있다. 살구꽃 화사한 꽃그늘 아래에 나그네는 지친 몸과 맘을 내려놓는다. 하루 이틀 푹 쉬고 나면 다리에 다시 힘이 오를 것이고 가야할 먼 길도 두렵지 않게 될 것이다. 분주하고 복잡한 시절을 살아 피곤과 스트레스에 지친 우리에게도 '술집'이 필요하다. 살구꽃이 화사하게 핀 마을 어귀에서 주기를 휘날리고

있는 술집이라는 휴식의 공간이 말이다. 술을 먹자고 권하는 게 아니다. 좀 쉬어가자는 얘기다. 아무리 일정이 촉박하고, 갈 길이 멀다고 해도 아주 눌러앉는 것도 아니고 살구꽃 아래서 잠시 쉬어가는 것이니 무엇 어려울 것이 있겠냐는 말이다.

다양한 휴식의 공간 중의 한 곳으로 한시를 제안한다. 혹여 관심이 있는 사람들은 와서 이 한시의 그늘에서 쉼을 얻기를 바란다. 특히 대도시에서 생활하는 사람들이 꼭 와주었으면 하는 생각이 간절하다. 그들에게 한시는 아주 적합한 휴식 공간으로서의 역할을 해줄 것이기 때문이다. 대도시의 생활은 속도 숭배와 자연 상실로 요약될 것이다. 속도를 추구하면 피곤해지기 쉽다. 과속에는 긴장이 따르기 때문이다. 그 긴장으로 인한 피로를 적당한 때에 풀어주지 않으면 그것이 바로 병이 되는 법이다. 과속으로 인한 피로를 푸는 방법은 그 속도를 줄이는 데에 있다. 그리고 속도를 줄이는 방법은 속도가 느린 공간으로 들어가는 일이다. 그게 바로 자연이다. 자연은 속도가 느리다. 강물이 바쁘다고 서둘러 흐르는 법이 없고 산이 급하다고 계절을 재촉하지 않는다. 태초의 속도 그대로 고요하게 그 자리를 지키고 있을 뿐이다. 그래서 이 자연 속에 머물게 되면 절로 그 전체적인 느린 속도에 우리의 호흡과 생각의 리듬이 맞춰지게 된다. 느려진 삶의 속도 속에서 우리의 심신은 휴식을 얻게 되는 것이다. 그런데 문제는 이러한 자연이 우리 곁을 떠나갔다는 것이다. 자연의 터에는 욕망의 고속도로와 재촉의 아파트들이 대신 들어서서 속도를 부채질 하고 있을 뿐이다. 이제 과속에서 오는 피로를 풀

공간이 없어졌다. 가정은 어떤가? 가정은 본래 속도가 느린 곳이었다. 그래서 격한 속도에 시달린 가장이 돌아와 쉴 수 있는 공간이었다. 그런데 이제는 더 이상 그런 쉼터가 아니다. 교육의 무한경쟁을 위해 쉴 수 없는 아이들의 종종걸음과 그 아이들을 감독하고 채근하는 엄마의 거칠고 급한 고음으로 가정의 속도는 높아질 대로 높아졌다. 남편들은 다시 쉼터를 찾아 거리로 나가게 되는데 이 무정한 도시의 거리 어디에 쉼터가 있겠는가. 술 한 잔으로 잠시 쉼을 얻으려 하지만 그 결과는 더 피곤해질 뿐이다. 그야말로 '길가는 나그네 넋이 끊어질路上行人欲斷魂' 지경이다. 쉬어갈 '살구꽃 핀 마을杏花村'은 어디에 있는가?

한시 속에는 자연이 살아있다. 우리가 잃어버린 달, 별, 산, 강물, 꽃, 나무, 새들이 지천이다. 그리고 한시의 세계는 바쁠 것도, 복잡할 것도 없는 유유자적하고, 단순 소박한 세계이다. 사람들은 이 한시의 세계로 들어와서 자연의 향기 속에 여유로움을 얻게 될 것이다. 그래서 지친 심신이 잠시나마 휴식할 수 있을 것이다. 송나라 때 유명한 화가인 곽희는 군자가 산수화를 즐기는 뜻에 대해서, 본시 사람은 세속에 물들지 않도록 늘 자연과 친해야 하는 것인데, 세상에 나가 임금을 섬기고 백성을 위하다 보면 자연과 친할 여유가 없게 되니, 이에 명산대천을 그려서 벽에 걸어두고 조석으로 감상하여 신유함으로써 자연과의 친밀함을 얻고 호연지기를 길러 세속의 때에 물들지 않게 되는 데 그 뜻이 있다고 하였다. 한시를 감상하는 뜻이 이와 유사한 점이 있지 않겠는가? 예부터 훌륭한 시에는 그림이 담겨있고, 훌륭한 그림에는 시가 담겨있다고 하였다. 시가 곧 그림이요, 그림이 곧 시인 것이다. 한시 속에는 청정한 강물이 사철 흘러간다. 한시 속에는 삽상한 솔바람이 만 골짜기를 불어 간다. 그 강물에 속세의 묵은 때를 씻고, 그 바람에 세속의 피곤을 날려 보내면 되는 것이다.

〈山居秋暝〉 〈가을날 저문 산에서〉   唐, 王維

空山新雨後,   빈산에 비 새로 내린 뒤
天氣晚來秋.   저물녘 완연한 가을이라
明月松間照,   밝은 달은 소나무 사이로 비치고
淸泉石上流.   맑은 샘물 돌 위로 흘러간다
竹喧歸浣女,   빨래하는 여인들 돌아가느라 대숲은 시끌하고
蓮動下漁舟.   고기잡이 배 연꽃 흔들거리며 내려간다
隨意春芳歇,   봄풀이야 제멋대로 시들어가지만
王孫自可留.   왕손이야 이곳에 머물러 있어도 좋아라

막 비가 개인 가을날 저녁의 맑고 그윽한 경치가 그림처럼 우리 앞에 펼쳐지고 있다. 이 시가 펼쳐놓은 자연의 풍경 속으로 들어가서 쉬면 된다. 구름 걷힌 하늘에 밝은 달이 이제 막 비에 씻긴 깨끗한 소나무 사이로 비추고, 달빛 받아 하얗게 빛나는 돌 위로 맑은 샘물이 흘러간다. 그곳 어딘가에 자리를 정해두고 달빛으로 눈을 씻고, 솔내음으로 코를 씻고, 맑은 샘물로 입을 씻고, 돌 위로 흐르는 물소리로 귀를 씻으면 될 것이다. 충혈된 눈이 맑아지고 비염으로 훌쩍거리던 코가 상쾌해지고 구취나던 입안도 개운해지고 이명으로 웅웅거리던 귀도 말짱해질 것이다. 대숲을 지나가는 빨래하는 아낙네들의 모습은 3,4구의 자연 경물들

을 통해 깨끗하게 씻겨진 작자의 마음을 상징하는 것이요, 흔들흔들 연꽃을 지나가는 고기잡이배는 세속의 분망함 밖에서 그윽한 여유로움을 즐기고 있는 작자의 기쁨을 표현한 것이다. 그것은 연꽃으로 표현될 정도의 고귀한 즐거움이요 가치이다. 이러한 세계는 작자가 말한 대로 '머물러 있을 만한自可留'곳이 아닌가.

〈竹里館〉　　　〈죽리관에서〉　唐, 王維

獨坐幽篁裏　　홀로 그윽한 대숲에 앉아
彈琴復長嘯　　거문고 타다가 길게 휘파람을 분다
深林人不知　　깊은 숲 아는 사람 없고
明月來相照　　밝은 달만이 찾아와 날 비춘다

이 한시의 풍경 속에 들어가 있는 시인을 잠시 나오라 하고 내가 그를 대신하여 그윽한 대숲에 앉아서 거문고를 타고 휘파람도 불러보자. 밝은 달이 보고도 말하지 않는 깊은 정의 친구처럼 찾아올 것이다. 우리의 혼이 가는 것이다. 그 혼이 달빛 그윽한 대숲을 다녀오는 것이다. 대숲에 부서지는 밝은 달빛으로 우리의 혼이 먼저 씻겨지는 것이다. 그리고 나서 돌아온 혼이 우리 몸을 다시 만지는 것이다. 거문고의 은은한 울림과 같이 우리 몸 구석구석을 진동시킴으로써 세포 구석구석에 뭉쳐 있는 피로의 알갱이들을 하나씩 풀어내는 것이다. 명상 훈련 중에 이런 게 있다. 고요히 명상하는 중에 이전에 자신이 경험했던 유쾌하고 행복했던 순간을 떠올리게 되면 그것이 비록 먼 과거에 일어났던 일임에도 불구하고 지금 명상하고 있는 순간의 몸이 처음 그것이 발생했던 당시에 느꼈던 희열과 행복을 고스란이 다시 느끼게 된다는 것이다. 한시의 세계에 침잠해 들어가는 것은 과거에 어떤 시인이 느꼈을 희열을 지금 내가 불러내어 내 혼과 몸이 그것을 느끼게 한다는 것이다.

〈秋夜寄丘員外〉　〈가을밤〉　　　唐, 韋應物

懷君屬秋夜,　　그리움 속에 찾아온 가을 밤
散步詠凉天.　　서늘한 날을 거닐며 시를 읊는다
山空松子落,　　빈산에 솔방울 떨어지면
幽人應未眠.　　그대도 응당 잠을 못 이루겠지

　도시 생활 속에서 밤이 온 가을 산에 솔방울 떨어지는 소리를 들을 일이 어디 있으랴. 그러나 위의 한시가 빚은 세계 속에서라면 가능하다. 고요한 가을밤 잎들이 다 저버린 빈산으로 가서 솔방울 떨어지는 소리를 들어보자. 그곳 산자락 어디메에 있을 산골 마을 외딴집이어도 좋고 한적한 절간의 요사채여도 좋다. 맘이 아득해지고 몸이 서늘해져 오지 않는가. 그리움이 가을바람처럼 불어올 것이다. 그런 맑고 서늘한 그리움이 바로 우리의 묵은 피로를 풀어주는 것이다. 뭉친 근육을 이완시켜 주는 것이다.

〈秋日〉　　　〈가을날〉　　　　金星坤

秋塘蓮子熟,　　가을 연못에 연밥 익어가고
虛場紫蜻眠.　　빈 마당에 고추잠자리 졸고 있다
雲落淸茶碗,　　구름은 맑은 찻잔에 떨어지고

人歸路菊邊.　　사람은 국화 핀 길로 돌아간다

　이 시는 어느 가을날 사찰 부근의 찻집에서 지은 것이다. 마침 백련이 피고 난 후 연밥이 익어가는 연못이 있어서 차 한 잔 하는 즐거움이 컸는데 태양이 눈부시고 바람이 삽상하며 구름이 명랑하니 시심이 절로 일었다. 그래서 위 시를 지어 맑은 가을날의 서정을 담고자 했다. 이 시를 지금 인용하자니 시를 지었던 그 시절, 그 장소의 분위기가 생생하게 떠오르니, 몸은 비록 책상 앞에 있어도 마음이 벌써 연못가 가을 햇살 눈부신 곳에 있는 듯하다. 누군가 이 시를 읽게 된다면 어떤 느낌일까? 그 가을의 청명하고 삽상했던 느낌을 전해 받을 수 있을까? 내가 다녀온 그 공간에 함께 다녀온 듯한 느낌, 내가 마셨던 맑은 차를 함께 나누어 마신 느낌이 들까? 차를 마신 후에 돌아오는 발길 끝에 퍼지는 국화의 삽상한 향기를 맡을 수 있을까? 그럴 수 있다면 시가 성공한 것이려니와 나는 무형의 자연을 창조하여 누군가에게 피로를 회복케 할 휴식의 공간을 제공하게 된 것이리라.

　그러나 기억할 것은 한시의 세계는 긴 여정에서의 주막과 같이 휴식의 한 지점일 뿐이다. 그것은 여행의 종착점도 아니며 여행의 목적도 아니다. 긴 여행을 위해 마련된 휴게소일 뿐이다. 그곳에 너무 오래 눌러 앉아 있는 것은 좋지 않다. 여행의 목적을 잊게 되면 낭패가 아닌가. 휴식했으면 의당 서둘러 다시 가던 길을 가야한다. 가서 열심히 돈도 벌고, 명예도 얻고 해야 한다. 살구꽃 핀 마을 주막에 들러 다리도 쉬고 마음도 달랬을 시인이 다시 길을 힘차게 떠났듯이 우리도 다시 싱싱해진 의식과 다리로 우리의 여정을 달려가야 하는 것이다. 한시의 세계가 주는 휴식의 참된 의미는 바로 이곳에 있다.

말 _류종목

      요즘은 1호선 전철이 천안까지 연장 운행되어서 1호선 전철역 옆에 사는 나로서는 교통이 이전보다 훨씬 더 편리해졌다. 노선이 연장됨으로써 승객이 많아지고 이에 따라 운행간격이 좁아진 것이 나에게 주어진 가장 큰 이점이다. 그러나 바로 집 앞에서 시내 교통수단인 전철을 타고 경기도를 지나 충청도까지 곧장 갈 수 있다는 사실 또한 나를 어린아이처럼 신나게 하는 점이다.

  마침 천안에서 아는 사람의 결혼식이 있기에 아내와 함께 시승을 해보았다. 안양을 지나자 승객이 많이 줄어들어 차 안이 한결 쾌적해졌다. 모처럼 차창 밖으로 지나가는 평화로운 전원풍경을 즐기고 있노라니 어느새 "곧 천안역에 도착하겠습니다"라는 차내방송이 들렸다. 시흥에서 천안까지 한 시간 반 정도 걸렸지만 여행하는 기분으로 온 탓인지 시간이 얼마 안 걸린 느낌이었다.

그 재미에 돌아갈 때도 전철을 타기로 했다. 역사 안으로 들어서자마자 오후 2시 50분에 급행 전철이 있다는 안내방송이 흘러 나왔다. 잘됐다 싶어 서둘러 승강장으로 갔더니 이미 2시 52분쯤 되어 있었다. 마침 서울에서 내려오는 전철 한 대가 곧 정지할 것 같은 느릿한 속도로 승강장으로 들어오고 있었다. 천안이 종착역이니까 그 차가 다시 서울로 갈 것임에 틀림없으므로 차가 멈추고 출입문이 열리기가 바쁘게 얼른 승차했다. 2시 50분 급행 전철이 조금 연착했을지도 모른다고, 아니 그랬으면 좋겠다고 생각하면서. 그러나 차는 바로 떠나지 않고 한동안 그대로 서 있었다. 2시 50분 급행은 아닌 모양이었다. 무슨 횡재를 바라다가 이루어지지 않았을 때처럼 갑자기 겸연쩍은 생각이 들었다.

그때 초등학교 5, 6학년쯤 돼보이는 남자 아이 하나가 뛰듯이 빨리 차 안으로 들어와 내 옆의 빈 자리에 앉더니 대뜸 물었다.

"이 차 금정으로 가요?"

천안에서 출발하는 차 치고 금정을 지나가지 않는 차는 없을 터이다. 나와 아내는 망설임 없이 대답했다.

"그래. 금정으로 간다."

대답을 들은 아이는 이내 어디론가 가버렸다. 아이가 가고 바로 차가 출발했다. 차가 떠나는 순간 아내가 느닷없이 큰일났다며 낭패한 표정을 지었다. 아까 그 아이가 우리에게 이 차가 금정역에 서는지 안 서는지를 물은 것이 아니겠느냐는 것이었다. 그랬다. 아내의 말을 듣고 보니 과연 그런 것 같았다. 나도 아내도 무심코 아이의 말을 '금정 방향으로 가느냐?'고 들었는데, 그래서 둘 다 추호의 망설임도 없이 간다고 했는데 지금 가만히 생각해보니 천안에서 출발하는 전철이 모두 그 쪽으로 간다는 사실쯤은 그 아이도 알고 있을 것만 같았다. 그렇다면 그 아이가 물은 것은 이 차가 금정역에 서는지 여부였을 것이다. 아내는 아이의 의도가 정말 금정역 정차 여부를 묻는 것이었다면, 그리고 이 차가 급행이어서 금정역에 안 선다면 아이가 무책임한 대답을 한 어른들에게 얼마나 실망하겠느냐고, 그리고 앞으로 모든 어른들을 다 불신하지 않겠느냐고 걱정했다. 그러면서 제발 이 차가 급행이 아니었으면 좋겠다고 했다. 주위에 아이가 있는지 둘러 보았으나 아이는 보이지 않았다.

나는 이 차가 급행일지라도 별 문제가 없을 거라고 아내를 안심시키고 자신도 위로했다. 왜냐하면 금정역은 1호선과 4호선이 교차하는 중요한 역인지라 급행 전철이 설 가능성이 크다고 여겼기 때문이다. 내 말에 일리가 있다고 생각하고 아내도 다소 안심했다. 그러나 다음 순간 아내는 옛날에 급행 전철이 안양역에 서는 것을 본 기억이 난다면서 금정역에 서고 두 정류장 뒤에 있는 안양역에 또 서겠느냐며 다시 걱정스러운 표정이 되었다.

그러는 사이에 차가 두정역에 도착했다. 차가 두정역에 서는 것을 보면서 우리는 안도의 한숨을 내쉬었다. 이 차가 급행이라면 천안 바로 다음 역인 두정역에 정차할 리가 없고 천안에서 출발한 것도 2시 50분에서 5분이나 지난 때였기 때문에 더 이상은 의구심이 들지 않았다. 마음이 편안해지자 깜박 잠이 들었다. 잠결에 얼핏 차내방송이 들렸다.

"이번에 정차할 곳은 수원역입니다."

'벌써 수원까지 왔나?' 하고 생각하는데 연이어 흘러나오는 차내방송이 가슴을 철렁 내려앉게 했다.

"다음 정차할 곳은 안양역입니다."

아니 이 차가 그예 급행이었단 말인가? 그리고 수원역에 선 뒤 바로 안양역까지 간다면 그 사이에 있는 금정역에는 안 서는 것이 분명하지 않은가?

완행으로 갈아타기 위해 안양역에서 내린 우리는 급행 전철의 이 칸 저 칸을 기웃거려 보았다. 늦었지만 지금이라도 금정역에 안 선 채 지나쳤다는 사실을 알려주기 위해서였다. 그러나 복잡한 전철에서 그 아이가 쉽게 눈에 띌 리가 없었다. 아내는 울상이 되었다. 나도 마음이 여간 불편하지 않았다. 그 아이가 자기 집을 못 찾아갈 염려는 없어 보였지만 문제는 그 아이가 어른들을 어떻게 볼까 하는 것이었다. 나는 아내를 위로하기 위해 그리고 자신의 멍청한 짓을 합리화하기 위해 이런 논리를 펴보았다.

"아이가 자신에게도 약간의 실수가 있었다는 사실을 깨닫고는 쓴웃음을 짓겠지. '이 차 금정역에 서요?' 하고 물을 것을 잘못 물었다고 말이지."

언젠가는 그 아이가 언어의 전달력에 얼마나 많은 문제가 있는지를 깨닫게 될 날이 틀림없이 올 것이라는 생각이 들면서 문득 옛 사람의 말 두 마디가 떠올랐다.

"이 속에 사람 사는 참된 의미 있거니, 분변하여 말하려다 그만 말을 잊었네(此中有眞意, 欲辨已忘言)."

"병은 입을 통해 들어가고 재앙은 입을 통해 나온다(病從口入, 禍從口出)."

전자는 진晉나라 시인 도연명陶淵明이 〈술을 마시고飮酒〉라는 시에서 한 말이고 후자는 진晉나라 철학자 부현傅玄이 〈입조심口銘〉이라는 글에서 한 말이다. 도연명은 인생의 참된 의미를 말로는 도저히 설명할 수 없다는 사실을 잘 알고 있었다. 그리고 말이란 전달력이 약한 정도에서 그치지 않고 더 나아가 재앙을 부르기까지 한다는 것이 부현의 생각이었다.

굳이 옛 사람의 지혜를 빌리지 않더라도 말이란 잘못 하면 안 하는 것만 못하다는 것을 오늘 겪은 일과 같은 일상의 경험들을 통하여 문득문득 깨닫게 된다.

(2006년 9월 23일)

한 치 앞 _류종목

지난해의 어느 초가을 날이었다. 승용차가 갑자기 시동이 안 걸렸다. 시동이 안 걸릴 정도로 엔진에 문제가 생겼다면 매우 중대한 결함이 생긴 것이므로 기술이 좋은 큰 정비공장에서 수리해야 하는데 마침 일요일이라 웬만큼 괜찮은 정비공장은 다 쉴 것이기 때문에 그냥 버스를 타기로 했다.

우리 집에서 학교까지 가는 방법은 두 가지가 있다. 하나는 집 앞에서 5535번 버스를 타고 신림사거리까지 갔다가 거기서 서울대학교 행정관 앞까지 가는 5516번이나 5518번 버스를 타는 방법이고, 하나는 집에서 시흥 전철역까지 걸어 가서 1번 마을버스를 타고 벽산아파트까지 갔다가 다시 호압사 앞에서 5412번 버스를 타고 서울대 정문까지 가는 방법이다. 후자는 관악산 중턱으로 질러가는 방법이라 전자에 비해 전체

소요시간이 10분 정도 적게 걸리는 대신 걷는 시간이 좀 많은 편이다. 나는 보통 운동도 할 겸 후자를 선택하지만 날씨가 안 좋거나 몸이 불편한 날은 시간이 좀 더 걸리더라도 전자를 선택한다.

그날은 날씨도 별로 덥지 않고 몸도 별로 나쁘지 않았건만 웬일인지 걷기가 싫어서 5535번 버스를 타고 신림사거리에서 내려 5516번 버스로 갈아 탔다. 무슨 생각에 빠져 멍청하게 앉아 있다가 문득 차가 서울대 정문에 가까워졌음을 알고는 급히 하차벨을 누르고 승강구로 나갔다. 내리는 사람은 나뿐이었다. 차에 타고 있는 손님이 많지 않았으니 그럴 수 있는 일이었다. 그런데 내가 내리자 차가 서울대 안으로 들어가는 것이 아닌가? 그제야 나는 내가 탄 것이 5412번이 아니라 5516번이었다는 사실을 깨달았다. 정문에서 기다리다가 다시 학교 안으로 들어가는 다른 버스를 탈 수도 있었지만 기왕 내린 김에 걸어서 가기로 했다.

일요일 아침이라 다니는 사람이 별로 없는 두레문화관 앞길을 천천히 걸어가는데 발 밑에 무언가가 느껴졌다. 내려다 보니 10cm가량의 약간 가무잡잡하고 가느다란 물체가 동그랗게 말린 채 땅바닥에 널려 있었다. 지렁이였다. 장마철에 땅속에서 나와 빗물이 흘러내리는 콘크리트 보도를 돌아다니다가 갑자기 비가 그치고 햇볕이 내리쬐는 바람에 땅속으로 돌아가는 길을 찾지 못한 채 그대로 콘크리트 바닥에 눌어붙어 버린 모양이었다. 콘크리트 보도 바로 옆에 잔디밭이 있다는 사실을 모르고 말이다.

지렁이는 한두 마리가 아니었다. 입도 없고 코도 없고 눈도 없는지라 어느 쪽이 머리이고 어느 쪽이 꼬리인지 분간할 수 없는 몰골을 하고 대략 2~3m 간격으로 한 마리씩 널브러져 있었다. 지렁이를 밟지 않으려고 고개를 푹 숙이고 땅바닥만 보면서 가노라니 걸음이 제대로 걸어지지 않았다. 자칫하다가는 넘어지거나 앞에서 오는 사람과 부딪칠 것 같았다. 그때 순간적으로 이런 생각이 뇌리를 스쳐갔다.

"멀리 보지 못하면 저 꼴이 된다. 지렁이가 저렇게 된 것은 한 치 앞을 내다보지 못 했기 때문이 아닌가?"

두 달쯤 전이었다. 한동안 내가 마치 작년의 그 지렁이가 된 것 같은 느낌이 들어서 괴로웠다. 한 치 앞을 내다볼 수 없어서 속이 무척 답답했던 것이다. 대학생으로서의 마지막 학기를 맞아 이 회사 저 회사에 지원서를 넣고 분주히 쫓아다닌 결과 몇 개 회사로부터 합격 통보를 받은 큰애에게 갈 길을 안내해줄 안목이 없었기 때문이다. 특히 최종 선택 대상인 가회사와 나회사 가운데 어디를 선택하는 것이 좋을지 길이 잘 안 보였기 때문이다.

가회사는 국내에서 손꼽힐 뿐만 아니라 국제적으로도 꽤 명성이 있는 거대기업이고 나회사는 그룹을 형성한 지 5~6년밖에 안 된 신흥 그룹의 지주회사이다. 가회사는 거대기업인 만큼 명성에 어울리게 안정성이 높고, 나회사는 몇 년 사이에 눈부신 성장을 이루어 일약 우리나라 재벌 순위 22~23위에 올랐을 만큼 발전 속도가 빠른 그룹의 주력 기업이다. 그리고 큰애가 그 회사에 근무하고 있는 자기 선배를 통해서 알아본 바에 의하면 나회사는 최고 경영자가 아주 합리적인 사고방식을 가지고 있어서 사무실 분위기도 상명하달 식의 위압적인 면이나 윗사람의 눈치를 보느라 일도 없으면서 억지로 저녁 늦게까지 자리를 지키는 등의 불합리한 면이 없다고 했다. 게다가 출근 시간도 나회사가 한 시간 늦다고 했다. 그렇다고 연봉이 가회사보다 적은 것도 아니라고 했다.

이쯤 되면 비록 이름이 알려져 있지 않고 급성장에 뒤따를지도 모르는 위험성이 있다고 할지라도 큰애가 굳이 나회사를 선택한 데에 충분한 이유가 있다고 생각되건만 나회사에 대해서 잘 몰랐던 나는 큰애가 나회사에 가겠다고 했을 때 상당히 유보적인 태도를 취했었다. 그러다가 그 회사 홈페이지에서 '윤리경영'이란 경영철학을 보기도 하고 그 회사에서 합격자 가족을 위해 마련한 축하연에 참석하여 겸손하면서도 열의가 넘치는 경영진의 태도를 보기도 한 결과 그 회사에 대하여 믿음을 갖게 되어 마침내 큰애의 생각을 지지하기로 했었다.

그런데 뜻밖의 문제가 생겼다. 큰애와 마찬가지로 나회사에 가겠다고 결의를 다졌던 친구들이 마지막 순간에 모두 나회사를 포기하는 바람에 큰애가 고민에 빠진 것이었다. 함께 나회사에 가자고 아무리 설득을 해도 말을 듣는 친구가 없자 큰애도 결국 마음이 흔들리고 만 것이었다. 가회사는 삼척동자도 이름을 알 만한 유명 회사이고 나회사는 구척거구도 이름을 알 것 같지 않은 신흥 회사이니 내실內實 보다 외화外華를 중시하는 요즘 젊은이들의 태도를 이해하지 못할 것도 아니었다. 그리고 큰애가 다른 친구들의 한결같은 태도 때문에 선뜻 결심을 못하는 것도 이해 못할 바가 아니었다.

그러나 외화보다 내실을 훨씬 더 중시하는 나는 큰애가 가회사로 가면 아무래도 후회할 것 같아서 남의 일인 양 그냥 보고만 있을 수가 없었다. 다만 나도 나회사의 안정성을 확신할 근거를 갖고 있지 않았기 때문에 알 만한 친구들에게 물어보았다. 나회사를 알기나 할까 하는 마음으로 물어보았는데 뜻밖에도 그 친구들은 나회사를 아주 잘 알고 있었다. 먼저 모 그룹 상무로 있는 친구에게 물었더니 그는 두 말할 것도 없이 나회사가 더 낫다고 했다. 자기 같으면 주저없이 나회사에 보낼 것이라고 했다. 모 은행 본부장으로 있는 친구도 비슷한 얘기를 했다. 안정성을 추구하느냐 발전 가능성을 추구하느냐 하는 취향의 문제가 있을 뿐이지 나회사가 위험하다거나 남들이 알아주지 않는다거나 하는 문제는 없다고 했다. 가까운 친구들의 말을 통해 확신을 갖게 된 나는 이제 큰애에게 자신감을 불어넣기 시작했다. 아내도 나의 단호한 태도를 보고 나보다 더 적극적으로 나섰다. 이리하여 큰애가 마침내 원래 생각대로 나회사에 가기로 마음을 굳혔다.

막상 큰애가 나회사의 신입사원 연수에 들어가자 아내는 매우 불안해 했다. 우리가 과연 현명한 선택을 한 것인지, 혹시 큰애가 나회사에 근무하면서 만족을 못 하는 것은 아닐지, 그래서 결국 우리가 원망을 듣게 되지나 않을지, 가회사는 아직 연수가 시작되지 않았으니 지금이라도 가회사로 가라고 하는 것이 낫지 않을지, 이런 저런 생각으로 걱정이 태산이었다. 아내는 신문에서 두 회사에 관한 기사만 보아도 잔뜩 예민한 반응을 보였다. 그리고 하루에도 몇 번씩 나에게 물어왔다. 때로는 밤에 자다가도 깨어나 고민했다. 아내가 나에게 물을 때마다 나는 단호하게 현명한 선택이었다고 대답해 주었다. 그리고 여러 차례 설명한 이유를 반복해서 또 말했다.

아내를 안심시키기 위해 단호한 태도를 보이기는 했지만 사실 나 자신도 과연 그토록 강력하게 권장할 만큼 내 판단이 옳았는지 불안하지 않은 것이 아니었다. 나회사가 앞으로도 과연 성장을 지속해 나갈까? 은행 다니는 친구의 말처럼 정말로 위험성은 없을까? 사무실 분위기가 정말 다른 회사하고 다를까? 노사분규로 골치를 앓던 가회사가 갑자기 투명경영을 내세우며 노사단합을 이루고 그것을 바탕으로 새로운 도약을 하지는 않을까? 그러나 그 누가 미래의 일을 알수 있겠는가? 그저 답답할 뿐이었다.

언젠가 아내가 조그맣게 오린 신문지를 보여주며, 박 모 스님의 강연회에 가면 그를 따라온 다른 스님이 점을 쳐 준다는데 아이들의 장래에 대해서 한 번 물어보면 어떻겠느냐고 나의 의사를 타진해온 일이 있었다. 그때 나는 한 번도 점술을 믿어본 적 없는 사람이 자식의 일을 놓고는 저럴 수도 있다니 모성애는 참으로 상상을 초월하는가 보다 하고 생각하면서도 일언지하에 반대하고 말았었다. 만약 우리가 원하는 결과가 나오면 격려가 되어서 좋겠지만 그 반대의 결과가 나오면 어떻게 그 말을 믿고 우리 생각을 바꾸겠는가 하는 것이 이유였다. 아내도 하도 답답해서 잠시 그런 생각이 든 거라며 두 말 않고 신문지를 찢어버렸었다.

그런데 두 달 전에는 나도 나에게 미래를 내다보는 예지가 좀 있었으면 하는 생각이 다 들었다. 사람이 미래를 안다면 삶이 너무 단조롭기도 하고 때로는 말할 수 없이 두렵기도 할 것이라는 평소의 내 생각이 상황으로 인하여 이렇게 바뀐 것이었다. 자꾸만 내가 작년 가을에 본 지렁이처럼 바로 앞에 가야 할 길이 있는 줄을 모르고 엉뚱한 방향으로 가고 있는 것은 아닐까 하는 불안한 생각이 나를 엄습했기 때문이었다.

한 달 동안의 연수를 마치고 부서를 배정받아 정식으로 근무하고 있는 지금 큰애가 나회사에 호감을 갖기 시작했다. 직원들이 대부분 젊은 사람인지라 사무실 분위기가 젊어서 좋다고 한다. 몇 명 안 되는 나이 많은 상사들마저 보수적인 분위기를 강요하기는커녕 오히려 젊은 직원들을 따라가려는 분위기라서 좋다고 한다. 그리고 비록 일이 좀 많을지라도 발전 가능성이 커서 좋다고 한다. 두 달 전에 내가 충고해주었던 것과 꼭 같은 말이다. 아니, 그 전에 큰애 자신이 우리를 설득했던 말이다.

자주 다녀서 익숙해진 고속도로를 질주하는 것은 단조롭고 따분한 일이다. 그보다는 국도나 지방도로를 따라 낯선 길을 더듬어가며 처음 보는 풍경을 구경하고 처음 가는 마을에서 그 마을의 별미를 맛보는 그런 여행이 더 운치 있다. 가끔씩 길을 잃어 답답하고 불안할지라도 그러다가 다시 갈 길을 찾게 되었을 때의 기쁨 또한 작지 않다. 한 치 앞, 역시 모르고 사는 편이 더 나을 것 같다.

(2007년 8월 31일)

휴일 나들이 _류종목

나는 특별한 일이 없는 한 일요일이나 국경일 같은 휴일에도 학교에 나간다. 그러다 보니 대학원 학생들 가운데는 내가 하루도 빠지지 않고 매일 출근하는 것으로 알고 있는 사람도 있는 모양이다. 대학원 학생들 중에는 휴일에도 학교에 나가 연구에 몰두하는 사람이 많은데 그들이 왕왕 나와 마주치기 때문일 것이다.

물론 내가 여기저기 나다니는 일이 많지 않은 것은 사실이지만 나라고 해서 나들이 가는 일이 없는 것은 아니다. 다만 볼일이 있으면 가급적 강의가 없는 평일을 이용하고 그 대신 휴일에는 학교에 나가는 것이다. 주말이나 휴일에는 길이 막혀서 오고 가는 데 너무 많은 시간을 낭비하기 때문이다.

나는 이처럼 시간적으로 크게 구속을 받지 않는 덕분에 혼잡한 시간에 차 안에 갇혀 있지 않아도 되는 것이 교수직의 장점 가운데 하나라고 생각하고 있다. 심지어 우리같이 시간의 제약을 받지 않는 사람들마저 혼잡한 시간에 차를 몰고 나가는 것은 다른 사람들에게 미안한 일이라고까지 생각하고 있다. 게다가 서울대학교는 날마다 수많은 서울시민들이 찾아가 휴양을 취하는 관악산 자락에 자리잡고 있어서 학교 자체가 훌륭한 휴양지인 셈이다. 아닌 게 아니라 연구실에서 커튼을 걷으면 학생회관 너머로 모습을 드러내는 관악산이 계절마다 다른 변화무쌍한 자태를 보여주고 있고, 연구실 주위에 각종 나무들이 둘러서 있어서 하루 종일 삼림욕을 즐길 수도 있다.

그런데 최근에 이상한 소문이 들렸다. 어떤 학생이 "류종목 선생님, 사모님과 문제 있는 거 아냐?" 하자 옆에 있던 다른 학생들이 무심코 보아넘겼던 대수롭지 않은 일에서 중대한 비밀이라도 발견한 것처럼 이구동성으로 "정말!" 하고 맞장구를 치며 재미있어 했다는 것이다. 우리 딸아이한테 한 말이니 의심의 여지도 없는 농담임을 알지만 나에게는 그것이 순전하게 농담으로만 들리지 않았다. 자격지심이었다.

오래 전부터 경기도 양평에 있다는 용문사에 한 번 가보아야겠다고 생각하고 있었다. 거기에 천년 묵은 은행나무가 있다는 소문을 들었기 때문이다. 몇 해가 지나도록 생각만 할 뿐 결행하지 못했기에 이번 가을에는 꼭 한 번 가 보려고 작정하고 있었는데 학교 순환도로에 있는 은행나무가 제법 노르스름해진 것을 보니 관악산보다 북쪽에 있는 용문사의 은행나무는 벌써 노랗게 물들었을 것 같아 마음이 조급해졌다. 11월 첫째 주의 목요일과 금요일에는 석사논문 발표회와 대학원 체육대회가 있어서 안 되기도 하지만 한편으로는 학생들에게 '사모님과 문제 있는 것'이 아님을 보여주고 싶기도 하여 10월의 마지막 일요일인 28일에 가기로 했다. 휴일 나들이의 모험을 한 번 시도해보기로 한 것이다. 다만 차 안에서 보내는 시간을 최소화하기 위해 아침 일찍 출발하여 점심시간 이전에 돌아올 생각이었다.

27일 저녁에 일기예보를 들어보니 28일에 전국적으로 비가 온다고 했다. 계획에 차질이 생기게 되었다. 기왕에 마음 먹은 터라 비가 하루 종일 오지만 않는다면 상암동에 있는 하늘공원에 가서 억새밭을 구경하는 것으로 대체하기로 했다. 계획대로 되지 않아서 속이 상하기는 했지만 새하얀 억새밭을 한 번 구경하는 것도 의미가 있는 일이라며 스스로 위안할 수밖에 없었다.

28일 아침에 하늘을 보니 구름이 잔뜩 낀 것이 아무래도 비가 올 것 같았다. 그러나 당장 오지는 않을 것 같기도 하여 비가 오기 전에 하늘공원에라도 갔다 올 요량으로 10시쯤에 집을 나섰다. 서부간선도로를 지나가면서 교통상황을 가늠해보니 길이 별로 막히지 않을 듯했다. 구름도 아까보다 오히려 엷어져 있었다. 성산대교를 지나 하늘공원으로 가는 길과 내부순환도로로 가는 길이 갈라지는 곳에 이르렀을 때 나는 내부순환도로 쪽으로 길을 잡았다. 내부순환도로와 북부간선도로를 지나 용문사로 갈 참이었다. 얼른 보고 돌아오면 그렇게 많이 막히지는 않을 것만 같은 생각이 들었기 때문이다.

1시간 반 만에 용문사 입구에 도착했다. 길 양쪽에 가로수로 심어 놓은 은행나무가 샛노랗게 물들어 장관을 이루고 있었다. 참 때를 잘 맞추어 왔다는 생각이 들었다. 그런데 얼마 안 가서 갑자기 길이 막히기 시작했다. 아무래도 정체 꼬리가 용문사 주차장까지 이어진 듯했다. 표지판에 용문사까지 4km라고 적혀 있었다. 아차 하는 생각이 들었지만 이제는 어떻게 할 수도 없었다. 한 줄로 늘어서서 다른 차들의 뒤를 따라 천천히 아주 천천히 흘러가는 수밖에 다른 방법이 없었다. 30분 정도 그렇게 흘러가노라니 논 옆에 있는 공터에 차를 세워놓고 걸어가는 사람이 보였다. 우리도 얼른 논 옆에다 차를 세워놓고 걸어 가기 시작했다. 걸음보다 더 느린 차를 타는 것보다 길 양옆으로 늘어선 은행나무 가로수에서 떨어진 노란 잎을 밟으며 걸어가는 것이 훨씬 즐거웠다.

1km 남짓 걸어가다가 매표소 부근에서 점심을 먹고 12시 반에 용문사를 향해 올라가기 시작했다. 계곡에 들어서니 산 전체가 울긋불긋한 것이 마치 산에다 알록달록한 양탄자를 덮어놓은 것 같기도 하고, 도대체 몇 가지나 되는지 짐작조차 할 수 없는 무수한 색깔의 단풍잎들이 각기 다른 조합을 선보이며 패션쇼를 하는 것 같기도 했다. 형형색색이라는 말이나 천자만홍이라는 말로는 그 실체를 제대로 표현해낼 수 없을 만큼 수없이 많은 배색의 조합을 이루며 조화롭게 어우러져 있는 단풍을 보자 문득 10년 전의 일이 떠올랐다.

1996년 가을에 나는 소주蘇州 교외에 있는 천평산天平山으로 단풍 구경을 간 적이 있었다. 중국 4대 단풍명산으로 꼽힌다는 말을 듣고 호기심을 참을 수 없어서 일부러 짬을 내어 찾아가 보았더니 산기슭에 명나라 만력(1573-1619) 연간에 범중엄의 17세손이 심었다는 약 160그루의 단풍나무가 군락을 이루고 있고 산등성이에 홀처럼 길쭉하고 납작하게 생긴 바위가 많이 늘어서 있기 때문에 '만홀조천萬笏朝天'이라고 불리는 특이한 경관이 있어서 제법 장관을 이루고 있었다. 그러나 기후가 따뜻한 강남지방인 데다 단풍나무의 수종이 미루나무처럼 잎이 넓고 두꺼운 풍향楓香이어서 그런지 단풍 든 나뭇잎이 그다지 영롱하지 않은 것이 아쉬웠다. 아직 단풍이 덜 들어서 그럴지도 모른다는 생각에 열흘쯤 있다가 다시 한 번 가 보았지만 별 차이가 없었다. 그리고 그로부터 1년 뒤에 난생 처음으로 설악산 단풍을 구경했는데 천평산에서 본 것보다 훨씬 영롱하고 화사했다. 그때 설악산에서 찍은 단풍 사진 몇 장을 소주에 있는 동안 내게 서예를 가르쳐주신 이학운李鶴雲 선생님께 보내드리면서 〈억강남憶江南〉 사를 한 수 지어서 동봉해드린 적이 있었다. 백거이白居易의 사에 차운한 것이었다.

천평산은 좋았었네.	天平好
가을 풍경 더더욱 눈에 선하네.	秋景更詳諳
산기슭의 단풍 숲은 저녁놀 되고	山脚千楓成暮靄
산꼭대기 홀 만 개는 푸르름을 이고 있었네.	峰頭萬笏戴青藍
자나깨나 강남을 그리워하네.	寤寐憶江南

그랬더니 남에게 받기보다는 주기를 더 좋아하시는 이학운 선생님께서 이 사를 손수 붓으로 쓰고 끝머리에 잔 글씨로 당신의 차운사도 한 수 적은 다음 표구까지 해서 인편으로 보내주셨다.

| 보고 싶은 설악산 | 思雪嶽 |
| 그 풍경을 평소에 알지 못했네. | 景色素無諳 |

고려 땅에 봄이 오면 온 산이 찬란하고	高麗春回山爛漫
서리 맞아 붉은 잎이 푸른 하늘 비추련만	霜紅葉子映天藍
나는 몸을 옹크린 채 강남에서 늙어가네.	老邁屈江南

나는 단풍 든 풍경 중에서도 푸른 소나무 앞에 새빨간 단풍나무가 서 있는 것을 가장 좋아한다. 파란색과 대조를 이룸으로써 붉은색이 더욱 두드러져 보이기 때문에 그것을 보면그야말로 "서리 맞은 나뭇잎이 봄꽃보다 더 붉다霜葉紅於二月花"고 한 두목杜牧의 말을 실감할 수 있다. 그리고 그것은 마치 다홍치마 입은 미인이 독야청청한 군자 앞에 서서 온갖 교태로 그의 마음을 한 번 유혹해보려고 애쓰고 있는 것 같기도 하고, 붉은색 한복을 단아하게 차려 입은 황진이가 목석처럼 냉엄한 스승 서화담 앞에 앉아 다소곳이 고개를 숙인 채 가슴 깊은 곳에서 우러나는 경애심을 표하고 있는 것 같기도 하다. 그런 모습을 보고 있노라면 얼마간 가슴이 설레는 느낌이 드는 것은 나 혼자만의 경험일까?

군데군데 펼쳐져 있는 그런 모습들을 구경하며 쉬엄쉬엄 계곡을 따라 올라가다 보니 내 앞에 갑자기 우뚝하게 하늘을 찌르고 서 있는 은행나무가 나타났다. 그것은 광화문네거리에 서 있는 훤칠하고 늠름한 이순신 장군의 모습이었다. 안내문에 수령이 1,100년이라고 되어 있는 그 나무는 정말 놀랍게도 서울 시흥동에 있는 800년 묵은 은행나무와는 비교도 안 될 정도로 건장했다. 굵기가 11m, 높이가 41m라는 그 나무는 시흥동에 있는 800년짜리와 비교하면 굵기는 두 배쯤 되어 보이고 높이는 서너 배쯤 되는 듯했다. 시흥동에 있는 것은 가지가 별로 없어 휑뎅그렁

한 데다 밑둥치는 또 속이 텅텅 비어서 시멘트로 메꾸어져 있다. 그것은 말하자면 피골이 상접하고 머리카락이 다 빠진 데다 키마저 오그라든 백발노인의 모습이다. 그렇건만 나는 날마다 그 앞을 지나다니면서 수령이 그토록 높은데도 불구하고 그만큼 건장할 수 있는 것을 오히려 대단하다고 생각해 왔다.

그런데 용문사에 있는 것은 수령이 300년이나 더 많은데도 불구하고 그것보다 훨씬 더 건장하고 우람한 장년의 모습이었다. 그리고 그보다 더 놀라운 것은 극소수의 잎이 약간 노르스름해졌을 뿐 대부분의 잎이 아직도 푸르름을 과시하고 있다는 사실이었다. 그렇게 건장한 나머지 수없이 많은 열매가 주렁주렁 열려 있었다. 산기슭에 있는 젊은 은행나무들이 모두 노랗게 물들었는데 산중턱에 있는 늙은 은행나무가 어떻게 그토록 싱싱할 수 있는지 참으로 신기한 일이었다. 입을 다물지 못한 채 나무를 올려다 보고 있노라니 문득 나무에서 이런 말이 들리는 듯했다.

"나이는 숫자에 불과한 거야."

용문사는 규모가 아주 작은 절이라 둘러보는 데 별로 많은 시간이 걸리지 않았다. 경내를 한바퀴 돌아본 뒤, 어서 돌아가야 한다는 일념으로 차가 있는 쪽으로 걸음을 재촉했다. 그리하여 1시 50분에 출발할 수 있었다. 내려가는 찻길은 조금도 막히지 않았다. 반면에 올라가는 찻길은 아직도 우리가 갈 때만큼 줄을 서 있었다. 가다 서다를 반복하는 반대 방향의 차를 보며 다소 우쭐해진 마음으로 서울을 향해 가속페달을 밟았다. 6번 국도도 정상적으로 소통되고 있었다. 1시간 반이면 집까지 갈 수 있을 것 같았다. 오늘의 모험이 성공적으로 끝났다는 생각에 나도 모르게 어깨가 으쓱해졌다.

그런데 웬걸, 청평 부근에서부터 조금씩 속도가 떨어지기 시작하더니 서울에 가까워지자 아예 가다 말다를 반복하는 상황이 되고 말았다. 길이 막히기 전에 일찌감치 귀가하려는 '현명한' 사람이 우리말고도 그렇게 많은 것을 보자 모험이 대성공이라고 어깨가 으쓱했던 것이 쑥스러워졌다. 추적추적 뿌려대는 가랑비 속에 가다 서다를 반복하며 집에 도착했을 때는 이미 저녁 6시가 넘어 있었다. 4시간이 넘게 걸린 것이었다.

모처럼 모험해본 휴일 나들이, 대성공인 줄 알았던 휴일 나들이가 결국 이처럼 황당하게 되고 말았다. 휴일 나들이는 역시 낭비가 심하다. 아무래도 학생들에게 '사모님과 문제 있다'는 소리를 계속 들어야 될 것 같다.

(2007년 11월 12일)

예정주량과 십일금 _류종목

    우리 주변에는 술 때문에 병이 나고 또 그로 인해 술을 끊는 사람이 많다. 대개는 일정 기간 동안 일시적으로 끊지만 심한 경우 영원히 끊는 사람도 있다. 술을 좋아하는 사람이 술을 끊어야 한다는 것은 매우 불행한 일이다. 그런데도 적지 않은 사람들이 그 불행을 감수한다. 일시적인 불행을 감수해야 나중에 다시 그리고 더 오래 즐길 수 있음을 알기 때문이다. 그들은 술병이 당분간 술을 끊으라는 하늘의 계시라는 것을 알고 있는 것이다. 그런데 애주가들 중에는 이 하늘의 계시를 무시하고 계속적으로 마시다가 마침내 목숨을 잃고 마는 사람도 있다. 한동안 참고 견디면 다시 즐길 수 있는데 하늘의 계시를 무시함으로써 영원히 즐기지 못하게 되는 것은 더욱 큰 불행임에 틀림없다.

    주변에서 일어나는 이런 일들을 보면서 나는 오래 전부터 사람마다 자기가 평생 동안 마실 수 있는 술의 양을 타고 나는 것 같다는 생각을 하기 시작했고 지금도 그 생각에 변함이 없다. 조금 과다하게 마신 사람은 가벼운 병에 걸려서 술을 잠시 끊게 되고, 병에 걸려 술을 끊어야 할 상황이 되었는데도 불구하고 계속적으로 과다하게 마시는 사람은 마침내 중병에 걸려서 영원히 끊게 되고 마는 것이 다 그 때문이라고 생각한다. 그리고 일찍부터 술을 마신 사람은 나이가 들면 술을 좀 적게 마시는데 이에 반해 뒤늦게 술을 배운 사람은 나이가 들어서도 젊은 사람처럼 많이 마시는 것이 그 확증이라고 생각한다.

타고나는 술의 양은 사람마다 다르지만 한 사람이 평생 동안 마실 수 있는 술의 양이 하늘에 의해서 미리 정해져 있기는 마찬가지이기 때문에 평생토록 술을 즐길 수 있으려면 자기가 타고난 양을 적절하게 안배해서 마셔야 한다는 나의 생각에 나는 '예정주량설豫定酒量說'이라는 이름을 붙여 주었다. 그리고 마치 대단한 원리라도 발견한 것처럼 기회가 있을 때마다 애주가들에게 예정주량설을 얘기하곤 했다. 그러나 나에게서 예정주량설을 들은 사람이 상당히 많은데도 불구하고 내 생각에 동의하는 사람은 별로 없는 듯했다. 나에게 이 얘기를 들은 사람들이 너무 젊어서 별로 실감이 안 난 탓인지 아니면 내가 말만 무성할 뿐 자신은 실천하지 않을 것 같아 보였기 때문인지 알 수 없었다. 어쨌든 다른 사람들의 무관심으로 인하여 맥이 빠진 나는 언제부턴가 이 얘기를 중단하고 말았다.

지금 생각해 보면 참 뻔뻔스럽고 부끄러운 일이지만, 20여 년 전에 처음으로 예정주량설을 제기했을 때 막상 나 자신에게는 그것이 하나의 이론에 불과했던 것이 사실이다. 나는 그것이 애주가들에게 보편적으로 적용될 수 있는 그럴 듯한 이론이라고 생각하면서도 막상 나 자신은 그 대상에 포함시키지 않고 있었다. 말하자면 그것이 나 자신에게도 해당되는 실천강령이라는 데에는 생각이 미치지 않았던 것이다. 그리고 몇 년 뒤에는 그것이 내 머리에서 완전히 사라지고 말았다.

그렇게 예정주량설을 의식하지 않고 지낸 것이 어느덧 20년쯤 되었을까? 근래에 와서 갑자기 그것이 다시 내 머리에 파고들었다. 나는 취기가 좀 오르면 술을 점점 빨리 마시는 버릇이 있는지라 술자리가 있을 때마다 과음하는 편이고 이로 인하여 가족들한테 걱정 어린 핀잔을 많이 듣는데 나이가 들어감에 따라 술을 이겨내는 힘이 더욱 약해져서 이튿날 위와 장이 많이 부대끼기 때문에 이제 나 자신도 예정주량설에 근거하여 술을 조금씩 아껴 마시지 않으면 안 되겠다는 자각이 들기 시작한 것이다. 그렇지 않으면 내가 타고난 양이 조만간 고갈되고 말 것만 같은 불안한 생각이 자꾸 드는 것이다.

타고난 술을 적당히 안배해서 마시는 데는 몇 가지 방법이 있을 수 있다. 가장 좋은 방법은 매번 적당한 선에서 멈추어 과음하지 않는 것일 테고 두 번째로 좋은 방법은 마시는 주기를 길게 하는 것일 테지만 이런 방법은 성인이나 술을 좋아하지 않는 사람에게나 좋은 방법이지 대부분의 애주가들에게는 기대하기 힘든 방법인 것 같다. 적어도 폭음형인 나한테는 그렇다. 나는 성격이 좀 극단적이어서 적당히 마시고 만다거나 여러 날 만에 한 번 마시는 것이 힘든 대신 독하게 마음 먹으면 일정 기간 동안 아예 안 마시고 참는 것은 가능하다. 그래서 나는 나에게 어울리는 방법을 생각해 냈으니 바로 '십일금제十一禁制'이다.

'십일'은 10분의 1이라는 뜻으로 중국의 하夏·은殷·주周 삼대에 걸쳐 세금징수 방식으로 채택되었고 오늘날도 교회의 헌금방식으로 널리 애용되고 있는 적정 비율이다. 그리고 십일금제란 매년 365일 가운데 10분의 1에 해당하는 36.5일 이상 술을 안 마시는 제도이다. 술을 너무 오래 끊기는 힘이 들고 힘이 드는 계획은 지속적으로 실행하지 못할 위험성이 높지만 10분의 1 정도라는 적정 기간이라면 크게 힘들지도 않을 터이니 그런 대로 지속성이 있을 것이라는 생각에서 내가 고안해낸 위장양생장치胃腸養生裝置인 것이다.

십일금제를 실시하기로 결심하자 그것을 실시하는 시기를 언제로 할 것인가 하는 문제가 대두되었다. 1년 열두 달 가운데 어느 시기를 택하여 십일금제를 실시할 것인지에 대하여 약간의 고심을 거친 끝에 결국 1월과 2월로 결정했다. 먼저 학과 행사나 학생들과의 만남이 비교적 적은 방학 중이 좋겠다고 생각했고 다음으로 여름방학보다는 겨울방학이 더 좋겠다는 결론에 이르렀다. 두 번의 방학 가운데 겨울방학으로 결정한 것은 나로서는 정말 포기하기 힘든 이른바 '음락'이라는 것이 있는데 여름방학보다는 그래도 겨울방학이 그것을 포기하기에 덜 힘들 것이기 때문이었다.

음락을 얘기하려면 먼저 삼락을 얘기하지 않을 수 없다. 지금은 중단되었지만 몇 년 전까지만 해도 삼락회라는 테니스 동호인들의 모임이 있었다. 서울시내 중문과 교수들이 1주일에 한 번씩 모여서 함께 테니스를 치는 모임이었다. 이 삼락은 부모님이 다 생존해 계시고 형제가 무고하며, 우러러 하늘에 부끄럽지 않고 고개 숙여 사람들에게 부끄러움이 없으며, 천하의 영재를 다 모아 놓고 신명나게 가르치는 맹자의 삼락과는 전혀 무관하다. 단지 그 명칭을 빌렸을 뿐이다. 그것은 바로 테니스를 치는 데에 따르는 세 가지 즐거움, 즉 타락·욕락·음락을 말한다. 타락은 테니스를 치는 것 자체의 즐거움이고, 욕락은 땀을 뻘뻘 흘리면서 운동을 하고 난 뒤에 그 땀을 씻는 즐거움이다. 그리고 음락은 운동과 목욕으로 땀을 뺄 대로 다 뺀 상태에서 맥주를 한잔 들이켜는 즐거움이다.

삼락 가운데 그 어느 것인들 소중하지 않으랴만 나는 그 중에서도 제3락을 특히 소중하게 여긴다. 특유의 보리향과 적정량의 알콜 성분을 지닌 상큼한 음료가 가문 대지에 빗물이 스며들 듯 입 안을 감돈 후 목구멍을 타고 넘어가며 온몸으로 스며드는 그 짜릿한 즐거움은 도저히 말로 표현할 수가 없다. 그리고 당연한 얘기지만 음락은 여름철의 그것이 겨울철의 그것보다 훨씬 더 크다. 그렇기 때문에 둘 중에서 하나를 포기해야만 하는 상황이라면 겨울철의 그것을 선택할 수 밖에 없다. 이처럼 음락 때문에 겨울방학이 더 편리한 면이 있을 뿐만 아니라 연말이면 이런 저런 이유로 보통 때보다 과음하는 일이 더 많으므로 신년을 맞이하여 두 달가량 술을 안 마시는 것이 가장 효율적이라는 판단에 이르게 되었다.

1년에 한두 달 정도 금주하여 나에게 주어진 술을 좀 아껴 마심으로써 평생 동안 두고두고 즐길 수 있다면 비록 힘이 좀 들지라도 한번 해 볼 만한 일이 아닌가! 나는 이러한 심산으로 매년 1월과 2월에는 술을 안 마시기로 작정하고 올해로 3년째 실시하고 있는데 그 효과가 상당히 만족스럽다. 처음 며칠 동안은 입이 근질거리고 술 광고만 봐도 입에 침이 고일 지경이지만 다행히 나는 아직 술을 끊는다고 해서 금단현상이 생길 정도는 아니다. 그리고 인내심을 가지고 스스로 정한 기한을 넘긴 뒤 두 달 만에 처음 마시는 술에는 또 그 나름의 새로운 맛이 있어서 그것에 대한 기대가 나의 인내를 도와준다. 그 맛은 잠시 잊었던 즐거움을 다시 누리는 데서 오는 감각적 쾌감이 주성분이겠지만, 거기에는 성공적으로 해냈다는 성취감에서 오는 이성적 쾌감도 적지 않게 함유되어 있는 것 같다.

아무튼 올해로 3년째 실시하고 있는 십일금제가 상당히 만족스러운 만큼 앞으로도 계속 실시해 나갈 생각이다. 그리고 앞으로는 20년 전보다 훨씬 자신 있는 말투로 예정주량설을 역설할 생각이다.

(2008년 1월 25일)

〈천녀유혼倩女幽魂〉의 장국영張國榮을 애도하며
__박석

    얼마 전 사월 일일 만우절날 신문에는 홍콩의 미남 스타 장국영이 고층빌딩에서 투신하여 자살하였다는 보도가 나왔다. 동성연애자와의 삼각관계로 인해 심리적 갈등을 견디다 못해 죽음의 길을 택한 것으로 알려졌다. 홍콩과 우리나라의 많은 팬들은 처음에는 만우절의 농담인 줄 알았다가 사실임을 확인하고 애도의 한숨을 내쉬었다고 한다. 사실 나도 장국영을 아끼고 좋아하는 팬의 한 사람으로서 놀라움과 아쉬움을 금할 수가 없었다.
 장국영은 영화계에 데뷔하여 죽기 직전까지 약 50편의 영화에 출연하였다. 85년 흔히들 홍콩 느와르의 기념비적 작품이라 불리는 〈영웅본색英雄本色〉에서 갱의 동생으로서 경찰이 되어 형제간의 갈등을 겪는 아쥐에阿傑 역을 맡음으로써 본격적으로 스타의 명성을 날리기 시작한다. 이

영화에서 그는 여리고 순진하면서도 충동적이고 열정적인 젊은 형사의 역할을 잘 소화하여 팬들에게 강한 인상을 심겨준다. 그리고 2년 뒤인 87년 〈천녀유혼〉에서 아리따운 귀신과의 사랑에 빠지는 순진한 서생역을 맡음으로써 본격적으로 스타덤에 오른다. 그 뒤 왕가위 감독의 〈아비정전阿飛正傳〉에서 퇴폐적이고 반항적인 놈팽이역을 맡음으로서 한층 성숙된 연기력을 보여주었고 동성애자역을 맡은 〈해피투게더〉와 〈패왕별희覇王別姬〉에서는 최고의 전성기를 구가하였다.

장국영의 수많은 영화 가운데서 나에게 가장 강열한 인상을 남겨준 영화는 〈천녀유혼〉이었다. 이 영화는 홍콩에서 개봉하였을 때 최고의 인기를 구가하였는데 우리나라에서는 개봉관에서 반응이 신통찮았다. 그러나 변두리 극장으로 건너가면서 뒤늦게야 사람들에게 폭발적인 반응을 불러일으키고 수많은 매니아를 만들어낸 특이한 영화이다.

내가 이 영화를 처음 본 것은 진해 해군사관학교에서 중국어 교관 생활을 하고 있을 88년도 늦은 봄이다. 당시 아내는 첫째 애를 가져 약 보름 정도 서울 친정에 나들이를 가고 없을 때였다.

벚꽃으로 유명한 진해는 군항제 기간 중에만 전국에서 몰려온 꽃놀이 인파로 북적거릴 뿐 보통 때에는 아무런 자극이 없는 그야말로 한적하다 못해 따분한 도시이다. 그날도 보통 때와 다름없이 5시 10분에 퇴근하여 자전거를 타고 학교 정문을 나서서 동료 장교들과 어울려 식사를 마치고는 집으로 돌아가려고 한적한 시내쪽으로 가다가 거리에서 우연히 〈천녀유혼〉의 포스터를 보았다. 나는 아내도 없이 혼자 집에서 심심하게 보내느니 중국어 공부나 하자는 심정으로 극장에 들어갔다. 포스터에서 받은 첫인상이 별로 시원찮았기 때문에 큰 기대를 하지 않고 영화를 보기 시작하였는데 영화가 처음 시작하는 순간부터 숨이 막히는 것을 느꼈다.

짙푸른 색깔의 화면에는 폐허가 된 사찰 난약사蘭若寺의 현판이 보이고 음산한 경내에는 스산한 바람이 불어온다. 그리고 그 절 안에는 주황빛 등을 켜고 책을 읽는 서생이 있다. 그 앞에 갑자기 나타난 흰 옷을 입은 아리따운 여인이 달콤한 음악에 맞추어 황홀한 춤을 춘다. 그녀의 춤에 반한 서생은 그녀의 유혹에 넘어가고 뜨거운 정사가 시작된다. 그때 갑자기 밖에서 급작스럽게 불어오는 바람과 함께 낡은 종들이 울리고 이상한 그 무엇이 나타나 방안으로 들어간다. 여인은 몸을 옆으로 피하고 서생은 경악스러운 표정을 지으면서 달아나려고 하지만 이미 때는 늦었다. 그리고는 화면 가득히 펼쳐지는 붉은 천, 그 위에 붓글씨로 쓰여지는 영화제목 倩女幽魂(아리따운 여인의 떠도는 혼)... 그리고는 음악이 시작된다. 노래를 부르는 가수는 바로 이 영화의 주인공인 장국영이다.

人生 夢如路長 讓那風霜風霜留面上
紅塵裡 美夢有多少方向
找痴痴夢幻的心愛 路隨人茫茫

人生是 夢的延長 夢裡依稀依稀有淚光
何從何去 覓我心中方向
風悠悠在夢中輕嘆 路隨人茫茫

人間路 快樂少年郞 在那崎嶇中崎嶇中看陽光
紅塵裡 快樂有多少方向
一絲絲像夢的風雨 路隨人茫茫

인생, 기나긴 길과 같은 꿈
바람과 서리 얼굴에 잘 날 없네.
홍진 속에서 아름다운 꿈은 얼마나 많은 갈래가 있는지
어리석은 몽환 속의 사랑을 찾아가는데
길도 사람도 아득하기만 하구나.

인생은 꿈의 연장
꿈속에서 아련히 눈물 빛이 어른거리네
어디에서 어디로 가는지 내 마음 속의 길을 찾아가네
바람은 꿈속에서 아련히 소리치는데
길도 사람도 아득하기만 하구나

사람의 길, 쾌락을 찾는 소년들
그 기구한 길속에서도 햇살은 보이는 것
홍진 속에서 쾌락은 얼마나 많은 갈래가 있는지
한 줄기 한 줄기 꿈과 같은 비바람
길도 사람도 아득하기만 하구나

얼마나 시적인 가사인가? 몽환적인 분위기 속에서도 삶에 대한 나름대로 깊은 통찰이 드러나고 있다. 노래가 흘러나오는 동안 주인공은 하염없이 길을 가고 있다. 삶 자체가 나그네 길인데 그 속에서 또한 꿈길 같은 길을 걸어가는 것이다. 그 길속에는 맑은 날도 비 오는 날도 있다. 노래가 끝날 무렵에 주인공은 빗길 속에서 진흙탕에 빠진다. 물론 그 진흙탕은 주인공이 앞으로 겪어야 할 한바탕 치정을 암시하기도 하지만 동시에 구체적으로 그 치정에 빠지게 되는 동기를 제공해준다.

얼른 보기에 공포영화 같지만 이 영화는 공포영화는 아니다. 그리고 무술과 활극이 자주 등장하지만 결코 무술 내지는 활극영화는 물론 아니다. 영화의 전체적인 분위기와 주제는 현실 세계에서는 이루어질 수 없는 인간과 귀신과의 몽환적인 사랑이다. 그렇지만 단순한 몽환적인 느낌만 주는 것이 아니라 때로는 코믹하면서도 때로는 애틋한 감정을 자아내는 사랑이야기이다. 그리고 비록 여러 귀신이 등장하지만 그 귀신들은 인간세계에서 흔히 볼 수 있는 사람들의 감정과 삶의 방식을 그대로 반영하고 있다. 그래서 몽환적이고 황당할 수 있는 귀신이야기이지만 강한 흡입력을 가지고 있는 것이다.

영화가 방영되는 시간 내내 나는 영화에 완전히 몰입되었다. 영화가 끝나고 자막이 올라오기 시작할 때 가서야 비로소 다시 현실 세계로 돌아오는 느낌이었다. 그렇지만 그 순수한 서생과 아름다운 귀신의 이루어질 수 없는 사랑이 너무나 애틋하게 가슴을 치는 것이었다. 도저히 그냥 갈 수가 없어서 그대로 앉아서 다시 한 번 더 보았다. 이미 스토리의 전개를 알고 있기에 처음 볼 때에 비해서 강렬한 긴장감은 없지만 그 애틋한 감정은 가시지를 않는 것이었다. 오히려 그 몽환적이면서도 애틋한 분위기에 더욱 휘말리는 느낌이었다. 다시 보고 싶었지만 더 이상

볼 수는 없었다. 마지막 회 상영이었기 때문이다.

극장을 나와서 자전거를 타고 밤늦은 시내 거리를 거쳐 집에 돌아와 서도 영화의 주요장면들이 머리를 떠나지 않는 것이었다. 다음 날 학교에 가서도 계속 머릿속을 맴도는 장면들 그리고 가슴 속에서 메아리치는 애틋한 감정 때문에 하루 종일 멍하게 있었던 것 같다. 그래서 근무를 마치자마자 밥을 먹고 바로 그 극장에 갔다. 그런 식으로 월요일에서 금요일까지 매일 두 번씩 보았다. 아쉽게도 토요일은 다른 영화로 바뀌는 바람에 극장에서의 관람은 막을 내리고 말았다.

그러나 〈천녀유혼〉에 대한 나의 갈망은 멈추지 않았다. 그래서 외국어 공부에 도움이 된다는 핑계를 대서 비디오 기계를 사고 난 뒤 비디오 가게에 가서 해적판을 구하여 계속 보기 시작하였다. 마침 아내는 서울에 있었기 때문에 마음껏 비디오를 볼 수 있었다. 밤에는 늘 〈천녀유혼〉과 같이 살았고 아예 영화를 카셋트테이프에 녹음하여 낮에도 카셋트를 틀어놓고 계속 들었다. 물론 영화 자체의 매력에 도취된 것은 사실이지만 중국어 학습을 위해서 본다는 말도 거짓은 아니었다. 나는 영화를 계속 보고 들으면서 나중에는 영화 전체의 대사를 다 암기하였고 내가 직접 손으로 써서 대본을 만들었다. 그러는 과정 중에 중국어 실력도 엄청 늘었다. 하여튼 나중에는 대사뿐만 아니라 눈만 감으면 영화 첫 장면부터 마지막 장면까지 그대로 떠오를 정도가 되었다. 하여튼 극장에서 본 횟수와 비디오로 본 횟수 그리고 오디오테이프로 들은 횟수까지 다 합쳐서 100번 이상을 보았다.

사실 한 영화를 백 번 이상 본다는 것은 거의 미친 짓이라고 할 수 있다. 사실 〈천녀유혼〉이 썩 그렇게 잘 된 작품은 아니라고 생각한다. 그저 그렇고 그런 홍콩 영화이다. 그러나 자세히 뜯어보면 전체적인 구성과 대본은 상당히 탄탄한 작품이다. 극장의 영화나 비디오 모두 한국어 번역이 너무나 엉터리였기에 대부분의 한국관객들은 알아차리기 어려웠겠지만 영화 곳곳에 복선과 상징이 깔려있고 주제 또한 제법 무겁다.

진실한 사랑으로 세상을 구할 수 있다고 믿는 순진한 감성주의자인 서생과 정의감이 강하고 선악시비를 확연히 나누려는 냉소적 이성주의자인 협객이 나무귀신의 강요에 의해 무고한 나그네를 해치는 미녀 귀신을 사이에 두고 대립과 갈등을 일으키다가 나중에 가서는 냉소적인 이성주의가 순수한 감성주의을 받아들이게 된다는 내용이다. 그럼으로써 세상이 조금은 더 나아질 수 있다는 순진한 낙관주의를 보여준다. 다만 서극 감독이 너무 잔기술에 많이 의존하고 게다가 가볍게 이끌어가는 바람에 영화를 유치하게 만든 것이 아쉽다. 그런 여러 가지 단점에도 불구하고 영화에 흠뻑 도취되었던 것은 아마도 내 마음 깊은 곳에 있던 몽환적 사랑에 대한 동경 때문이었으리라.

서울에서 돌아온 아내는 내가 〈천녀유혼〉을 보는 것을 매우 못마땅하게 생각하였다. 아내는 내가 중국어 공부를 한다는 핑계로 〈천녀유혼〉을 계속 보고 있지만 사실은 영화 속의 여주인공인 왕조현에게 홀딱 빠져서 헤어나지 못하고 있다고 생각하였다. 그래서 임신한 아내를 두고 영화 속의 귀신과 사랑에 빠진 무정하고 철없는 남편이라고 구박을 많이 하였다. 그러나 사실 솔직히 말하자면 나는 왕조현에게 빠졌던 것은 아니었다. 왕조현은 내가 좋아하는 이상형은 아니었다.

내가 그 영화에 빠졌던 것은 왕조현 때문이 아니라 오히려 장국영 때문이었다. 영화 속의 장국영은 정말 바보스러울 정도로 순진하면서도 뜨거운 열정을 지닌 인물로 나온다. 남자를 호리는 데는 도가 튼 여자귀신마저도 감동시키는 어리숙하면서도 순진한 청년, 사랑만이 세상을 구할 수 있다는 굳센 믿음을 가지고 사랑을 위해서는 이승과 저승을 초월하여 자기의 몸을 던지는 그 청년의 역할은 장국영이 아니면 할 수 없다고 생각된다. 그러기에 나는 주인공 속으로 함몰되어 주인공과 나를 동일시하면서 몽환 속에서 애틋한 사랑을 하고 있었던 것이었다. 누구나 다 현실에서는 이루어질 수 없는 몽환적 사랑에 대한 갈망은 있을 것이라고 생각한다. 그런 것은 영화나 소설을 통해서 풀 수밖에 없지 않는가?

「천녀유혼」은 전통적으로 중국 민간에 내려오는 이승과 저승을 넘나드는 사랑이야기에서 소재를 따온 것이다. 영화 중에 나오는 귀신 섭소천聶小倩과 서생 영채신寧采臣의 이름은 청나라 때의 귀신이야기를 다룬 베스트셀러 포송령蒲松齡의 〈요재지이聊齋志異〉에 등장하는 이름들이다. 물론 영화 속의 이야기의 전개는 소설과는 상당히 다르다. 현대적인 감각을 살려서 재구성한 것이다.

고대 중국소설들 가운데는 유난히도 이승과 저승을 넘나드는 애절한 사랑이야기가 많다. 주로 살아생전에 다 누리지 못한 사랑을 죽어서도 이어가려는 간절한 소망을 다룬 것들이다. 백거이白居易의 〈장한가長恨歌〉 이후 끊임없이 재생산되었던 중국문학 최고의 사랑 이야기라고 할 수 있는 당나라 때의 절세의 미녀 양귀비와 당시의 황제였던 현종과의 사랑 이야기도 안록산의 난리 때문에 하는 수 없이 양귀비가 죽게 된 후에 그녀와의 사랑을 잊지 못한 현종이 영계를 넘나들 수 있는 초능력을 지닌 도사를 초청하여 그를 통하여 양귀비와의 사랑을 새삼 확인하면서 다시금 그녀와의 영원한 사랑을 기약하는 것으로 끝을 맺는다.

유한한 삶을 살아야 하는 아픈 숙명을 지닌 인간에게 더군다나 그 짧은 삶도 다 누리지 못하고 사랑하는 사람과 눈물의 이별을 맞이해야 하는 사람들에게 있어서 죽어서까지 이어지는 영원한 사랑에 대한 동경과 믿음은 이별의 아픔을 달래는 좋은 치료제이다. 이번에 장국영의 장례식에서 그의 남자 애인이 "하늘과 땅이 오래간다 하여도 언젠가는 다할 때가 있지만 우리의 사랑 그리고 이 가슴 속에 남아 있는 애절한 한은 면면히 끝없이 이어지리"라고 말하면서 통곡하였는데 그것은 바로 〈장한가〉에서 나온 시구를 인용한 것이다.

장국영, 참으로 아까운 인재다. 이제 그는 이승을 떠나 저승으로 가버렸다. 꿈과 같은 인생 속에서 그렇게 여러 갈래의 쾌락을 추구하던 미소년, 그는 저승 속에서도 머나먼 꿈속의 길을 가고 있는 것은 아닐까? 한 줄기 꿈과 같은 비바람 속에서 사람도 길도 아득하기만 하다는 〈천녀유혼〉의 가사가 가슴에 더욱 애잔하게 다가온다. 요 며칠 동안 이 노래를 참으로 자주 불렀다. 그리고 지난 주 엠티 갈 때와 이번 주 중국어 수업 시간할 때에는 학생들 앞에서도 이 노래를 불렀다. 노래를 부를 때마다 그의 여리고 순진하면서도 우수에 찬 눈빛이 떠오른다.

비록 부와 명예를 쥐게 되었지만 영화와는 너무나 다른 이 현실, 이 차가운 현실 속에서 여리고 약한 그는 많이 괴로워하였으리라. 그 괴로움을 이기지 못해서 끝내 차가운 빌딩 숲에서 몸을 던져버린 것이리라. 그의 유서에 남겨진 "감정이 피곤하여 세상을 사랑할 마음이 없다" 라는 말이 그 아픔을 말해준다. 내 주변의 가까운 사람들 중에서 그처럼 삶의 괴로움을 이기지 못해 높은 곳에서 몸을 던져 생을 버린 이들이 있기에 그의 죽음이 더욱 가슴에 파고든다. 바보 같은 사람들, 아무리 힘들어도 그렇지 그렇게 스스로 목숨을 버리다니... 참으로 안타까운 일이다. 다시 한 번 그의 죽음을 애도하고 저승에서나마 편히 쉬기를 기원한다.

(2003년 4월 12일)

속리산의 황홀한 일몰, 그리고 어둠 속의 산행
_박석

지난 금요일은 내가 재직하고 있는 상명대학교 중국어문학과 학생들과 같이 학술세미나로 속리산 유스호스텔로 갔다. 속리산은 사실 그리 멀지 않은 산이건만 이상하게도 그 사이에 갈 기회가 별로 없었다. 무려 십 몇 년 만에 방문한 셈이다. 모처럼만에 속리산에 오니 감회가 새로웠다. "옛 사람은 '산이 속세를 떠난 것이 아니라 속세가 산을 떠났다.(山不離俗俗離山)'라 하였는데, 그래 산이 나를 떠나겠는가? 내가 산을 떠났던 것이지."라 중얼거리며 그 사이 오지 못한 아쉬움을 달랬다.

행사를 무사히 마치고 학생들과 다른 선생님들은 모두 서울로 천안으로 떠나고 나 혼자 터벅터벅 걸어서 속리산으로 들어갔다. 실로 오랜만에 방문한 속리산이기에 도저히 그냥 지나칠 수가 없었기 때문이었다. 참새가 방앗간을 그냥 지나갈 수 있어도 어찌 내가 산을 그냥 지나칠 수 있겠는가? 날아갈듯 가벼운 걸음으로 학생들이 떠난 버스와는 반대 방향으로 걸어갔다.

그런데 십여 년 만에 다시 찾은 속리산은 나를 너무나 실망시켰다. 그 사이 너무나 속화되어버렸기 때문이었다. 산 앞의 관광단지야 원래 그런 것이려니 하고 봐 줄 수 있는데 문제는 국립공원 안의 속리산이 나를 너무나 실망시켰다. 그래도 옛날 고즈넉한 느낌을 주던 법주사도 번쩍거리는 금박미륵불 때문에 너무나 천박하게 보이고, 대웅전 수리 때문에 그 앞에 현대식 대웅전을 다시 지어놓았는데 전체적인 구도도 맞지 않고 색깔이나 양식이 너무나 현대적이라 그 앞의 수백년 묶은 팔상전과는 전혀 어울리지 않았다. 정말 눈이 상하는 느낌이었다.

법주사를 뒤로 하고 산속으로 걸어가면서 실망감은 더해갔다. 옛날 소나무 숲 사이로 난 아담한 길은 어디로 가버리고 아스팔트길과 콘크리트길이 계속 이어지는 것이었다. 그리고 으악, 이번에는 커다란 댐이 하나 나오는 것이었다. 속리산 관광단지로 보내는 상수도 댐이란다. 처연한 마음으로 댐을 지나가는데 댐이 끝난 뒤에도 찻길은 계속 이어지고 시원한 계곡은 철조망으로 다 막혀있었다. 깊은 산속에 있는 찻길과 철조망, 정말 너무나 어울리지 않는 것이었다. 이런 것을 보려고 내가 왔던가 하는 생각이 들면서 실망감이 밀려왔다. 사람들은 왜 자연을 있는 그대로 두고 감상하지 않고, 자연 앞에서 겸손하게 고개를 숙이면서 자연의 품에 안기려 하지 않고 개발이라는 미명하에 끊임없는 파괴행위를 하는 것인가, 안타까운 마음이 밀려왔다.

마음을 씻는 정자라는 의미의 세심정洗心亭까지 오자 비로소 철조망은 사라졌다. 그리고 문장대 가는 길은 여전히 탄탄대로였지만 사람들이 잘 가지 않는 천황봉 가는 길은 전형적인 좁다란 산길이었다. 나는 사람들이 잘 다니지 않는 좁다란 산길을 택하였다. 시원한 계곡에 발을 담그고 쉬다가 다시 혼자서 걷다가 하다 보니 어느 암자에 이르렀다. 상환암上歡庵, 옛날 태조가 여기에 와서 조선건국을 위해 백일기도를 하였다고 하고 세조가 와서 삼일기도를 하여 병을 고쳤다고 하는 곳이다. 주변의 경관은 너무나 아름다웠다. 학이 둥지를 틀었다고 하는 학소대鶴巢臺라는 큰 바위절벽을 옆으로 가파른 바위 사이에 있는 암자였다. 육이오사변으로 불타서 근래에 다시 지었기 때문에 건물은 볼품이 없었지만 일단 주변경관이 좋고 또한 다니는 사람이 없어서 너무나 좋았다.

여기가 바로 내가 머물 곳이라는 생각이 들었다. 스님이 안 계셔서 관리하는 거사님께 한 이틀 쉬고 싶은데 혹시 빈방이 있는지를 물어보았다. 운 좋게도 마침 빈방이 하나 남아있었다. 장작불을 때는 온돌방도 아니고 보일러 방도 아니고 전기난방이어서 기분이 조금 찜찜하였지만 그래도 감지덕지하는 마음이었다. 짐을 풀어놓고는 암자 뒤쪽의 폭포에 갔다. 아무도 없는 폭포의 바위 위에 앉아 눈 아래 펼쳐진 아름다운 봉우리들과 장엄한 학소대를 바라보면서 세족을 즐겼다. 물은 얼마나 차갑고도 상쾌하든지. 신선놀음이 따로 없었다. 맛있는 저녁을 먹고서는 얼마 있지 않아 곧 잠이 들었다. 전날 새벽 두 시까지 학생들과 같이 노느라 수면이 부족하였기 때문이었다.

다음 날도 폭포에서 놀다가 법당에서 참선하다가 하다 보니 금방 하루가 지나가버렸다. 그러다 보니 산 정상에 올라 갈 기회는 없었다. 가깎기는 천황봉이 가까운데 천황봉은 산불방지를 위해 오월말까지 등산금지라는 팻말이 있었다. 문장대는 너무 멀기도 멀뿐만 아니라 사람들이 너무 많이 다녀 길이 거의 신작로 수준이어서 별로 가보고 싶지가 않았다. 저녁을 먹고 차도 한잔 마시고 난 뒤에 갑자기 암자 앞쪽으로 산책을 가고 싶었다. 이틀 동안 암자뒷쪽은 부지런히 다녔기 때문에 이번에는 암자 앞쪽으로 가고 싶었기 때문이었다. 암자 앞쪽으로 내려가 보니 천황봉으로 가는 등산로가 있었다. 팻말을 보는 순간 갑자기 올라가고 싶은 충동이 일었다.

비록 입산금지라고 하지만 나는 지금 일반 등산객이 아니라 암자에 거주하는 사람이고 그냥 츄리닝 바지에 티셔츠 차림이고 아무것도 가진 것이 없으니 설령 감시하는 사람을 만나도 무방하리라는 생각이 들었다. 그래서 조금씩 올라갔다. 처음에는 천황봉까지 갈 생각은 없고 그저 중간에 전망 좋은 데서 잠시 있다가 해지기 전에 돌아오려고 하였다. 그런데 한번 걸음을 나서니 나도 모르게 계속 정상을 향해 올라가는 것이었다.

이 길은 처음 가는 길이고 나중에 해가 지고 나면 내려 올 때 고생을 할 것이라는 생각이 들었지만 이상하게도 그냥 무대뽀로 밀어붙이고 싶은 강한 충동이 일었다. 나는 나의 동물적 직감을 따르기로 하였다. 암자에서 천황봉까지는 2.3 키로, 가파른 산길이라 하지만 평소 내 걸음이 좀 빠른 편이기에 부지런히 걸어가니 40분이 채 못 되어 정상에 도착하였다. 그때가 7시였다.

해발 1058 미터 속리산의 최정상, 백두대간의 13정맥 중의 하나인 한

남금북정맥이 나누어지는 천황봉, 그 꼭대기의 조그만 바위에 오르는 순간 내 눈에 들어오는 것은 서쪽 하늘의 약간은 짙은 구름 사이로 비치는 저녁 햇살에 너무나 황홀한 빛을 띠며 끝없이 펼쳐지는 능선이었다. 그 순간 나도 모르게 울음이 나왔다. 그냥 잔잔히 눈물을 흘리는 그런 고요한 울음이 아니라 사무치는 가슴을 감당할 길이 없어 마구 소리 내어 우는 뜨거운 울음이었다.

어찌 말로 표현할 수 있을까, 그 아름다움을. 그것은 이 세상의 아름다움이 아니었다. 정말이지 속세를 떠난 아름다움이었다. 황홀한 빛 속에 꿈결같이 펼쳐진 산 능선은 영겁으로 이어져 있었다. 영겁으로 이어지는 그 길, 나는 그 영겁의 길을 걷는 나그네요, 시인이요, 고독한 수행자였다.

그러나 온몸에 전율을 불어 일으킨 그 아름다움은 너무나 짧은 순간에 사라져버렸다. 2,3분이나 되었을까. 구름사이로 햇살이 나오자 풍경은 그저 평범한 낙조의 풍경으로 바뀌었다. 물론 그 낙조도 참으로 아름다웠다. 그러나 잠시 전의 그 풍경은 정말 일생에 몇 번 보기 힘든 아름다운 풍경이었다. 아마도 그 풍경을 보기 위해 나도 모르게 그렇게 홀린 사람처럼 정상으로 향하였던가 보다. 멍하니 서서 낙조를 구경하다 보니 30분의 시간이 흘렀다. 해는 완전히 저 멀리 산속으로 기어들어가고 서서히 땅거미가 짙어져왔다.

아무도 없는 정상, 마지막 낙조까지 즐기고 난 뒤에 나는 어둑어둑한 산길을 내려왔다. 어둠은 예상보다 빨리 찾아왔다. 얼마 걷지 않아 산은 완전은 어둠 속으로 잠겨버렸다. 하늘에 구름이 있어 그런지 별도 보이지 않았다. 나는 어렴풋한 윤곽만이 있는 산길을 조심조심 내려왔다. 바위도 많고 나무뿌리도 많고 게다가 중간 중간 계곡도 있는데 만에 하나 넘어져서 다리라도 다치는 날에는 큰일이라는 생각이 들었기 때문이었다. 다리를 다치면 그냥 산에서 밤을 새워야 하는데 그냥 츄리닝 바지에 티셔츠 차림이기 때문에 추위도 문제가 되고 설령 하룻밤을 버터 다음 날이 되어도 폐쇄된 등산로라 사람이 올라온다는 보장이 없기 때문이다. 조심을 해야 한다는 생각은 들었지만 그렇다고 해서 걱정은 되지 않았다. 이런 경험이 한 두 번이 아니기 때문이다.

약 20년 전에 지리산 피아골에 단식하러 간 명상모임의 도반, 지금은 세상을 작고한 친구를 찾아 갔다가 친구가 떠나버린 것을 알고 허탈한 마음을 달래기 위해 무작정 노고단 쪽을 향해 올라갔던 적이 있다. 때는 삼월 초하루라 산 아래에는 벌써 개나리가 화창하게 피어있었다. 그러나 중턱으로 갈수록 점차 눈보라가 휘몰아치더니 1507미터의 노고단 정상에 가까워졌을 때는 눈이 허벅지까지 쌓였다. 딱 한번 가보았던 길을 기억을 더듬어 가다보니 중간에 길을 잃고 헤매기도 하여 예상보다 훨씬 늦은 오후 5시 즈음에 노고단 산장에 도착하였다.

나는 산장지기에서 하룻밤 재워달라고 하였다. 산장지기는 나를 보더니 기가 찬다는 듯이 한숨을 지었다. 그도 그럴 것이 산 아래는 봄이지만 거기는 아직도 밤이면 영하 10도 이하로 떨어지는 한 겨울이어서 겨울등산장비를 단단히 챙겨서 올라와야 하는데 나는 그냥 맨 구두에 그냥 여행용 가방 하나 달랑 메고 있었으니 얼마나 황당하였겠는가. 그는 매정하게 무조건 하산하라고 하였다. 화엄사로 가는 길이 가장 가까우니 지금 당장 내려가라고 충고하였다.

3월초라 해가 일찍 질 텐데 중도에 완전히 깜깜해져서 길을 잃으면 어떡하냐고 물어보았더니 산장지기는 그래도 아래는 따스하니까 얼어 죽지는 않을 것이니 무조건 빨리 내려가라고 짤라 말하였다. 나는 일단 건빵과 따스한 물로 배를 채운 다음에 산 아래로 뛰어 내려갔다. 한참 내려가다 보니 눈은 점차 얇아지고 봄의 기운이 느껴지기 시작하였다. 그리고 운 좋게도 해가 지고 나니 달이 떠올라 길을 밝혀주었다. 그래서 여유롭게 달빛을 즐기면서 야간산행을 하였다. 화엄사에 도착하였을 때 그 기쁨이란.

또 한 번은 지리산 청학동 근처의 초가삼간에 기거하고 있을 때 쌍계사에 기거하는 한 도반을 찾으러 산을 넘어 쌍계사 쪽으로 갔다가 둘이서 같이 청학동으로 가려고 지름길로 간답시고 모르는 산길을 들었다가 길을 잃어 죽을 고생을 한 적이 있다. 깊은 지리산 한 가운데, 길은 보이지 않고 잡목이 우거져 길을 헤쳐 나가기도 힘들었다. 게다가 점차 해는 저물어가고 길은 어중간하여 돌아갈 수도 나아갈 수도 없는 상황이었다. 랜턴도 없었기에 어두워지면 상당히 위험해지겠지만 이상하게도 마음속에서는 길을 찾을 수 있다는 확신이 드는 것이었다. 정말 다행히도 완전히 깜깜해지기 전에 길을 찾았다. 비록 어둠은 다가왔지만 아는 길에 들어섰기 때문에 당황하지 않고 천천히 야간산행을 하였고 10시가 넘은 시간에 마침내 청학동에 도착할 수 있었다.

또 한번은 대학원 다닐 때 지금은 작고하신 홍인표 교수님과 학부학생들과 같이 무주 구천동 쪽으로 여행을 갔다가 덕유산 정상까지 올라서 다른 사람들은 모두 산 아래로 내려갔을 때 나 혼자서 종주를 감행한 적이 있었다. 그때도 이번과 마찬가지로 별다른 준비가 없이 산 정상에 올랐다가 끝없이 이어지는 산봉우리를 보면서 그냥 나 혼자서 산행을 택한 것이었다. 내가 택한 길은 남덕유산 봉우리로 가서 경남 함양으로 내려가는 길이었다. 약 30키로 가까운 거리였던 것으로 기억난다. 물론 처음 가는 길이었다.

점심을 먹고 사람들과 작별을 하고 사람들과는 반대의 길을 걸어가는데 내가 가는 길 쪽으로 사람 한 명 볼 수가 없었다. 그런데 가도 가도 산봉우리는 끝없이 계속 이어지고 하산하는 팻말은 보이지가 않는 것이었다. 햇살은 점차 기울어 가는데 내려가는 길은 보이지가 않으니 약간은 초조해졌다.

덕유산은 정상이 해발 1600에 가까운 큰 산이기 때문에 주능선에서 하산하는 길도 10여 키로가 될 텐데 아직 하산 길도 발견하지 못하였으니 차라리 산중에서 그냥 하룻밤 자는 것이 낫겠다는 생각이 들었다. 오월 중순이라 햇살이 따스하였고 또한 몸이 너무나 노곤하였기 때문에 그런 유혹이 드는 것이 당연하였다. 그러나 다시 생각하니 산은 해가 지면 금방 추워지고 비록 오월중순이라 하지만 해발이 높은 곳이기 때문에 영하로 떨어질지도 모르고 만약 그렇다면 잠이 들었다가 동사할지도 모른다는 생각이 들었다. 나는 정신이 번쩍 들었다. 그래서 일단 무조건 계속 걷기로 하였다.

해가 기울어지기 시작할 무렵 마침내 하산 길을 발견하였다. 팻말을 보니 영각사까지는 14키로, 최소한 서너 시간 이상은 가야할 텐데 해는 기울어가고 있으니 천상 랜턴도 없이 야간산행을 해야 할 운명이었다. 점차 땅거미가 짙어오더니 얼마 가지 않아서 온천지가 암흑으로 둘러싸였다. 그러나 위기에 처할수록 더욱 차분해지는 나의 성격 탓인지 걱정은 되지 않았다.

그날 역시 별도 달도 없었던 것으로 기억된다. 그렇지만 희끄무레한 산의 윤곽은 보이고 길도 아주 희미하지만 조금씩 보였다. 때로 울창한 숲을 지날 때는 그것마저도 보이지 않기도 하였다. 나는 양 발과 양 손에 촉각을 곤두세우되 대신 온 몸에 긴장을 풀고 그저 동물적인 직감에 맡기면서 천천히 걸어갔다. 9시가 넘어서 영각사에 도착하였다. 그러나 스님은 잘 방이 없다고 하였다. 다시 걸어서 내려가 11시나 되어서 아랫마을에 도착할 수 있었다. 다음 날 아침에 일어나 보니 집 주변에 서리가 내려 있었다. 만약 산정상에서 잤더라면 아마도 동사하기 십상이었으리라.

이상의 경험들이 있어서인지 나는 이번에도 편안한 마음으로 산길을 더듬으면서 내려올 수 있었다. 옛날에 그러하였듯이 손과 발에 감각을 집중한다. 대신 힘은 다 뺀다. 그리고는 천천히 그리고 부드럽게 걷는다. 어둠의 숲은 여러 가지 소리를 낸다. 바람이 지나가면서 내는 숲의 소리는 언제나 나의 가슴을 설레게 한다. 그리고 때로는 내 옷이 길가의 나즈막한 대나무 숲에 스치는 소리가 사각거리면서 들린다.

졸졸거리는 소리를 보니 계곡이 가까웠음을 느낀다. 희끄무레한 어둠 속에서도 용케 바위를 찾아 발을 디디며 물에 젖지 않고 건넌다. 갑자기 뒤에서 사그락 소리가 들린다. 토끼일까, 오소리일까. 뒤에서 들리는 그

소리 때문인지 갑자기 약간의 두려움이 인다. 어둠속에서 소리를 들었을 때 일어나는 본능적인 두려움이리라. 그러나 두려움은 금시 사라지고 다시 편안하면서도 담담한 마음이 든다.

숲은 어둠 그 자체이다. 갑자기 내 주변에 가까이 있다가 세상을 먼저 떠난 사람들이 떠오른다. 외사촌형, 사촌 동생, 그리고 친구... 나는 지금 이렇게 어두운 밤길을 걷고 있는데 그들은 지금 어디에 있을까. 희미한 가운데 갑자기 두 갈래의 길이 보인다. 어느 쪽으로 가야할까 순간 망설여진다. 이럴 때, 나는 나의 직감을 믿는다. 잠시 서서 눈을 감고 느끼다가 한 쪽을 택한다. 길을 가면서 맞았구나 하는 확신이 든다. 몇 차례 선택의 기로가 반복된다. 그러나 그때마다 제대로 찾는다.

다시 들려오는 숲의 바람 소리, 너무나 황홀하다. 잠시 바위에 앉아 그 소리에 나를 맡기고 명상에 들어본다. 다시 일어나 길을 간다. 한참 가는데 이번에는 동굴이 나타난다. 올 때의 기억을 더듬어보니 큰 바위 두어 개가 겹쳐서 이루어진 동굴이다. 동굴 속으로 들어가니 그나마 희끄무레하게 보이던 그 가냘픈 빛도 완전히 사라진다. 칠흑 같은 어둠이다. 손으로 바위를 더듬어가며 조금씩 걸어간다. 얼마 걷지 않으니 희미한 출구가 보인다. 동굴을 지나고 나니 이제 점차 야간산행의 종점이 끝나는구나 하는 생각이 든다. 얼마 걷지 않으니 절의 입구길이 보였다. 그 길을 찾아 얼마 정도 걸어가니 암자의 불빛이 보인다.

마침내 어둠 속의 산행을 마치고 다시 암자로 돌아온 것이었다. 시계를 보니 9시가 조금 넘었다. 갈 때 40분 걸렸는데 돌아올 때는 한 시간 반이나 걸렸던 것이었다. 십여 년 만에 다시 해보는 야간산행은 정말 짜릿한 체험이었다. 나도 참 배짱 하나는 대단하다는 생각이 들었고 어둠 속의 여러 차례의 갈래 길에서 제대로 길을 찾은 것으로 보아 방향감각 또한 타고 났음을 다시 한 번 확인할 수 있었다.

다음 날 아침, 계곡의 시원한 물소리와 상쾌한 바람 소리를 뒤로 하고 나는 다시 속세로, 속세로 내려갔다. 황홀하고도 짜릿한 추억을 남겨준 속리산에게 아쉬운 작별인사를 하면서.

산은 역시 나의 소중한 친구이고 애인이다. 산에 갈 때는 언제나 설레는 마음과 아울러 푸근한 마음이 든다. 나는 천상 산사람이다. 어릴 때부터 산을 좋아하였고 자아의식이 형성될 때부터는 번잡한 도시보다는 조용한 산중에서 평생을 보내기를 기원하였고 그 희망은 명상을 시작하면서 더욱 깊어졌다. 그러다가 10년전 산중에서 단식을 해서 깨침을 얻고 난 뒤에는 고요한 산중에서 유유자적하는 삶보다는 저잣거리에서 울고 웃으면서 사는 삶에 더 많은 가치를 두기 시작하였다. 그렇지만 아직 내 가슴 깊은 곳에는 산에 대한 뜨거운 사랑이 식지 않았음을 새삼 확인할 수 있었다.

(2002년 5월 18일)

음악, 영혼을 울리는 바람_박석

얼마 전 10월 중순경에 화엄사에서 열리는 영성음악제에 다녀왔다. 티벳인, 인도인, 아메리카인디언, 캐나다인 등 세계 각지에서 온 유명한 영성음악인들이 저마다의 소리로 깊은 영성을 담아 연주를 하고 노래를 하고 다음날에는 영성과 음악에 대한 학술제도 하는 제법 큰 행사였다. 나는 학술제에서 명상과 영성과 음악에 대한 발제를 하였다.

우리나라에서는 아직 크게 관심을 끌지 못하고 있지만 구미 사회에서는 영성음악이 꽤 많은 주목을 받고 있다. 영성음악은 종교음악과는 조금 다르다. 종교음악이 주로 신앙적 차원에서 종교적 성스러움을 표현한 것이라면 영성음악은 물질주의에 찌든 현대문명 속에서 상처받은 영혼을 치유하고 회복하는 음악이라고 할 수 있다.

사실 동서양을 막론하고 원시 시대에는 음악과 영성은 분리될 수가 없었다. 음악은 인간이 언어를 가지기 훨씬 이전의 원시시대부터 신호의 도구이자, 삶의 희로애락을 표현하고 정서를 순화하는 도구, 신과의 영적인 교감을 이루는 도구, 치료의 도구, 종족간의 결합의 도구 등으로 사용되어져 왔다. 이 중에서 신과의 교감을 이루는 것과 사람을 치료하는 것은 원시음악의 주요한 기능의 하나로서 영성과 직접적인 관계가 있다.

고대인들은 음악이란 초자연적인 어떤 힘의 발현 내지는 힘 그 자체라고 믿었다. 그들은 음악을 통하여 신령스러운 존재나 하늘과 교통을 하고 그 힘으로써 사람의 마음을 신성하게 만들고 때로는 아픈 사람들을 치료하기도 하였다. 심지어는 자연을 조절할 수도 있다고 생각하였다.

구약성서에 보면 다윗이 하프를 연주하여 사울왕의 정신병을 치료하였다는 이야기가 나오고, 여호수아가 여리고 성을 공격할 할 때 나팔 소리로 성벽을 무너뜨렸다는 이야기가 나온다. 그리스의 신화에 나오는 오르페우스는 아폴로에게서 하프를 배워 하프의 대가가 되었는데, 그가 하프를 연주하면 나무와 돌이 춤을 추고 맹수들도 얌전해졌다고 한다. 심지어는 배를 타고 항해하다가 폭풍을 만났을 때에도 하프를 연주하여 폭풍을 잠재웠다고 한다.

중국에서도 음악은 기후를 조절할 수 있는 수단으로 여겨졌다. 고대 중국인들은 음악을 "풍風"이라고 하였는데 바람은 기후의 가장 중요한 요소이고 바람을 통해서 기후를 조절하듯이 음악을 통해서 기후를 조절할 수 있다고 보았다. 그래서 "천자는 바람을 살펴서 음악을 만들었다."라든지 "무릇 음악이란 산천의 바람을 여는 것이다."라고 말하였던 것이다. 나아가 음악이란 인간의 몸과 마음도 조화롭게 할 수 있는 것이라 여겨서 천자가 식사를 할 때는 반드시 음악을 연주하였다고 한다.

시간이 흐르고 인간의 합리적 이성과 과학적 사유체계가 발달할수록 원시 시대의 영성적 효능은 점차 잊혀졌다. 물론 희로애락을 표현하고 정서를 순화하는 기능은 여전히 강조되었지만 깊은 영성계발의 차원에는 미치지 못하였다. 특히 근대 이후 음악의 오락적 기능이 더욱 강조되면서 영성적 기능은 더욱 축소되고 있는 중이다. 다만 종교와 명상의 세계에서만 아직도 음악을 영성계발의 중요한 도구로 이용하고 있는 편이다.

필자 자신의 음악에 대한 체험을 돌이켜보면 명상을 접하기 전까지는 대부분 음악을 정서표현과 오락기능으로서만 바라보았다. 고등학교 때 기독교에 심취하면서 찬송가를 통해 기독교적 영성을 잠시 추구하였지만 신앙심을 조금 깊게 만드는 것 외에 영혼의 깊은 곳을 자극하는 측면은 발견할 수 없었다. 그러다 명상의 세계를 접하면서부터 음악이 지니고 있는 영성적 기능에 새롭게 눈을 뜨게 되었다.

두 눈을 감고 명상을 하면서 음악을 듣는 것은 그냥 음악다방에서 친구와 잡담을 하면서 듣는 음악과 다른 것은 물론이고 꽤 비싼 돈을 주고 콘서트 장에서 듣는 음악과도 달랐다. 호흡도 차분하게 가라앉아 있고 의식도 명료하게 깨어 있어서 음악에 더욱 몰두할 수 있기 때문이었다.

어렵게 구한 인도의 명상음악 테이프를 자그마한 카세트에 넣고 들었기 때문에 음질이 그다지 뛰어난 것은 아니었다. 그리고 그 멜로디나 악기의 소리 또한 서양음악에 익숙한 나의 귀에는 상당히 낯선 것이었지만 가슴이 뭉클거리며 뜨거운 눈물이 흘러내리기도 하고 때로는 온몸에 전율이 일어나기도 하였다. 음악이 몸과 마음에 이렇게 큰 영향을 줄 수 있다는 것은 이전에는 상상하지 못한 일이었다.

그로부터 얼마 뒤에는 세계적인 전위무용가이자 명상가인 홍신자씨로부터 명상음악을 이용해서 춤을 추는 춤 명상을 배울 기회가 있었다. 사용되는 음악은 70년대에 구미의 젊은이들을 열광시킨 라즈니쉬 명상센터에서 특별히 만든 음악이었다. 처음에는 아주 빠른 템포의 음악으로 시작하였다가 나중에는 점차 느려지는 음악으로서 그냥 일반적인 춤곡과는 달리 온 몸의 에너지를 끄집어내었다가 다시 깊은 고요로 수렴시키는 음악이었다. 처음에는 격렬하게 춤을 추다가 다음에는 느리게 추고 다음에는 동작을 멈추었다가 맨 마지막에 가서는 바닥에 완전히 드러누워서 음악 속에 파묻혔다. 마지막 장의 음악은 마치 우주 밖에서 들려오는 음악 같기도 하고 깊은 영혼에서 울리는 음악 같기도 하였다.

아난다마르가라는 명상단체의 음악은 이와는 또 달랐다. 인도풍과 서양풍이 혼합된 그들의 음악은 그냥 감상하는 음악이 아니라 마치 찬송가처럼 직접적으로 노래를 부르는 찬트가 주종이다. 멜로디는 단순하면서도 평이한데 계속적으로 반복해서 노래를 부르다보면 가슴을 데우면서 깊은 열정을 끄집어내는 효과가 있다. 대만에 유학하고 있을 때는 그들의 집회에 참석하여 2박 3일 동안 계속 노래를 부른 적도 있는데 그 효과는 매우 강열하였다.

가톨릭이나 불교의 종교음악에 심취하기도 하였다. 가톨릭의 종교음악 테이프를 여러 종류 구입하여 듣곤 하였는데 그 중에서 가장 좋아하였던 것은 그레고리안 찬트였다. 그레고리안 찬트는 화성 없이 단선율로 이루어져 있고 반주 악기 없이 사람의 목소리만으로 이루어있기 때문에 어찌 보면 매우 단조로울 수 있지만 바로 그 때문에 더욱 깊은 영성을 담을 수 있다고 생각한다. 가만히 앉아 그 아름다운 천상의 선율에 귀를 모으고 있으면 몸도 마음도 저절로 맑아지고 순수해지는 것을 느낄 수 있었다.

불교의 음악에도 범패를 위시해서 여러 종류의 음악이 있지만 가장 좋아하였던 것은 예불문의 선율이었다. 예불문은 지금도 전국의 사찰에서 매일 세 차례 씩 진행하는 예불의식에서 불리고 있다. 서양의 멜로디나 인도의 멜로디와 전혀 다른 담백하면서도 유장한 느낌의 선율은 새로운 귀를 열어주었다. 원래는 엎드려 절하면서 부르는 것이 일반적이지만 가만히 앉아서 소리에 집중하면서 천천히 부르는 것 또한 온 몸과 마음을 일깨워주는 깊은 맛이 있어 좋았다.

우리 전통의 선율을 좋아하게 되면서 한 때 단소에 심취하기도 하였고 거문고와 시조창을 배우기도 하였다. 비록 남들에게 보여줄 만큼 잘 부르거나 멋들어지게 연주하지는 못하였지만 스스로 제 멋에 겨워하면서 즐길 수 있는 단계까지는 이르렀다. 마음이 산란할 때는 집 뒤의 숲 속 바위에 걸터앉아 단소를 부르곤 하였는데 맑고 청아한 소리가 밤하늘을 가르고 퍼져나갈 즈음이면 어느 듯 모든 생각과 근심이 사라지고 고요해지는 것을 느끼곤 하였다. 그리고 둔탁한듯하면서도 그윽한 맛의 거문고 소리는 그 소리 자체만으로도 고요와 평안을 주는 것임을 느낄 수 있었다.

그러나 가장 좋은 것은 역시 시조창이었다. 서양음악은 음과 음을 명확히 구분한다. 기껏해야 반음이 있을 뿐이다. 그러나 우리 전통의 소리에는 음과 음 사이에 있는 수많은 미분음微分音들이 있다. 특히 시조는 미분음들을 멋들어지게 표현하는 것을 중시한다. 음과 음 사이를 산보하듯이 천천히 걸어가다 보면 옛 선비들의 깊고 여유로운 정신세계를 느낄 수 있다. 그것은 또 다른 차원의 깊은 영성적 맛이 있었다.

　이렇게 다양한 종류의 음악에 심취하였던 나였지만 한 때는 음악을 멀리하기도 하였다. 소리의 차원으로는 도달할 수 없는 더 깊은 정신세계에 이르기 위해서는 소리를 버려야 한다고 생각하였기 때문이다. 그리고 음악을 듣거나 노래를 부르는 음악 명상보다는 그냥 아무 것도 하지 않고 가만히 몸과 마음을 느끼는 것을 더욱 좋아하였기 때문이다. 뿐만 아니라 저서를 집필하고 사람들에게 명상을 가르치고 이런 저런 사회활동을 하기 시작하면서 시간적 여유도 별로 없었다.

　그러다 몇 년 전부터는 다시 음악과 친하게 사귀고 있다. 음악이야말로 나 스스로의 성정을 도야할 수 있을 뿐만 아니라 세상 사람들과 소통할 수 있고 세상을 바꿀 수 있는 강력한 힘을 지니고 있다는 것을 새삼스럽게 다시 깨치게 되었기 때문이다. 음악으로부터 멀어졌다가 다시 음악으로 돌아온 그 사이에 영성과 명상에 대해서 기본적인 관점의 변화가 생기게 되었고 따라서 영성음악에 대해서도 시각이 많이 바뀌었다.

　빛을 감추고 티끌과 하나가 되는 노자의 화광동진和光同塵의 사상을 깨치면서 영성음악이라고 해서 굳이 일상적인 음악과는 달리 초월적인 영성을 표현하려고 하거나 특이한 명상적 느낌을 자아낼 필요는 없다는 생각을 하게 되었다. 그냥 범상한 일상을 이야기하고 평범한 멜로디와 분위기를 표현하는 가운데서도 얼마든지 깊이 있는 영성음악이 나올 수 있다는 견해를 가지게 되었다. 그리고 그런 영성 음악이야말로 소수의 사람들만이 추구하는 닫힌 영성이 아니라 더 많은 사람들이 공유할 수 있는 열린 영성 음악이 될 수 있다는 생각이다.

내가 눈을 돌린 것은 60년대 말에서 70년대에 걸쳐 유행하였던 포크송, 좀 더 엄밀히 말하자면 모던 포크송이다. 흔히 유교의 경전 가운데 으뜸인 《시경詩經》은 노래 가사집이고, 《시경》 가운데서도 가장 양도 많고 중요한 것은 〈국풍國風〉이다. 국풍은 주 나라 당시의 여러 제후국의 노래들을 모은 것으로서 오늘 날의 개념으로 이야기하면 바로 민요, 포크송이다. 포크 송은 민간에서 나온 음악이기 때문에 소박하고 단순하면서도 깊은 서정성과 대중성이 있다.

모던 포크송은 기본적으로는 전통 포크송의 소박함과 단순함 그리고 깊은 서정성에 뿌리를 내리고 있으며 사회비판적인 메시지를 중시하는 음악이다. 60년대 말 근대서구문명에 대한 자성과 반성에선 음악이기에 지나친 산업화의 추구 속에서 잃어버린 인간성을 회복하고 망가진 자연과의 관계를 다시 되찾는 것을 부르짖는 음악이다. 특히 인간과 자연을 동시에 파괴하는 전쟁의 참혹함을 고발하면서 평화를 외치던 음악이다. 그들은 복잡하고 현란한 악기보다는 가장 대중적이면서도 단순한 악기인 기타 하나를 들고 자유와 평화를 외쳤던 것이다.

포크송과 영성음악의 만남의 가능성을 발견한 이래로 몇 년 전부터는 학창시절에 잠시 어설프게 튕겼던 기타를 다시 본격적으로 배우고 노래 또한 본격적으로 연습하고 있는 중이다. 그 결과로 나온 것이 최근 출간

한 《하루 5분의 멈춤》의 음반 부록에 실려 있는 〈잠시라도 숨 고르고〉라는 제목의 노래와 연주이다.

이 노래는 내가 작사하고 70년대의 포크가수이자 작곡자로 이름을 날렸던 듀엣 4월과 5월의 백순진씨가 작곡한 곡이다. 가사는 책의 전체 내용을 압축한 것으로서 정신없이 돌아가는 바쁜 생활 중에서 잠시라도 숨을 고르고 자신을 찾아보자는 내용이다. 멜로디는 포크풍을 기조로 하되 약간의 국악의 느낌이 담겨있다.

70년대의 대중가수였던 한경애씨가 포크풍으로 노래를 부르고 나는 포크풍에다 약간의 국악풍을 담아서 노래를 불렀다. 그리고 오카리나 연주곡이 한 곡 있고 비타 연주곡이 한 곡 있다. 오카리나는 우리말로는 흙피리로서 흙으로 빚어 만든 가장 원시적인 악기이다. 비타는 동양악기인 비파와 서양악기인 기타의 합성어로서 기타리스트 김광석씨가 직접 고안하고 만든 악기이다. 모양은 기타처럼 생겼지만 줄은 거문고줄과 가야금줄을 사용하고 있다. 비타 연주는 쇠줄이나 나일론줄이 아닌 명주실이 만들어내는 깊은 맛으로써 명상적인 분위기를 잘 표현하고 있다.

이 음반은 근래 몇 년간 추구해오던 포크송과 명상음악의 만남을 부분적으로 결실을 맺는 것이라 생각한다. 나의 꿈은 여기에 그치지 않는다. 가사만이 아니라 내가 직접 작곡을 하고 반주를 하면서 노래를 부르기를 원한다. 그래서 지금도 바쁜 와중에도 틈틈이 기타와 노래를 연습하고 작곡법을 배우고 있는 중이다.

음악은 그 출발부터 원래 영성과 아주 밀접한 관계에 있었다. 그러나 지금의 음악은 지나칠 정도로 오락적 차원에만 머물고 있다. 그것도 말

초신경을 자극하는 천박한 방향으로만 흘러가고 있다. 영성음악은 종교인들이나 소수의 명상가들 사이에서만 그 명맥을 이어오고 있을 뿐이다. 그나마 대부분 특정 종교의 메시지를 강조하기 때문에 그 종교집단의 사람들만 공유할 수 있는 닫힌 음악이거나 일상적 음악과는 너무 거리가 멀어서 소수의 매니아들만이 향유할 수 있는 특이한 음악이라는 느낌을 준다.

이제는 양극단을 중도적으로 통합해야 할 필요성이 있다. 대중성과 영성을 동시에 갖춘 새로운 차원의 음악이 나와야 할 때가 되었다. 그것은 특정 종교에 닫힌 종교 음악이 아니라 모든 이의 영성을 일깨우는 열린 영성 음악이다. 또한 일상의 삶과는 괴리된 저 세상의 음악이 아니라 우리의 현실을 노래하는 지금 여기의 영성 음악이다. 그러할 때 좀 더 많은 사람들이 공유할 수 있고 현실을 변화시킬 수 있는 힘도 지니게 될 것이다.

(2007년 11월)

젊은 날의 무거운 집 하나를 내려놓다 _박석

　지난 목요일은 SBS에서 최근 녹화한 명상 강연의 첫 회 분이 방영되는 날이었다. 이전에 명상에 대한 인터뷰로 티브이에 잠시 나온 적이 있지만 한 번도 본 적이 없었다. 시간도 없었지만 별로 보고 싶지가 않아서였다. 그런데 어쩐 일인지 이번에는 꼭 보고 싶었다. 그날은 마침 저녁에 대학원 수업이 있는 날이라 집에서 티브이를 볼 수가 있었다. 오후 4시 10분 방송이 시작한다는 아내의 소리를 듣고 거실로 나갔다. 방송이 시작된 지 얼마 되지 않아 아내는 시내에 볼 일이 있어 나갔다. 나는 혼자서 티브이를 보았다.
　티브이에 비친 내 모습을 보니 처음에는 얼굴이 약간은 낯설어 보이기도 하고 표정도 어색하게 느껴졌다. 패널들의 잡담이 지나고 그 프로그램의 핵심부분인 강연이 시작되었다. 나는 나의 강연을 제3자의 관점에서 바라볼 수가 있었다. 강연 내용이 썩 마음에 들지는 않았다. 저런 부분은 저런 말보다는 이런 말로 했더라면 더 좋았을 텐데... 저 부분은 약간 중언부언하는 느낌이 있구나... 저 부분은 좀 더 구체적인 예를 들어서 설명을 하였더라면 좋았을 텐데...

그러나 내 목소리를 티브이를 통해서 들어보니 생각했던 만큼 긴장된 목소리는 아니었다. 사실 녹화 당시의 나의 느낌은 별로 만족스럽지가 않았다. 무언가 긴장된 느낌이었고 약간은 서둘렀던 것 같은 느낌이 있었기 때문이다. 그러나 직접 티브이로 보니 목소리가 그런대로 안정되었고 또박또박한 편이었다. 첫 번째 녹화에 그 정도 했으면 잘 했다는 생각이 들었다. 스스로 대견한 생각이 들었다. 마침내 강연도 끝나고 시연도 끝나고 방송의 종료를 알리는 자막과 함께 사회자와 출연자들끼리 서로 악수를 하고 인사를 나누는 장면이 나오자 나는 긴 안도의 한숨을 쉬었다. 티브이를 끄고 내 방으로 돌아왔다.

편안하게 드러누워서 쉬고 있으니 갑자기 어렸을 적의 나의 모습이 떠올랐다. 초등학교 5학년인지 6학년인지 어느 수업시간 때였다. 딴 생각에 빠져 있다가 갑자기 선생님이 나의 이름을 부르시고는 책을 읽으라고 하셨다. 나는 순간적으로 당황하여 책을 읽으면서 심하게 말을 더듬거렸다. 그 뒤로 나는 오랫동안 말더듬에 시달려왔었다. 가족들이나 가까운 친구들하고 이야기할 때는 별로 말을 더듬지 않았지만 수업 시간에 책을 읽거나 발표를 하는 시간에는 이상하게도 심하게 더듬었다. 물론 낯선 사람과 이야기할 때도 자주 더듬었다. 비교적 낙천적이고 쾌활한 성격이었기 때문에 겉으로 별로 표를 내지는 않았지만 사실 말더듬은 사춘기 시절의 나에게는 천근같은 짐이었다.

요즈음도 그런지는 모르겠지만 당시 수업시간에는 학생들에게 책을 읽히는 선생님들이 많았다. 한 줄을 택해서 앞에서부터 쭉 읽히는 분도 있었고 그날 날짜에 맞추어 책을 읽히는 분도 있었다. 줄을 택하는 선생님이 들어오시면 나는 수업 내내 내가 속한 줄이 지명당하지 않기를 기도하였다. 그러다가 지목을 당하면 그만 가슴이 철렁 내려앉곤 하였다. 그리고는 앞에서부터 한명 씩 한명 씩 다가올 때면 얼마나 가슴을 조였던가.

잘 읽어야지, 이번에는 더듬지 말아야지, 제발 긴장하지 말고 천천히 편안하게 읽어야지 하면서 다짐을 한다. 그러다 운 좋게 무사히 넘어가는 경우도 있지만 때로는 읽다가 소리가 막히면서 더듬기 시작한다. 나의 가슴은 북극의 빙판보다 차갑게 얼어붙는다. 그러면 교실 전체의 분위기가 썰렁해진다. 선생님도 어색한 분위기를 파악하시고 그냥 앉으라고 한다. 나는 쥐구멍이라도 들어가고 싶은 심정 속에서 그냥 자리에 앉는다. 그리고는 자책을 하기 시작한다. 바보같이 또 더듬거렸구나. 나는 왜 이럴까. 친구들은 나를 어떻게 볼까. 선생님은 나를 어떻게 생각할까.

중학교 1학년 때 나의 번호는 28번이었다. 나는 8일, 18일, 28일만 되면 아침부터 기분이 무거워졌다. 그날 하루 중 어떤 수업인지는 모르지만 "오늘 며칠이야, 8일이구나. 어이, 8번 읽어봐. 그리고 18번, 28번 이어서 읽도록 해라."라고 하시는 선생님이 계실지 모르기 때문이었다. 그런 날은 아침에 학교에 걸어가면서 한 발자국 한 발자국 발음 연습을 한다. 학교까지 걸어가는 길은 범일동 조방앞에서 대연동까지, 버스로 5구역, 걸어서 한 시간 정도, 나는 차비를 아끼기 위해 비가 오거나 늦게 일어나는 날을 제외하고는 주로 걸어 다녔다. 보통 때 가벼운 발걸음으로 신나게 걸어가던 나는 그날만큼은 천근같이 무거운 마음으로 보도를 걸으면서도 건널목을 건너면서도 발음을 연습한다. "오늘은 또박또박, 천천히 잘 읽어야지."라고 마음속으로 다짐하면서.

 그러나 아무리 연습해도 소용없었다. 왜냐하면 대부분의 말더듬이 그러하듯이 나의 말더듬은 발음기관의 자체의 문제로 인한 것이 아니라 심리적 불안감으로 인한 것이기 때문이었다. 막상 선생님이 나를 지목하는 순간 나의 가슴은 얼어붙기 시작하고 한 문장 한 문장 읽을 때마다 살얼음판을 걷는 듯이 아슬아슬 곡예를 한다. 운 좋으면 무사히 건너가지만 운 나쁘면 말더듬의 늪에 빠진다. 그리고 허우적거린다. 입술은 굳고 혀도 뻣뻣해져서 발음은 잘 나오지 않는다. 얼마나 썰렁하고 어색한 순간들이던가.

 어색했던 순간이 지나고 쉬는 시간이 되면 나는 의도적으로 말을 많이 한다. 친구들과 웃고 떠들면서 쾌활해지려고 한다. 그래서 친구들의 기억 속에서 방금 전 수업시간에 있었던 나의 어색하였던 모습들을 지워버리려고 노력한다. 친구들도 나의 말더듬에 대해서 이야기를 꺼내는 적은 별로 없다. 나는 안도한다. 그러나 마음 한 구석 불안한 그늘은 사라지지는 않는다. 다만 감추고 있을 뿐이다.

 그렇게 대중들 앞에서 책을 읽거나 발표를 하는 것을 두려워하면서도 나는 이상하게도 말로써 남을 가르치는 직업을 선호하였다. 내가 처음으로 철이 들면서 나의 앞날에 대해 진지하게 고민하였던 고1때, 나는 낙도의 초등학교 교사가 되고 싶었다. 그리고 신에 대해, 우주에 대해, 인생에 대해 깊게 고민하던 시절인 고2때, 나는 개척교회 전도사가 되고 싶었다. 삼천리 방방곡곡을 다니면서 사람들에게 진리의 말씀을, 하나님의 말씀을 전하는 전도사가 되고 싶었다.

고 2 여름방학 신앙에 대한 갈증으로 가출을 하였을 때, 나는 시골의 조그마한 교회에서 철야금식기도를 통해 하나님의 역사하심을 몸소 체험하고 싶었다. 장님이 눈을 뜨고 앉은뱅이가 일어나듯이 나또한 성령의 역사로 나의 말더듬을 깨끗이 씻어내고 위대한 연설가로 거듭나고 싶었다. 그리하여 나의 생애 전부를 바쳐서 하나님의 말씀을 전하는 일꾼이 되고 싶었다.

기독교에 대한 신앙이 식어서 전도사의 꿈을 접었을 고3 때, 나는 시골 중학교나 고등학교의 교사가 되고 싶었다. 입시와는 무관하게 학생들에게 순수를 추구하며 진실하게 산다는 것은 무엇인지, 어떻게 사는 것이 아름다운 삶인지를 이야기하면서 한 평생을 조용히 전원생활을 하면서 살고 싶었다. 워낙 꿈 많은 청소년인지라 한때 중앙대학교 연극영화과를 갈 생각도 하였다. 돈은 많이 벌지 못하지만 무대에 서서 진지한 연기를 하면서 삶의 보람을 느끼는 가난한 연극배우가 되고 싶었기 때문이었다. 그것 또한 남들 앞에서 말과 몸짓으로 자신을 드러내는 직업의 하나였기 때문이리라. 그러나 완고하신 아버지를 생각하면서 연극영화과에 갈 꿈은 쉽게 지워버릴 수가 있었다.

재수를 하면서 나는 종로에 있는 말더듬 학원에 가서 말더듬 훈련 책을 사서 발음연습도 하고 독일의 슐츠 박사가 개발하였다는 자율암시법도 연습하였다. 몸을 최대한 이완시킨 다음 마음속으로 상상을 하면서 계단을 따라 점차 아래로 내려가서 더 깊은 의식 층까지 내려간 다음 스스로에게 암시하는 훈련이었다. 나는 그럴 때 "나는 매끄럽게 말한다. 또박또박 천천히 말한다. 멋지게 말한다"를 반복하면서 나에게 암시를 주었다. 약간의 효과가 있기는 하였지만 그다지 큰 효과는 보지 못하였던 것 같다.

재수 동안에 나는 내 인생의 목표를 학자의 길에 두었다. 그것도 결국 강단에서 말을 하는 직업이다. 내가 왜 그렇게 줄곧 말로써 사람들에게 가르침을 전하는 직업을 택하였는지 당시는 몰랐지만 이제는 이해한다. 내가 말을 더듬었던 것은 사실 내 마음 속에서 말을 잘 하고 싶은 욕망이 너무 컸기 때문이었다. 기대치가 높았기 때문에 긴장할 수밖에 없었던 것이다. 하여튼 내 맘 속에는 앞에서 멋지게 말하고 싶었던 욕망이 있었다. 그 욕망 때문에 나는 교사의 직업을 택하였던 것이고 때로는 연극배우가 되고자 하였던 것이다.

대학교에 들어와서는 수업시간의 책읽기 공포에서 벗어날 수가 있었다. 대학교에서는 책을 읽히는 교수님들이 거의 없었기 때문이었다. 친구들하고 이야기할 때 간혹 말을 더듬어서 어색해지는 때도 있었지만 수업시간에 책을 읽을 때나 발표할 때의 긴장에 비해서는 훨씬 강도가 덜하였다. 수업시간의 책읽기 공포가 약간은 사라지자 대중들 앞에서 나를 멋지게 표현하고픈 욕구가 살아났다. 그래서 연극 동아리에 들어갔다. 그러나 연극 동아리에서 연극을 제대로 해보지는 못했다. 선배들이 허구한 날 사회과학 도서나 읽으라고 하지 연극 연습은 시키지 않았기 때문이었다.

유신체제 말기였던 당시는 대학교에 입학한 남학생들은 첫 학기 중에 모두 10일간 집체병영훈련을 받는 과정이 있었다. 교련 필수점수의 하나였다. 성남시의 문무대에 가서 훈련을 받으면서 나는 일생 처음으로 과감한 시도를 하였다. 약 10일간의 병영훈련 중에 인문대 남학생 170여명을 두고 무대에 나가서 장기자랑을 하는 시간이 있었는데 나갈까 말까 망설이다가 큰 용기를 내어 무대로 나갔다. 내가 한 것은 당시 라디오에서 매일 1시 5분전에 하던 김삿갓 북한방랑기를 약간의 음담패설을 섞어서 재미있게 만든 개그였다. 약간 긴장은 되었지만 책을 읽는 것이 아니라 라디오드라마 흉내를 내는 것이었기 때문에 더듬지 않고 재미있게 할 수가 있었다. 그래서 동기생들의 웃음과 갈채를 받았다. 그러나 갈채를 받으면서도 내 마음은 그리 편하지는 않았다. 작위적인 개그가 아니라 멋진 연설로서 인정을 받고 싶었기 때문이리라.

그 뒤로도 말더듬은 계속되었다. 빈도수가 높지는 않았지만 편안하게 이야기하다가도 때에 따라서는 긴장을 하면서 말을 더듬기도 하였다. 그러다 대학교 2학년 말 명상을 접하면서 나의 말더듬은 새로운 국면을 맞이하기 시작하였다. 호흡법을 하고 명상을 하면서 나는 훨씬 차분해지기 시작하였고 말더듬의 빈도수는 점차 줄기 시작하였다. 나는 명상으로 나의 말더듬을 완전히 고칠 수 있으리라고 생각하였다. 그러나 말더듬은 생각보다는 강적이었다. 분명 빈도수가 줄기는 하였지만 한번씩 기습을 하면 명상이고 뭐고 아무 소용이 없었다. 여전히 긴장하면서 말을 더듬고 썰렁한 분위기 속에서 괴로워하였다.

그렇지만 명상은 나에게 새로운 지혜를 열어주었다. 인간의 마음에 대한 통찰이 일어나면서 말더듬의 근본 원인은 마음속 깊은 곳의 긴장감인데 말더듬을 고치려고 하고 감추려고 하는 것 자체가 바로 긴장에 물을 주는 격이라는 것을 알게 된 것이다. 고치려고 하고 감추려고 애를 쓰기보다는 그냥 있는 그대로 인정하고 받아주는 것이 실제적인 변화를 가져오는 더 빠른 길임을 알게 되었던 것이다.

그때부터 나는 말더듬을 고치기 위해 호흡훈련을 하면서 내 마음을 다스리려고 하는 노력을 그만두었다. 그 보다는 그냥 편안하게 말을 더듬거리는 나 자신을 있는 그대로 받아들이려고 하였다. 그래서 오히려 친구들에게 내가 먼저 나의 말더듬 습관을 밝히곤 하였다. 그리고 간혹 말을 더듬을 때에도 비록 약간 어색한 느낌이 없지는 않았지만 나의 모습을 있는 그대로 인정하려고 하였다. 과연 그 방법이 가장 좋은 방법이었다. 세월이 흘러가면서 말더듬은 점차 희미해지고 사라지기 시작하였던 것이다.

그리하여 내가 대학 강단에 서게 되었을 때는 큰 부담 없이 강의를 할 수 있게 되었다. 강의를 직업으로 하고 있으니 표면적인 말더듬은 극복하였다고 할 수 있다. 그러나 말더듬의 흔적은 여전히 약간씩 남아있었다. 말을 더듬는 사람은 말을 빨리 끝내려는 속성이 있다. 긴장된 순간을 빨리 모면하려고 하기 때문이다. 그래서 말을 빨리하거나 얼버무리기도 한다. 특히 끝부분을 얼버무리는 경우가 많다. 말을 크게 더듬지는 않고 그리고 약간 더듬더라도 금방 알아차리고 매끄럽게 처리하기도 하지만 때로는 말을 빨리 하고 얼버무리는 습관은 계속 남아 있었다. 그러나 나는 별로 개의치 않았다. 어차피 시간이 지나면 자연스럽게 사라져갈 흔적이라는 것을 알았기 때문이다.

세월이 흘러가고 명상에 대한 책자를 내면서 대중강연을 할 기회가 많아졌다. 옛날에 그렇게 긴장하던 내가 수백 명을 놓고 대중강연을 하면서도 별로 긴장하지 않게 되었다. 그렇지만 티브이 출연 요청이 왔을 때는 약간은 꺼려하는 마음이 있었다. 티브이에서 강연을 하는 것은 전 국민을 대상으로 강연을 하는 것이다. 과연 내가 잘 할 수 있을까 하는 두려움이 없지 않아 있었다. 그러나 결국은 출연하게 되었던 것이고 녹화 당시 피디와 방송작가에서 강의를 잘 하였다는 소리를 들었다. 그럼에도 불구하고 내가 직접 확인해보기 전까지는 잘 믿기지가 않았다.

결국 나는 티브이에서 강의하는 모습을 직접 확인하고 나서야 깊은 안도를 하게 되었던 것이다. 내 스스로 참 대견한 생각이 들었다. 나는 대체로 스스로에 대한 칭찬이 인색한 편인데 이번만큼은 정말 스스로를 크게 칭찬하고 싶었다. "석아, 정말 잘 했다. 어린 날 너의 마음속에 자리 잡았던 그 무거운 짐을 이제는 내려놓을 수 있게 되었구나. 정말 훌륭하고 장한 일이야."

사실 외적으로 보았을 때 티브이 출연 자체는 나에게는 큰 의미는 없다. 그렇지만 내 내면으로는 길고 긴 싸움을 매듭짓는 중요하고도 큰 사건이라고 할 수 있다. 지금 내 마음은 참으로 기쁘고 편안하다. 어린 시절부터 알게 모르게 내 가슴을 눌러오던 무거운 짐 하나를 이제는 완전히 내려놓은 기분이다. 참으로 길고 긴 노력 끝에 나의 욕망 하나를 성취한 것이다. 젊은 날 그 고통스러웠던 순간들이 모두 소중한 과정으로 다가온다. 그런 고통의 순간이 있었기에 지금의 순간이 더욱 아름답게 느껴진다.

(2004년 9월 26일)

노자의 부드러움의 철학과 바라보기 명상
_박석

　　대학을 다닐 적부터 내가 가장 좋아하던 중국의 사상가는 노자였다. 많은 사람들이 노자를 학문적 관점에서 접근을 하고 있고 최근에는 노자 사상을 대중적으로 재미있게 풀이하여 큰 인기를 얻은 학자도 있다. 나 또한 《도덕경》을 학문적 관점에서도 공부하였지만 그보다는 실제적인 명상 수행의 관점에서 바라보고 그것을 나의 명상 수행 속에서, 내 삶 속에서 실천하려고 노력하였다.

　　노자의 가르침 중에서 일반인들이 일상의 삶 속에서 가장 쉽게 이해하고 실천할 수 있는 것을 하나 소개하고자 한다. 그것은 바로 〈부드러움〉의 철학이다. 《도덕경》 76장에는 이런 말이 있다. "사람이 태어날 때는 부드럽고 약하지만 죽을 때에는 굳세고 강하다. 초목이 태어날 때는 부드럽고 야들야들하지만 죽을 때에는 딱딱하게 마른다. 그러므로 굳세고 강한 것은 죽음의 무리요, 부드럽고 약한 것은 삶의 무리이다."

지금은 만물이 약동하는 봄이다. 얼마 전까지 시샘을 부리던 꽃샘추위도 이제는 가시고 주위는 온통 봄기운이 완연하다. 겨우 내내 차가운 대지에서 두터운 나무껍질 속에서 오랜 시간을 기다린 새싹들이 이제 기지개를 쭉 펴면서 생명의 노래를 구가하고 있다. 지금이야말로 바로 노자가 말한 부드러움의 철학을 두 눈으로 쉽게 볼 수 있는 계절이다. 주변에 갓 피어나는 새싹이나 나뭇잎들을 보라. 얼마나 부드럽고 야들야들한가? 그 속에는 생명이 충만해 있기 때문이다. 그러나 여름과 가을을 지나서 겨울에 이른 나뭇가지들은 딱딱하고 거칠다. 그 속에 이미 생명력이 고갈되어있기 때문이다. 사람 또한 마찬가지이다. 갓 태어났을 때는 몸이 한없이 야들야들하고 부드럽지만 나이를 먹고 죽음이 다가올수록 거칠고 딱딱해진다.

부드러움은 바로 생명력의 표상이다. 그래서 노자는 수양에 있어서 부드러움에 이르는 것을 중시하였다. 《도덕경》 10장에는 "기를 잘 다스려 부드러움에 이르러 능히 어린애처럼 될 수 있겠는가?"라는 구절이 있다. 기를 다스린다는 것은 생명력을 기르는 것인데 노자는 양생의 목표를 바로 어린 아이와 같은 부드러움을 얻는 것이라고 보고 있다. 55장에서도 덕을 두텁게 함양한 경지를 어린 아이에 비유하고 있다. "덕을 두텁게 함양하는 것을 어린 아이에게 비유한다. 독충이 쏘지 않고, 맹수가 할퀴지 않고, 맹금도 그를 채어 가지 않는다. 뼈가 약하고 근육이 부드러워도 쥐는 힘은 단단하다. 암수의 교합은 모르지만 고추가 발기하는 것은 정기의 지극함이다. 종일토록 울어도 목이 쉬지 않는 것은 화기의 지극함이다."

어린애를 독충이 쏘지 않고 맹수가 할퀴지 않는다는 것은 조금 납득하기 어려운 이야기이지만 나머지 이야기들은 고개를 끄덕일만하다. 실제로 어린애들은 하루 종일 울어도 목이 쉬지 않지만 어른이 그렇게 울면 목이 다 쉬어버린다. 그것은 모든 기관들이 아직 부드러워서 완전히 제 기능을 발휘하기 때문이리라. 실제로 우리 몸은 부드러울 때 아무런 문제가 없지만 경직되기 시작하는 순간부터 문제가 발생한다. 그러므로 진정으로 강한 것은 부드러운 것이다. 많은 사람들은 몸을 강화하려고만 하지 부드러움을 얻으려고 하지 않는다. 그러나 부드러움 없이 뻣뻣하게 강한 것은 결코 오래가지 못한다.

우리 몸의 유연함은 나이에 비례해서 점차 줄어드는 것이 사실이지만 나이보다 더 중요한 요소는 평소의 관리이다. 평소 자신의 몸의 유연성을 유지하기 위해 꾸준히 관리를 하면 경직의 정도를 훨씬 감소시킬 수 있다. 연세를 꽤 드신 분도 평소 적절한 운동을 하면서 몸을 부드럽게 하려고 마음먹으면 상당 수준 부드러움을 유지할 수 있지만 그보다 훨씬 젊은 사람도 몸 관리를 소홀히 하면 마치 몸이 나무토막처럼 뻣뻣해진다.

우리 몸이 타고난 부드러움을 잃어버리는 데에는 여러 가지 이유가 있겠지만 그 중 가장 큰 것은 긴장과 이완이 조화를 상실하는 것이다. 건강한 사람은 긴장해야 할 때 긴장하지만 그 긴장이 가시고 나면 쉽게 이완한다. 그런데 어느 한 쪽이 과다하게 많게 되면, 대부분의 경우 긴장이 많아지게 되면 그 조화가 깨지면서 문제가 발생한다. 조화가 깨지면 당장 겉으로 잘 드러나지 않지만 만성적인 긴장상태를 가지고 온다. 그것이야말로 바로 몸을 굳게 만드는 주범이다.

몸 바라보기는 우리 몸의 부드러움을 되찾는 데에 많은 도움을 준다. 몸 바라보기는 일반 운동과 달리 천천히 의식을 집중하면서 지긋이 자극을 주는 명상적인 운동이다. 몸을 앞으로 굽히거나 뒤로 젖히거나 좌우로 비틀어주거나 어떠한 동작이라도 좋으니 의식을 집중하면서 천천히 해보라. 중요한 것은 어떤 동작을 할 것인가가 아니라 어떻게 동작을 할 것인가이다. 들숨 날숨의 흐름을 따라서 최대한 천천히 그리고 의식을 또렷이 집중하면서 몸을 움직여보라. 그런 다음에 최대한 몸을 편안하게 하면서 들숨 날숨 속에서 자신의 몸을 가만히 느껴보라. 몸 속 깊숙이 들어간 자극이 풀리면서 깊은 이완을 체험할 수 있을 것이다. 이렇게 할 때 깨어진 조화와 균형을 다시 회복할 수 있고 자연스럽게 부드러움을 되찾을 수 있다.

육체의 부드러움도 중요하지만 그보다도 더욱 중요한 것은 마음의 부드러움이다. 마음의 유연성이란 단순히 마음이 편안하고 고요한 것과는 차원이 다르다. 단순히 마음이 편안하고 고요한 것은 마음의 이완이라고 할 수 있다. 마음의 이완은 좋은 것이다. 그러나 늘 이완되어 있는 것은 그리 바람직하지 않다. 일반적인 사람들의 마음은 불안과 걱정 등으로 늘 긴장되어 있다. 그래서 이완을 원한다. 그러나 때로는 이완이 너무 심해져서 자기나 세상에 대해서 아무런 걱정이 없는 태평스러운 상태가 되기도 한다. 그것 또한 한쪽으로 고착된 것으로서 그리 바람직하지 않다. 마음의 유연성이란 단순하게 편안하고 좋은 상태를 유지하는 것을 가리키는 것이 아니라 조화와 균형을 이루는 상태를 말한다.

마음이 조화를 이루고 있을 때 자아와 세계를 있는 그대로 바라볼 수 있다. 자기를 신뢰할 수 있으며 남에 대해서도 편안하게 수용할 수 있다. 나아가 편견과 선입관에 구속받지 않고 세상을 올바로 바라볼 수가 있다. 이럴 경우 설령 다소 어려운 일이 닥치거나 환경의 변화가 닥쳐도 유연하게 대처할 수 있다. 그러나 마음이 굳어버리게 되면 자아와 세계를 있는 그대로 보지 못한다. 그래서 자기를 있는 그대로 보지 못하고 과신하거나 폄하한다. 타인에 대해서도 맹목적으로 따르거나 의심의 눈초리로 받아들이고 세상을 바라보는 시야도 편협해지고 옹졸해진다. 이럴 경우 조그마한 위기가 닥쳐도 헤어나지 못하고 환경이 약간만 변화해도 쉽게 무너진다.

육체는 아무리 잘 관리한다 하여도 어차피 나이를 먹어가면서 점차 딱딱해져가는 것이 자연의 섭리이다. 그러나 마음은 육체와는 다르다. 제대로 잘 관리만 하면 나이를 먹어도 계속 유연함을 더해갈 수 있다. 물론 제대로 관리를 하지 않으면 마음 또한 부드러움을 잃어버린다. 주변에 보면 나이를 먹을수록 세상을 더욱 넓게 깊게 바라보면서 너그러움과 원숙함으로 세상사를 대하는 분들도 있지만 나이를 먹을수록 세상을 바라보는 눈이 옹졸해지고 궁색해지고 주변의 사소한 일에 쉬이 삐치는 분들도 많다. 전자는 평소 마음 관리를 잘 하신 분들이고 후자는 마음 관리를 잘못하신 분들이다.

마음 바라보기 명상은 마음의 유연성을 키우는 데 많은 도움을 준다. 그것은 단순히 마음을 편안하게 하는 것과는 차원이 다르다. 들숨 날숨 속에서 내 마음을 가만히 바라보는 가운데 자연스럽게 마음의 편안함도 찾아오겠지만 그보다 더욱 중요한 기능은 여유로운 관조 속에서 마음의 여러 가지 기능들이 조화롭게 작용하도록 도와주는 것이다. 시간 날 때마다 꾸준히 마음 바라보기를 하면 마음의 유연성을 더욱 키워나갈 수 있을 것이다.

우리의 몸과 마음만 유연성이 중요한 게 아니라 어떤 조직이나 사회에도 유연성은 매우 중요하다. 유연성이 있는 조직이나 사회는 구성원들 사이의 소통이 잘 이루어지고 외부의 변화에 잘 적응하지만 그렇지 않은 경우 소통은 막히고 분열과 갈등 속에서 에너지를 낭비하기 때문에 외부의 변화에 적응할 여력이 없어 결국 환경의 변화에 이기지 못하고 도태하게 된다.

거시적으로 보면 문명 또한 마찬가지이다. 지금의 근대서구문명은 인류 문명의 발전에 참으로 긍정적인 역할을 많이 하였다. 과학기술의 발달은 인류의 물질적 생산력을 크게 증대시켜주었으며 우리의 삶에 실로 많은 편리함을 가져다주었다. 아울러 민주주의의 확산으로 인해 이전에 비해서 자유와 평등 등의 인류의 기본적인 권리가 크게 신장되었다. 특히 교통과 정보 통신의 발달은 지구를 하나의 마을로 만들고 과학과 민주를 전세계에 널리 확산시키는 데 결정적인 공헌을 하고 있다.

그러나 역기능 또한 만만치가 않다. 물질적 능력의 비약적인 증대에 비해 정신적 능력이 따라가지 못해서 여러 가지 많은 문제들이 일어나고 있다. 핵무기의 개발과 확산은 인류만이 아니라 지구상의 전체 생명의 안전을 위협하고 있다. 또한 오로지 눈앞의 경제적 이익에 급급하여 우리의 삶의 터전인 자연환경을 무분별하게 파괴하고 있으며 이로 인해 심각한 환경재앙을 초래할지도 모르는 위기상황에 처해 있다. 그뿐인가? 물신주의의 팽배는 가치관의 혼란과 도덕성의 상실을 초래하고 있으며 지나친 경쟁체제는 현대인들에게 정신적 스트레스를 가중시키고 있다.

최근에 이르러서는 전반적으로 볼 때 확실히 문명의 순기능보다는 역기능이 점차 증대하고 있는 추세이다. 특히 환경파괴 문제는 위험수위에 이르고 있다. 온실효과로 인해 해마다 기상이변이 일어나고, 북극의 얼음이 점차 녹고, 온대 기후가 아열대기후로 변해가는 심각한 상황에 처해있음에도 불구하고 모든 국가와 기업 그리고 개인들은 오로지 경제적 이익을 확보하는 데 여념이 없다. 지금의 문명이 유연성을 잃고 경직되어가고 있다는 증거들이다. 이러한 경직이 계속될 때 조만간 지금까지 쌓아온 인류문명 전체가 한꺼번에 쓰러지는 위기가 닥쳐올지도 모른다. 하루 빨리 역기능을 완화하고 다시 부드러움을 되찾아야 할 것이다.

이를 위해서는 현란한 구호를 외치기보다는 우리들 하나하나 개개인들이 먼저 부드러움을 되찾아야 한다. 아무리 바쁘다 해도 틈틈이 가쁜 숨을 고르고 두 눈을 감아보자. 들숨 날숨 속에서 부박한 욕심과 자질구레한 잡념들을 잠시 내려놓고 가만히 몸을 느끼고 바라보고 아울러 내 마음도 바라보자. 긴장들을 내려놓고 조화와 균형을 찾자. 그리고 자신의 삶을 가만히 성찰해보고 이 사회와 문명의 앞날에 대해서도 차분히 바라보자. 시야가 열리면 개체의 운명은 공동체 전체의 운명과 결코 분리되어 있지 않음을 볼 수 있게 된다. 이제는 우리가 타고 있는 이 문명의 배가 어디로 향해 나아가고 있는지 바라보고 올바른 방향으로 배의 방향을 돌려야 한다. 그렇지 않으면 우리의 미래는 없다.

　노자의 〈부드러움〉의 가르침은 실로 먼 옛날부터 이미 준비된 오래된 미래이다. 그리고 그것은 밖에서 찾는 것이 아니라 우리 안에 숨겨져 있는 미래이다. 바라보기 명상은 우리 안의 미래를 찾는 데 많은 도움을 줄 수 있을 것이다.

(2007년 3월)

남산 산책로로 학교를 다닌다면 _오태석

1

빌딩으로 둘러싸인 회색도시 서울에서 남산南山은 푸른 지역으로서 그나마 허파의 구실을 해준다. 그런데 남산이란 명칭은 서울에만 있는게 아니라 우리나라 경주에도 있으며, 중국에서는 도연명, 왕유의 시(종남산)에도 나오는 걸 보면 한 지역의 남쪽에 있는 산이란 것을 알 수 있다.

서울 남산은 해발 265m(혹 262m)로 원 이름은 목멱산木覓山인데, '목멱산'은 옛말의 '마뫼'의 音借로서 곧 남산이란 뜻이니, 그렇다면 결국 동어 반복인 셈이다. 현재의 남산공원은 103만㎡로 서울에서 가장 큰 공원인데, 1910년에 고종의 명으로 시민공원으로 조성되었고, 공원등 복지 시설이 빈약한 우리나라 현실에서 요즘은 노인분들의 최고의 안식처로 애용되고 있다.

　서울 투어 버스가 다니기도 하는 남산 탑이 있는 팔각정에 오르면 서울이 한눈에 잡혀 북으로는 북악과 남으로는 뉘엿하게 흐르는 석양속의 한강 줄기를 파노라마같이 조망할 수도 있다. 요즘 새로 개비하여 한강과 강남북을 모두 볼 수 있는 남산 전망대는 투어버스와 함께 새로운 도심의 명소가 되었다.

2

　요즘 가을철 하늘은 대체로 너무도 푸르고 좋다. 어제는 특히 그랬다. 시야가 트이고 높은 하늘의 구름과 약수동의 깨끗한 아파트들이 손에 잡힐듯이 보이는 가운데 나뭇잎만 바람결에 찰랑찰랑 흔들리는게 너무 인상적이었다. 중국말로 '하늘이 맑고 기후가 시원하다(天高氣爽)'는 말 그대로이다.

　나이 들수록 계절의 변화를 실감하고 자연을 감상하려는 욕구가 커지는 것은 비단 나만의 일이 아닌가 보다. 학창 시절 막역하게 지내다, 미국에 가 신학을 전공하고 돌아온 최목사는 얼마전 불현듯 내게 이런 시를 보내왔다.

〈가을 斷想〉

가을은 늘 그렇게 온다
가슴 시린 하늘 빛으로
눈가에 어린 눈물 자국처럼
갈길 몰라 방황하는 낙엽으로
목매인 외침처럼

지난 삶의 수많은 편린片鱗들이
부분들을 맞추어내다가
여전히 찾을 수 없는
그리하여 전체 그림을 아직도
알아볼 수 없음에
허탈감과 한편 안도감속에
짙어만 간다

다가올 앞날에의 기대와
찾아질 조각들에의 설렘과
더 깊어질 허무함에의 갈망-
이 가을 가운데
과 죽음의 모습을 함께 본다
그러라고 신은 죽음도 만들었나....
삶만으로는 완전치 않은 생명이기에

내 영혼은 깊은 가을날의 골짜기로
번지점프를 한다

그 무언지 모를 로프가
나를 묶고 있다는 것을 알기에
나는 뛰어 내린다
먼 곳을 바라보며

3

다시 산으로 돌아가자. 1,800년전 정치적 혼란기였던 동진東晉시대 도심의 은자 도연명陶淵明은 자기집 동쪽 울타리에서 국화를 따다가 불현듯 눈에 들어온 남산(자연)을 물끄러미 바라본다. 그리고 저녁 새가 보금자리로 돌아가듯 아름다운 자연의 품으로 돌아가는 우주의 섭리를 온몸으로 느끼며 말을 잊고 만다. 이러한 자아와 자연의 합일경을 왕국유王國維는 무아지경無我之境이라고 했던가!

〈飮酒 제5수〉(도연명)

結廬在人境	사람 세상에 초막을 짓고 살지만
而無車馬喧	수레 시끄럽게 찾아 오는 사람 없어라
問君何能爾	어찌 그럴 수 있는가 묻노라면
心遠地自偏	마음이 세상에서 머니 땅도 자연 외지네
采菊東籬下	동쪽 울타리 아래서 국화를 따 드니
悠然見南山	한가로이 남산이 보이네
山氣日夕佳	산기운은 해질녘에 더욱 빛나고
飛鳥相與還	날 새는 더불어 둥지로 돌아가네
此中有眞意	이중에 자연의 참 뜻 있으니
欲辨已忘言	따져보려 하지만 어느새 말을 잊었네

4

　추석 연휴를 맞아 부모님 댁에 가뵙는 일외에 특별한 행사가 없어서, 지난 금요일과 일요일에는 학교에 나왔다가 석양 무렵에는 학교 상록원 식당 뒤로 난 길을 따라 2차선 남산 산책로에 들어섰다. 학교에서 5분이면 바로 산책로에 닿으니, 이 역시 지리적 행운이다.
　꽤 전부터 차들의 통행을 막아 시각 장애인들의 최고 산책로가 된 이곳에는 자연을 그리워하는 사람들이 가을 산빛과 상큼한 숲의 공기를 한껏 즐기고 있었다. 바로 아래 '한옥 마을'에서는 추석맞이 행사가 있는지 흥겨운 소리가 울려나고 있었고, 충무로 도로를 긁어대는 차량들의 소리가 귀에 들려오긴 했지만 호젓한 나만의 산책의 즐거움을 빼앗지는 못하고, 오히려 도심 속 산 허릿길의 소중함을 일깨워 줄 뿐이었다.
　도심인 인사동에서 자랐어도 어릴 적에는 학교가 파하면 그저 밤늦도록 뛰어노는게 하루 일과였는데, 요즘 아이들은 전혀 그렇지 않다. 소아적 경쟁으로 바쁘게만 살아온 우리네 지난 개발형 사회가 놀이와 소박함과 자연의 숲을 앗아가 버린 것이다. 아이들도 이럴진대 나이 든 어른이 헬스나 운동장등 지정된 장소가 아닌 곳에서 허투로 뛰어다니기란 쉽지 않아 매우 아쉽다. 숲의 산책은 그래서 더욱 값지다.
　상쾌한 가을 숲 공기로 가슴을 채우며 삼삼오오 산책객들은 지지배배 찌르찌르 새 소리 풀벌레 소리 들리는 길을 여유롭게 걷고 있거나, 혹은 중앙선을 따라 달리는 마라토너들의 움직임은 숲의 정적을 깨며 작은 동선動線을 이룬다. 특히 서울 사람들도 잘 모르는 이곳에 적지 않은 외국인이 뛰는 걸 보면, 관광안내서 같은 데에 서울의 멋진 조깅 코스로 소개가 된 모양이다. 행여 산책로가 금새 끝날까 걱정하는 내 마음을 달래주듯이, 지붕 둥그런 서울시교육과학원 아래까지 난 3Km의 길은 남산을 감아돌며 구불구불하게 전개되어 길 걷는 정취를 더해 준다.

해가 갈수록 올라가는 수능 점수를 반영하듯이 서울 시내 대학 치고 낮은 곳에 위치한 대학이 별로 없지만, 동국대학교는 남산 자락에 있어서 올라가는게 힘들다고들 한다. 하지만 특별히 하는 운동도 없이 대중교통을 이용하는 나로서는 겨울철에도 빠른 걸음으로 땀나도록 걸어 연구실에 당도하면 그나마 운동이 되어 좋았다.

그런데 요즘 남산 숲길에 점차 빠져들면서 이제는 숲향기 가득한 남산길이 퇴근길 뿐만 아니라, 아침에 출근길로 삼아도 좋을 것 같은 생각마저 든다. 아침에 북한산 자락을 내려가 신세계앞에서 버스를 내려 남산을 향해 걷기 시작하면 40분 거리인데, 여름이나 겨울이라면 몰라도 요즘 같은 황금 계절에는 복장도 크게 문제되지 않을터이니 조금만 부지런을 떤다면, 어차피 땀내고 걸을 10분짜리 등산보다도 몇배나 여유롭고 낭만적인 샹시아빠루(上下班路: 출퇴근로)가 될 수 있지 않을까 하는 생각이다. 이러한 독특한 출퇴근의 꿈은 동창 이용의 노래에도 나오듯이 사과나무 심어진 종로를 걷는 낭만과는 또 다른, 재미스런 상념이 아닐 수 없다. (2007년)

르네 마그리트전을 다녀와서 _오태석

    2007년 한국 경제의 앞날에 대한 우려와 창조적 도전이 함께 조명되고 있는 시점에 벨기에의 초현실주의 화가인 르네 마그리트(René Magritte)전의 장기 흥행은 우리에게 작은 희망의 싹을 보여준다. 나 역시 창의적인 천재 작가의 의식의 일면을 들여다 볼 수 있는 좋은 기회라 여겨 중국시를 수강하는 학생들에게 레포트를 부과하고 전시회에 다녀왔다.

  표제와 작품이 잘 연결되지는 않았으나 내가 받은 가장 큰 느낌은 20세기 초반 뉴턴 기계론의 종언과 양자역학의 불확실성의 세계를 관철하는 세계와 존재에 대한 작가의 의식의 흔들림이었다. 그것은 작품 속에서 일상성과 기성 언어와 3차원 공간을 거부하는 도치와 치환과 각종 파격들, 유사성을 통한 다른 것으로의 전이, 그리고 창조적 조합과 은유적 이미지들로 드러나 보였다. 르네 마그리트는 자신이 미술가가 아니라 생각하는 사람이며 다른 사람이 음악 또는 시나 글로 생각을 나누듯이 회화를 통하여 사고를 교류하는 사람이라고 하였는데, 그의 관심은 아마도 쉽게 찾기 어려운 절대 가치가 아닌 유동적 삶의 파편들을 통해 언뜻언뜻 드러나는 본질의 드러남의 순간들이었을 것 같다.

여기서 우리는 인간 존재란 무엇이며, 또 어떻게 세상을 바라보아야 하는가 하는 질문에 다가가게 된다. 존재의 궁극을 향해 헤엄친 유사 이래의 수많은 철학적 질문들은 언어와 사유의 장벽 아래 백기를 들고, 우리는 아직도 존재의 심연을 향해 헤엄쳐가지 못하고 주변을 맴돌기만 하는 것 같다. 정말 존재의 중심은 있는 것일까? 이와 같은 사유는 학문의 영역에 속하기도 하지만, 동시에 실제 삶 속에서 우리를 지속적으로 따라다니며 물어올 것이다. 도가의 창시자 노자는 세계의 근원은 무無이며, 무가 태극太極을 낳고, 또 만물이 생성된다고 하였다. 스티븐 호킹이 무의미한 질문이라고 하였지만, 만약에 빅뱅(Big Bang) 이전의 가상의 원초 상태가 있다면 바로 이러한 것이 아닐까? 노자의 무는 단순한 없음이 아니라 유有를 낳는 또 다른 형태의 존재 방식이다. 비어있음은 단순한 빔이 아니요, 색色의 공空이요 공空의 색色인 것이다.

양자역학으로 말하자면 원자보다 작은 물질의 최소 단위인 쿼크(Quark)는 고정된 실체가 아니라 도우넛과 같이 중심이 비어 있으며, 그것은 관찰자의 영향을 받으면서 매순간 다른 유동적인 모습으로 우리에게 비춰진다고 하였다. 사물의 궁극이 단단한 실체가 아니라 비어있음이라면, 우리의 존재와 삶이 유동하며 흔들리고 또 흘러가는 것은 어찌 보면 당연한 일일 것이다. 허와 실이 함께 관계 소통하여, 허가 실을 돕고 실이 허에 의지하는 것, 이는 동양에서 대립 모순되는 음과 양의 상호 조응을 통한 총체적 조화 통일로의 지양적 지향이다. 이것은 단절이 아닌 연속이고 대립이 아닌 통합이며, 그리하여 도달할 길 없어 보이는 저편에 이를 수 있게끔 해주는 뫼비우스(Möbius Strip)적 해법이기도 하다.

　전국시대 초楚의 충신 굴원屈原이 간신들의 모함으로 쫓겨나 강호를 떠돌고 있었다. 어부가 왜 그리 씩씩거리는가 물으니, 세상의 물이 탁하여 자신의 결백을 알아주지 않음에 좌절 분노한다고 하였다. 이에 어부는 세상이 탁하면 그 파도를 타고 때를 기다리면 될 뿐, 무얼 그리 화를 내느냐며 유유히 떠나갔다고 한다. 어부가 굴원의 결백을 모르지 않건만 자아와 세계와의 보다 큰 융화 소통을 위한 또 다른 화두를 굴원에게 던진 것이다. 정해진 답, 즉 정답定答이 없는 흐름 속의 삶, 그리고 그중에서 풀 길 없는 이면에 숨겨진 본질이 아닌 사물의 표면으로부터 찾아내기, 그 현실적 흔들림의 진지한 파격적 시도와 여정들, 이것이 르네 마그리트를 본 파편의 조각 맞추기의 하나이다. (2007년)

섞임의 미학_오태석

　　　　세계 4대 문명 발상지의 하나인 중국은 역사적으로 유구하고 도 풍부한 문화유산을 지닌 나라이다. 오늘날은 서구 과학과 합리주의 가 세계의 지배 정신으로 군림하고 있지만, 실상 15세기까지 서구의 과 학과 문명이 중국에 비해 후진적이었다는 점은 일면 의외스럽기도 하나 사실이다.

　현재 중국은 세계 인구의 1/4인 14억의 인구와 함께 영토 면에서도 몽고시대를 제외하면 역사적으로 최대이다. 어디 그뿐인가? 지금은 비 록 급성호흡기증후군(SARS)로 세계인의 따가운 시선을 받고 있기는 하 지만, 등소평의 실용주의 노선 이후 중국 경제는 급속한 발전을 거듭하 여, 머지 않은 장래에 총 GNP가 미국을 추월할 것으로 예견되고 있다.

　이렇게 강력한 중국은 어떠한 나라인가? 답은 그리 쉽지 않다. 전문

가는 많지만 쉽사리 한눈에 잡히질 않는 것이다. 중국문학을 연구하는 필자의 입장에서 그들의 역사를 보면 지금 떠오르는 별 같은 중국 역시 너무도 당연한 말이지만 늘 햇볕 드는 양지에만 있었던 것은 아니다. 아놀드 토인비가 제국諸國의 문명사적 패러다임을 '도전과 응전'으로 설명했듯이, 중국의 역사 역시 이같은 관점에서 해석 가능한 측면이 많다.

그러면 중국이 그토록 강력한 국가적 힘을 유지해나갈 수 있었던 원인은 무엇인가? 여러 원인 중에서 필자는 여러 민족 문화가 중국의 땅에 들어오며 부단히 교류한 데에 주목하고 싶다. 사실 이 점은 다민족국가인 미국의 경우에도 그 유사성이 보인다. 유사이래 중국의 영토는 장기간 흉노, 거란, 여진, 몽고, 만주족 등 북방 이민족의 지배를 받았거나, 그 여파로 남쪽에 반쪽 왕조를 유지하기도 했다.

그러나 결국은 주류 민족인 한족漢族 문화가 지배 민족을 포함한 주변 민족의 문화를 포용 섭취하며 자기 주체성을 유지 발전시켜 오늘에 이르고 있다. 즉 중국은 많은 민족과 문화가 계속 섞이는 가운데 오히려 그것을 발전의 초석으로 삼으며 자기 정체성을 키워나갔다는 이야기가 된다. 이는 그들 민족 문화의 주체성과 함께 부단한 자기 혁신을 통해 가능했을 것이다. 흐르는 물이 썩지 않는 이치일 것이다. 이를 섞임의 미학이자 효용이라 해두자.

중국에서 이러한 섞임의 양상은 여러 방면에서 드러난다. 우선 인구 대국 중국에는 한족漢族을 비롯한 56개 민족이 공존하고 있다. 그러면서도 중심 종족인 한족은 91.59%에 이른다고 한다. 12억이나 되는 인구가 단일 민족이라니 이를 쉽사리 믿기는 어려울 것이다. 이 역시 중심 민족의 종족적 구심력이 작용했다고 볼 수 있다.

그리고 각종 문화 역시 지속적으로 외부 세계와의 교섭과 자기화를 통해 오늘에 이르른 것이다. 이러한 인구, 문화, 경제적으로 강력한 자기장 속에서 바로 옆에 붙은 소국인 우리나라가 나름의 정체성을 유지 발전시켜나간 것 자체가 어찌 보면 하나의 기적에 가깝다는 느낌마저 든다.

섞임의 미학은 내 전공 분야인 중국의 문학 분야에서도 잘 나타난다. 역사적으로 중국의 문화예술은 이민족 음악의 수혈을 받으며 결국 자기화하여 창출해낸 과정의 연속이다. 한대와 육조시대의 악부민가와 敦煌 사본에서 보이는 民間詞, 그리고 元代 몽고족 음악의 영향을 받은 散曲 및 청대 각 지방의 음악 예술이 그 예이다. 또한 소설적 측면에서도 각종 민간 고사와 變文에 보이는 이야기 구조들이 그렇다.

또한 종교 사상 면에서도 중국 고유의 유가사상과 도가사상을 양대 축으로 발전해 나가던 중국의 문화는 인도에서 유입된 불교를 맞이하면서 이전까지와는 다른 문화적 성숙의 면모를 보이게 된다. 후한대까지 중국의 불교는 유입 초기의 기층적 단계를 거치며 중국화하게 된다.

특히 위진남북조(221-580) 370년간의 남북 분국 시대에는 유교 중심의 통일적 이데올로기의 빈 자리를 현학玄學과 불교가 자연스럽게 메워나가며 기존의 중국문화에 새로운 생명을 불어넣어 주었다. 특히 불교는 사유 방식 면에서 유사성을 지닌 도교적 사유와 교감하였고, 인위적 설정 위주의 유가 사상의 한계를 극복하도록 작용하며, 그 전파력은 더욱 강화되었다.

당대唐代에는 선종이 성립하면서 민간에서 지식인 사회로 확산되면서 진정한 토착화를 이루어내고, 이후 송대에는 관료 지식인인 사대부들도 모두 불교적 소양을 쌓지 않은 이가 없을 정도로 지식인의 교양 과목이 되었다. 결국 중국의 주류 사상이었던 유학은 선학禪學과 도가 사상의 많은 부분들을 수용하며 성리학으로 모습을 바꾸어 시대에 적응한 것이다. 그리고 후에는 양명학과 고증학으로 다시 변모하였다.

중국은 시의 나라이다. 중국에서 전통적으로 시는 효과적인 통치 수단이자 개인적, 사회적 자아 표현의 훌륭한 도구였다. 서구 사상의 태두격인 플라톤은 시인 추방론을 주장했지만, 중국에서 시는 과거 시험의 최고 과목이었다. 경전 실력을 테스트하는 명경과明經科보다 시를 테스트하는 진사과進士科의 권위가 더 높았던 당대의 과거제 역시 중국 전통의 '시 중심주의'에 다름 아니다. 우리는 중국인의 실용정신을 익히 알고 있지만, 동시에 인문학의 소양을 지닌 시인의 나라였다는 점에서 문화적 품격을 느끼게 된다.

공자 역시 "시를 모르는 사람하고는 벽을 맞대고 있는 것과 같다"거나, "시를 모르면 세상에 나아가서 행세를 할 수 없다"고 했는데, 이는 유가에서 시의 사회 정치적 효용을 중시했음을 보여준다. 이렇게 중시되었던 당시의 세계는 회화적 정감세계를 중시하였으나, 송대에 가서는 치열한 내적 수양이 개재된 외적 평담풍平淡風을 지향했는데, 이 역시 "시를 배우기를 선禪을 배우듯이 해야 한다"는 당시 선학禪學의 주안점을 채택한 결과이다.

한편 중국시의 절정인 근체 율시의 완성은 불경의 번역과 깊은 관련이 있다. 중국시에 사용된 한자는 표의성, 단음절성, 고립어성을 지니고 있는데, 그 음성적 속성에 더욱 주의를 기울인 것은 육조시대 구마라십鳩摩羅什 등이 다수의 불경을 번역하는 과정에서 인도어의 표음미에 매력을 느끼며, 중국의 음운 체계에 주의를 기울인 결과였다. 우리가 흔히 이야기하는 율시 작법의 중심 법칙인 심약沈約의 사성팔병설四聲八病說은 그 심미안의 제도적 결실인 셈이다. 이뿐 아니라 중국음 최초의 표기 방식인 반절법反切法 역시 범어梵語의 영향이다.

이밖에 20세기초 돈황敦煌 석실에서 발견된 수많은 필사본과 그림들은 중국 문학사를 새로 쓰게 하고 그 지평을 엄청나게 확장시켜준 역사적 발견이었다. 이로써 변문變文, 보권寶卷의 새로운 문예 형식이 완성되었고, 내용적으로도 희곡소설의 풍부한 상상력의 세계가 확장되며, 지속적으로 다양하게 각색 재생산되는 구조를 가져온 것이다. 중국인은 자국을 '中華'라고 부르기를 좋아하는데, 여기서도 우리는 그들의 강한 문화적 자부심을 느낄 수 있다. 그리고 그 자부심은 앞서 언급한 대로 불교를 비롯한 주변 종교, 문화, 사상의 적극적인 수용과 자기화 과정이 있었기에 가능했던 것이다.

이제 우리에게로 눈길을 옮겨 보자. 우리민족은 반만년 역사를 자랑하는 단일 민족이다. 중국을 지배했던 몽고나 만주와 같이 자기의 문화를 잃어버린 경우를 보면 우리의 경우 이렇게 오래도록 단일성을 침해당하지 않은 것은 자랑스럽고 놀랍기까지 한 일이며, 나름의 문화적 저력 없이는 불가능한 일이기도 하다.

하지만 그 정도를 지나쳐 과도하게 단일성에 집착하여 외부적 포용과 자기 혁신을 게을리 한다면 오히려 역사에 누가 될 수도 있음을 간과해서도 안 될 것이다. 작금 우리나라에는 단기간에 이룬 경제적 성공과 함께 세계 각국의 여러 인종과 민족이 경제 협력을 위해 또는 노동력을 제공하며 속속 유입되고 있다. 이들에 대해 국가 발전의 측면에서 장단기적으로 검토할 일이 한 두 가지가 아니며 파생되는 사회적 문제 역시 적지 않다. 필자 역시 외국 생활을 경험한 적이 있는데, 은근한 인종적 차별감을 지우지 못했던 기억이 있다.

구별에서 더 나아간 이러한 차별은 실상 어디에나 존재하기는 하다. 그러나 적어도 우리 땅에 들어와 경제의 일각을 맡아 삶을 영위하는 외국의 노동자들도 이들 역시 우리와 똑 같은 사람임을 잊어서는 안 될 것이다. 이들에 대하여 따뜻한 눈길과 친절함, 그리고 어울려 사는 인간적 소통감을 지니는 일은, 다름을 포용하며 자기의 것을 오히려 더욱 발전시켜 나간 중국의 예에서도 보았듯이, 그들뿐만 아니라 결과적으로는 우리 자신에게도 득이 되는 일이다.

선량한 마음으로 삶의 범주를 확대해가며 상호 소통하는 일은, 우리가 고인물이 아니라 흐르는 물임을 자기 확인케 해주는 시금석이며 동시에 인간 존재의 삶의 조건을 풍성히 키워내는 생철학적 당위로 여겨진다. (2004년)

'池塘生春草'와 '芙蓉出水' _원종례

어제는 비가 왔다. 봄비인데도, 연구실 앞 잔디밭에 노수가 질펀하게 깔릴 정도로 심하게 내렸다. 폭풍처럼 바람도 심했다. 비가 오기 전에도 묵은 잔디밭에 나와있는 파릇한 속잎들이 보였다. 버들도 파르스름한 기운을 날리고 있고, 성당 앞 정원에는 진달래까지 꽃망울에 살이 오르더니 터지기 시작하고 있었다.

비가 그친 뒤끝이라 오늘은 참 춥다. 잠깐 동안 춥고 나면 봄이 본격적으로 시작될 것이다. 상당히 여러 해 전부터 2월 말쯤 되면 나는 자주 진달래 분홍색 꽃무더기를 발견하고 감격하는 꿈을 꾸곤 하였다. 그리고 언제부터인가, 봄기운이 느껴지면 사령운謝靈運의 '池塘生春草'를 떠올리는 버릇이 생겼다. 연못에 봄풀 나 있는 모습이 연상되어 청신한 느낌이 든다. 연못엔 봄바람에 물결이 살랑거리고 연못가엔 우리나라 어떤 시인이 읊은 것처럼 '잔디에 속잎 나고'있을 터이고, 그리고 그 옆에는 옥잠화나 붓꽃이 잎줄기를 나풀거릴 것이다.

연구실 앉아 본격적으로 봄에 접어들기 전 꽃샘추위 풍경을 내다보며, 오늘은 사령운의 '池塘生春草' 구절과 탕혜휴湯惠休의 이 시구에 대한 평가인 '芙蓉出水'의 의미를 저작詛嚼해 볼까 한다.

'池塘生春草'는 우리로 하여금 인간 사령운을 중국 시인 가운데 유독 청신한 이미지를 잡아낸 시인으로 인식하게 하는 시구이다. 그런데 우리가 이 시구를 사령운 시의 특색을 단적으로 나타내는 것으로 인식하게 된 데에는 탕혜휴湯惠休의 공이 크다. 그는 당대 최고의 문인이라 자타가 공인하던 안연지顔延之가 자기 시와 사령운의 시에 대한 견해를 묻자 "사령운謝靈運의 시는 연꽃이 물속에서 솟아난 듯 하고 안연지의 시는 많은 색깔을 섞어 쇠붙이에 장식을 한 것 같다(謝詩如芙蓉出水, 顔如錯采鏤金). 鍾嶸《詩品·中·顔延之》"고 했다고 한다. 탕혜휴의 평가는 사령운의 시를 천뢰天籟라 보고 안연지의 시를 인뢰人籟라 본 것이나 마찬가지로 현격히 우열의 차를 명시한 평가이다. 그러므로 이 말을 들은 안연지는 종신토록 분해했다고 한다.

이제 사령운의 이 구절이 들어 있는 시 〈登池上樓 (연못 위 정자에 올라)〉 전편을 일별해보기로 하자.

교룡 잠긴 연못물은
곱고 조용한 모습하고 있고
날아가는 큰 기러기는
멀리까지 들리도록 큰 소리로 운다.

하늘에 머물자니
흘러가는 구름에게 부끄럽고
　　강에 살자니
못 속 깊이 잠겨 있는 잠룡에게 부끄럽다.
　　벼슬에 나아가 德을 펴자니
지혜가 모자라고
　　물러나 농사를 짓자니
체력이 못 견디지 못하겠으매
　　녹을 찾아
바닷가 永嘉까지 찾아왔더니
　　병이 나 자리에 누워
빈숲만 바라보고 있었다.
　　자리에 누워서는
계절을 알 수 없기에
　　커튼을 걷고
잠시 살펴보았다.
　　귀 기울여
물결 소리 듣고
　　눈 들어
험한 산 바라보니
　　초봄 풍경 속에
차가운 겨울바람은 사라지고
　　새로 솟아나는 陽氣가
해묵은 음기를 대체했다.
　　연못 둑엔
봄풀이 돋아나고

정원의 버드나무엔
철새가 바뀌어 울고 있다.
祁祁(파릇파릇)하다 하려니
豳風 생각나 슬프고
萋萋(푸릇푸릇)하다 하려니
楚辭가 생각난다.
삭막하고 외로운 삶이
오래 계속될 공산이 큰데
친지들과 헤어져 있으니
마음을 잡기가 어렵구나!
지조 지키는 삶이
어찌 옛날에만 있었으랴?
근심 없는 생활이
지금 실현되어 있구나!

(潛虬媚幽姿, 飛鴻響遠音. 薄霄愧雲浮, 棲川怍淵沈.
進德智所拙, 退耕力不任; 徇祿反窮海, 臥痾對空林.
衾枕昧節候, 褰開暫窺臨; 傾耳聆波瀾, 舉目眺嶇嶔,
初景革緖風, 新陽改故陰. 池塘生春草, 園柳變鳴禽
祁祁傷豳歌, 萋萋感楚吟. 索居易永久, 離群難處心!
持操豈獨古? 無悶徵在今.)

이 시는 사령운이 39세 때 영가永嘉에서 지었다고 한다. 이런 시를 쓴 계절은 우리나라라면 3월 중순이나 4월 초쯤이겠지만, 사령운이 이 시를 쓴 영가는 오늘날의 절강성 온주溫州이니 아마 2월 중순이나 말쯤일

'池塘生春草'와 '芙蓉出水' **151**

것이다. 도가적 자연사상을 따라서 잠룡처럼 자연에 파묻히자니 농부나 어부가 되어 먹을 것을 생산할 만한 체력이 안 된다. 그래서 영가태수라는 변방의 한직을 못이기는 체 받아들였다고 한다. 그가 영가태수로 내려온 것은 큰 소리로 울고 가는 기러기처럼 쩌렁쩌렁 세상을 호령하며 기개를 펼쳐보겠다는 포부는 일단 접힌 것이다.

게다가 병까지 나서 영가태수로서 담당해야 하는 공무까지도 손을 놓고 있으니, 공무 부담이 전혀 없는 게 새로 난 새싹에 경탄할 만큼 여유 있고 순진한 마음이 된다. 그 새싹을 '祁祁春草'라 할까, '萋萋春草'라 할까 생각하다가 빈풍豳風도 떠올리고 초사楚辭도 떠올리고 하면서 문학과 역사에 대한 회고의 정에 젖어보는 등 상념의 유희를 즐긴다. 빈풍이나 초사나 다 난세亂世의 노래이니 이 말을 단서로 이 시가 마음의 불평을 토로한 것이라 한다면 지나치게 기탁寄託에 기울은 독법이라고 생각된다. 사령운이 끝내 정치적 포부를 떨쳐내지 못하고, 그의 정서가 평생 앙앙불락을 면치 못하였다 하여도 그의 시에는 곧잘 완전 탈속 상태의 천진天眞한 마음이 나타나 있다. 이 천진한 마음이 바로 그의 시적 천재성의 원천이다. 이런 천진성을 중국의 문화적 코드 용어로는 '眞人(道家)'이니 '童心(李贄)'이니 할 것이다. 이런 '脫俗의 眞'은 일반적으로 일상의 식상함에 젖어있는 우리들에게 낯설고 놀라운 충격을 가한다. 탕혜휴는 바로 이런 미감을 '芙蓉出水'로 묘사한 것 같다.

그런데 최근에 사령운 시를 읽다가 사령운 자신의 〈遊南亭〉에 '芙蓉始發池'라는 표현이 있다는 것을 발견한 것이다. 그 시를 직접 보기로 한다.

〈遊南亭(남쪽 정자에서 놀며)〉

　　저녁 무렵 말끔히
비가 그치고
　　구름 걷히고
해는 서쪽으로 달리고;
　　빽빽한 숲은 끝없이
상쾌한 기운 머금었고
　　먼 산봉우리는
해를 반쯤 가리고 있네.
　　오랫동안 와병하여
오래 내린 비로 어둠과 눅눅한 요에 시달리며
　　客舍에서
교외의 교차로만 바라보고 있었는데;
　　연못가의 난초는
점차 길을 뒤덮었고,
　　연꽃은 이제
막 연못에서 솟아나네.
　　좋은 봄에 대해
아직 싫증이 나지도 않았는데
　　어느 새
여름이 지나가는 게 보이니;
　　눈살을 찌푸리며
만물의 빠른 변화에 대해 한탄하는데
　　(내 머리에는) 성성한
백발이 늘어져 있네.

환자용 음식에
마음이 내키지 않으니
　　쇠약과 질병이
어느 새 여기 다가와 있네.
　　시간이 흘러
물 맑아지는 계절 가을이 되면
　　한가히 고향
높은 산에 가서 누워야겠네.
　　내 뜻을
누가 믿어줄까?
　　마음을 즐겁게 해주는 것은
오로지 좋은 친구뿐인데.
(時竟夕澄霽, 雲歸日西馳; 密林含餘淸, 遠峰隱半規.
久痾昏墊苦, 旅館眺郊歧. 澤蘭漸被徑, 芙蓉始發池.
未厭靑春好, 已睹朱明移. 戚戚感物歎, 星星白髮垂.
藥餌情所止, 衰疾忽在斯. 逝將候秋水, 息景偃舊崖.
我志誰與亮, 賞心惟良知.)

　　이 시 역시 〈登池上樓〉를 쓴 해 여름에 영가에서 쓴 작품이라고 한다. '芙蓉始發池'와 "芙蓉出水"는 형상이 같다. 탕혜휴는 5자의 '芙蓉始發池'를 4자의 '芙蓉出水'로 바꾼 것에 불과하다. 탕혜휴는 사령운의 시구를 빌려 사령운 시의 특색을 밝혔던 것이다. 탕혜휴는 〈遊南亭〉의 시구를 이용하여 사령운 시의 특징을 밝혔는데, 정작 이 시는 별로 알려지지 않고, 〈登池上樓〉만 인구에 회자되어 해마다 봄만 되면 나로 하여금 '잔디에 속잎 나고'와 함께 '池塘生春草'를 생각나게 하는 것일까?

매 화 _원종례

어제는 날씨가 확연히 풀렸다.
남쪽 바람이 불어오는 것 같았다.
매화가 피었을지 모른다는 생각이 들었다.
양재동 꽃 시장에 갈까 하는 생각이 들었다.
가서 매화도 사고 풀꽃도 사고 싶었다.
양재동에 가려니 강남에 사는 친구들 생각이 났다.
숙희랑 은미에게 전화를 걸었다. 가락시장 옆에 사는 숙희랑 동행하기에는 시간이 부족했다. 반포에 사는 은미랑 약속이 되었다. 은미네 집에 들러 같이 꽃시장으로 가자고 약속을 하고 집을 나섰다. 평소 같으면 사당 사거리를 지나는데 1시간 반 이상이 걸렸는데, 어제는 삼, 사십분 밖에 걸리지 않았다. 휘발유 값 인상에다 생활비를 줄이려는 생각들로 자동차 운행을 안 하는 사람들이 많았기 때문이다. 남부 순환도로를 80km 이상으로 달려 오류동에서 반포까지 신호등에 몇 번 걸리지 않고 갈 수 있었다.

내가 매화를 사고자 하게 된 데에는 우문회 모임이 개재되어 있다. 이병한 선생님께서 작년부터 몇 번 매화 말씀을 하곤 하셨다. 이병한 선생님께서는 지난 번 모임에 '매화'를 제목으로 한 글을 한 편 써 가지고 오셨다. 작년 2월부터 돌보고 계시는 매화 이야기와 함께 중국 문인들의 영매시를 여러 편 같이 다룬 글이었다. 우문회 여담 시간에 선생님은 작년에 사신 매화가 확실히 매화가 맞는 것인지 하는 회의까지도 품으셨다.

2월말쯤에 한국 야생화 전시를 구경하시고 양재동 꽃 시장에서 잎도 꽃도 없이 막대기나 다름없는 매화 한 그루를 사셨는데, 그것이 봄이 되자 가지와 잎이 멋지게 돋았다 하신다. 여름에는 중국을 가셔야 되는데, 집이 비니 그 매화에 물을 누가 주느냐는 걱정도 하셨다. 그런데 겨울이 되자 이 매화가 꽃은 안 피우고 잎눈이 돋고 있는데, 잎부터 돋고 꽃이 나중에 피려는지 어떤지 염려하셨다. 나는 매화를 제대로 본 적이 없다. 대만에서 유학할 때 길 가에 놓여 있는 매화를 본 것도 같다. 서울에서도 잎과 꽃이 함께 핀 매화 비슷한 꽃을 본 적이 있는 것 같다. 그러나 매화를 그린 그림에서는 잎과 함께 핀 매화 그림은 확실히 보지 못했다. 그러니 이병한 선생님댁 잎이 난 매화가 꽃을 피울 가능성은 없을 것 같다.

나는 선생님께 그것이 확실히 매화이기는 하느냐고 여쭈었다. 그리고 매화라는 확신을 갖기 위해서는 꽃이 핀 상태에서 매화를 사는 게 좋겠다는 말씀을 드렸다. 그 말을 한 뒤 나 자신이 꽃이 핀 매화 분 하나를 사보아야겠다는 생각이 들었던 것이다.

은미와 함께 양재동 꽃집 비닐하우스에 들어갔으나, 가게마다 매화는 아직 철이 일러 출시되지 않았다 하였다. 이집 저집 돌며 매화가 있느냐고 물어가면서 인공 분수대와 봄꽃들에 눈길을 주기도 하고 가격도 묻고 하였다. 그렇게 비닐하우스 끝쪽 가게까지 탐문하여 갔을 때, 은미가 갑자기 큰 소리로 외쳤다. "저기 하나 있다!" "꽤 비싸겠다."

나는 가게 주인에게 얼마냐 물었다. 4만 5천원이라 했다. 생각보다 비싸지 않다는 생각이 들었지만, 그래도 허실삼아 '좀 싸게 하자' 하였다. 주인은 결국 4만 2천원까지 주겠다고 했다. 매화를 사서 조수석에 싣고, 안전벨트로 고정시키고 양재동을 떠났다. 신반포 은미네 아파트 앞에서 은미를 내려주고 오류동으로 차를 몰았다. 신호등에 걸려 대기하고 있는데, 옆에 서있던 차의 유리문이 열렸다. 운전자가 얼굴을 내밀고 말을 걸고자 했다. 나도 유리문을 내렸다. 그랬더니 그가 "그거 생화예요?"하고 묻는다. '네!' 하고 대답하는 순간 참 기분이 좋았다. 그리고 지극히 득의양양한 마음으로 유리문을 내렸다. 차안에 가득 매화 향기가 퍼졌다.

매화 화분을 거실 둥근 탁자에 올려놓고 흙이 마르지 않도록 예의 주시하며, 아침저녁으로 물을 줬다. 그런데 매화는 지금까지 내가 본 어떤 꽃보다 향기가 좋다. 생긴 것은 장미보다 덜 화려하지만 담백한 분홍빛이 우아하다. 향기도 그렇고, 자태도 그렇고 다른 꽃보다는 나를 더 움직이는 매력이 있다. 나는 꽃을 보고 좋아한 적은 있지만, 내가 그 꽃과 같은 인품을 지녀야겠다는 생각을 한 적은 없다. 고등학교 때 가정 선생님 한 분이 참 지적으로 보이셨었다. 그 선생님의 이미지가 교정에 핀 노란 장미와 같다는 생각을 해 본 적이 있다. 그러나 나 자신이 노란 장미 같은 지적인 이미지를 가진 사람이 되고 싶다는 생각을 해 본 적은 없다. 그런데 이 매화를 만나고는 나 자신이 매화 같은 사람이 되고 싶다는 생각을 강렬하게 하게 된다.

매화향은
정신을 위로 치솟게 한다.
기분좋게
정신을 집중시킨다.
나에게
高潔과 優雅를 향한
정열을 불러 일으켜 준다.

매화에 대해서 나 같은 느낌을 표현한 글은 못 보았다. 그러나 그토록 많은 사람들이 그렇게 매화를 읊었던 원인은 매화의 이런 매력 때문이 아니었을까 싶다.

(1998년 2월 10일)

納凉斷想_원종례

하늘에 흰 구름이 유유히 떠있는 것이 여름답다.

푸른 하늘빛도 역시 여름답다.

20세기를 맞아 민족 역사상 유례를 찾아볼 수 없는 풍요를 누리던 것도 아주 잠깐, 우리는 지금 우리 경제가 잠깐 비틀거리고 있는 것인지, 절대 빈곤의 나락으로 다시 곤두박질치게 되는 것인지 잘 모르지만 하여간 위기에 처해 있다.

지금 이 순간 우리의 대응이 앞으로의 우리 방향을 결정지을 것이라는 것만은 알고 있다. 그러나 어떻게 대응해야 하는지는 모른다.

우리 학생들은 아직 노란 색으로 물들인 머리를 하고, 심드렁한 태도로 수업 시간에 겨우 납서 주시고 있다. 중학생인 우리 딸도 머리에 염색을 하고자 한다.

I.M.F의 위기는 그들에게 외제 사용 중지 정도의 애국심은 길러 주었다. 그러나 아직 근면과 긴장과 정진의 자세로 전환하도록까지 자극하지는 못하고 있다. 학생들은 좀처럼 근본적이고 총체적인 가치 체계의 수립을 위해 젊은 지성과 정열을 승화시킬 의욕을 불태우지 않고 있다. 우리 딸은 나를 '공부만 하기를 바라는 엄마'라고 규탄하며 원망이 심하다.

나를 키우고 가르치셨던 어머니와 선생님들은 나를 존중하며 기르고 가르치셨었다. 그리고 나 또한 그분들이 인정하시던 바대로 늘 철이 들어 있었다. 전쟁 직후에 태어난 우리 세대 사람들은 나뿐만이 아니라 누구나 대부분이 어릴 때나 청춘 시절에나 늘 진리 추구나 도덕 실천 같은 개념으로 무장되다시피 하면서 살았었다.

그런 우리 세대가 풍요 시대의 한량 문화가 범람하는 요즘에 접어들어서는 통 차세대를 이해하지 못하는 억압적 기성세대로 치부되고 규탄을 받다시피 하고 있다. I.M.F.의 시련에 축복이 감추어져 있을 것이라는 희망적 견해가 I.M.F 구제 금융의 도움을 받던 초기에 우리 사회 지도자들에 의하여 제기된 바 있다. 그러나 어른들이 기대하는 건전한 긴장을 우리의 차세대들은 해주지 않고 있다. T.V.인터뷰에 응해, 대학을 졸업해도 취업할 기회가 없다는 절망 때문에, 좁은 문을 뚫기 위해서 만반의 준비를 하는 것이 아니라 지레 낙담하여, 취업 준비를 할 의욕이 안 생긴다는 한 학생의 말에 나는 낙담하고 만다. '다마고찌'니 '짝짓기 통신기'니 하는 일본의 사소한 시간 죽이기 오락 수단을 수입해 오는 상혼도 걱정되고, 그런 것에 쉽사리 정신을 빼앗기는 우리의 차세대가 적지 아니 미덥지 못하다.

'배달민족의 끈기'라든가 '근기 있는 뚝심'이라든가 하는 전통적 미덕은 사라지고, 어느덧 사람들은 우리의 민족성을 '냄비 정신'으로 규정하기를 서슴치 않는다. 인문학의 위기를 말하는 목소리만 높지, 이 시대에는 이런 인문학이 필요하다고 대안적 인문학을 제시하는 사람이 없다. 사실 이 시기만큼 인문학이 절실하게 필요한 적이 있겠는가? 우리의 지식인들은 서구의 포스트모더니즘이나 중국의 전통적인 유한문화인 도가 계통의 문화를 역설하는 데에 힘을 기울여 우리의 차세대들의 과소비 향락 취향에 비위를 맞추고 있다.

여름이다. 노숙자들이 잠을 자기에는 그래도 여름이 좀 나으리라. 그러나 겨울이 오기 전에 노숙자들이 모두 가정으로 돌아갈 수 있는 사회 여건이 마련되길 빌며, 내 마음에 매서운 채찍질을 해 본다. 차라리 추운 한기가 느껴진다.

(1998년 7월 24일)

가을의 기원_원종례

가을 날 석양은 다른 계절보다 더 금빛을 띤다.
가을 날 바람은 다른 계절보다 더 혼을 불러 세운다.
가을 날 시간은 다른 계절보다 더 촌각을 다툰다.
이제 대만의 7월이나 대만의 9월 같은 이상 늦더위는 사라졌다.
이 땅의 9월다운 가을날이다.
어제는 점심을 먹으러 식당에 가는 길에 새로 지은 과학관 옆 언덕길 옆에 난 계단을 올랐다.
눈부신 햇살이 반사되어 계단을 내려다보며 걸을 수가 없었다. 머리를 쳐들어 하늘을 바라보며 가파른 경사의 계단을 올라야 했다. 파란 하늘이 바다 같았다. 하늘을 향해 머리를 아래로 떨어져 빠지는 것 같은 느낌이 들었다. 이제 가을바람으로 서울 공기가 맑아진 것 같다.

오늘은 학교 식당에서 식사를 하고 성심관 높은 곳까지 동료 교수 둘과 산책을 했다. 성심관 자판기에서 커피를 뽑아 성심관 아래 도서관 옆 단풍나무 그늘에 앉아 커피를 마셨다. 우리들의 화제는 업적 평가였다. 업적 평가는 업적을 양산하게 하고 있다. 그런데 업적의 양산이 연구의 질을 높일까? 아니면 낮출까? 교수의 인격적 성숙에 도움을 줄까? 그렇지 않을까? 연구에만 열중하여 마음의 여유가 없는 교수들에게 배우는 학생들은 그 전 학생들보다 더 좋은 교육을 받게 될까? 아닐까? 섣부르게 부정적인 쪽으로 단정하고 싶지는 않다. 나는 분명 최다 업적을 내는 교수 축에 끼지는 못할 것이다. 양을 쫓기 위하여 지금까지의 연구와 연관되지 않는 간단하고 산발적인 주제를 택하여 많은 수의 논문을 쓰고 싶지는 않다. 그러나 부정적인 시각으로, 벌써부터 낙오되는 모습을 보이고 싶지도 않다.

먼지는 비에 씻겨 가고, 북쪽 깨끗한 바람이 불어왔다. 햇빛은 눈부시게 따사롭다. 이제 이 바람과 햇빛이 모든 사람들의 영혼을 살아나게 했으면 좋겠다. 교수들은 좋은 연구 결과를 내게 하고, 정치가들은 양심적인 봉사정신을 회복하여 원칙에 따라 투명한 정치를 하게 했으면 좋겠다. 사람들로 하여금 우리를 엄습하고 있는 세계 공황을 타개할 지혜를 찾아내게 했으면 좋겠다.

(1998년 9월 18일)

所有와 逍遙 _원종례

이슬비가 내리고 있다. 공기가 촉촉한 탓인지 편안하다.

70년대 대학에 다닐 때에는 우리나라 역사적 상황이 그래서 그랬던지, 갓 옮긴 관악캠퍼스의 앙상하고 물 마른 은행나무 가로수가 그런 분위기를 만들었던지, 아니면 폐결핵을 앓느라 그랬던지, 나는 늘 '분노는 포도처럼'의 첫 장면에서 묘사하고 있는 '가뭄에 먼지만 자욱하고 살벌한 풍경'과 같은 분위기에 휩싸여 지냈다. 그 시절의 나에겐 아름다움이나 편안함이란 친근한 개념도 아니었고, 삶의 이정표도 아니었다. 언젠가부터 버릇이 되어 있던 '진리란 무엇일까?' 하는 문제에 대한 답을 얻기 위해서, 무미건조한 일상 속에서 고농도의 긴장을 계속 유지하고 있던 것이 나의 청년시절의 모습이었다. 한 선배언니가 몇 달 전에 그 시절의 나에 대한 평가로 '늘 화가 나 있었잖아?' 라고 한 말이 나의 그런 모습에 대한 단적인 반증이라고 생각한다. 인생의 황금시절이라 불리는 청춘을 나는 그런 모습으로 보냈다. 그러나 그렇다고 해서 그것이 매우 유별난 것은 아니라고 생각한다. 요즘에 말하는 '공주병'이니, '왕자병'이니 하는 식의 자아도취적 형태도 청춘의 한 모습이고, 열등감에 고통을 겪는 것도 청춘의 한 형태이며, 세속적 출세를 위해서 매진하는 것도 청춘의 한 형태라 생각한다.

하여간, 이제 사십대도 중반을 넘어서 50을 더 가까이에 바라보는 나이가 되었다. 그리고 마음은 다시 유년시절의 평온과 천사 같았던 마음을 가지게 된 것 같다. 아직도 딸들의 불평에 가득한 마음을 접하면 평온은 간 데 없이 격노하곤 하지만, 적어도 감사와 행복한 마음만 표현하는 우리 집 강아지와는 내 유년 시절의 행복한 마음과 다름없는 상냥스런 마음을 주고받는다. 이제 '알고 싶다' 라든가 '알아야 한다' 라는 화두에서 벗어나 자연自然과 나 자신의 존재감存在感에 자적自適하는 버릇이 좀 생긴 것 같다.

그런데 이 시점에서 큰 딸 아이가 '소유'에 대해서 생각해 보란다. 어떤 과목 수행평가에 필요하다든가, 시험에 출제될지도 모르는 예상문제라든가, 하여간 뭐 그런 이유 때문에 성화를 댄다. 자기 욕망을 실현하기 위해서는 불도저 같이 다그치는 딸아이인지라 그의 요구를 안 들어줄 수는 없다. 그러니 법정 스님이 이미 많이 해보신 주제지만 어미된 자의 피할 수 없는 과제라 나도 한 번 생각해보기로 한다.

'소유'! 그것은 삶에 있어서 불가피한 필요악이다. 없으면 불편하고, 있으면 골치 아픈 것이 우리에겐 너무나 많다. 집안의 많은 물건이 모두 그렇지 않은가? 집안에 있는 물건들은 저마다 제각각의 필요성 때문에 우리 식구들이 소유하고 있다. 그러나 그것들이 먼지와 때를 뒤집어쓰고 있어서, 나는 늘 죄의식에 버금가는 찜찜한 느낌에 싸여 산다. 아주 가끔씩 청소를 하긴 하지만 그것들은 늘 깨끗한 모습보다는 더러운 모습을 하고 있다.

그러나 살기 위해서 우리는 어느 정도는 소유물이 필요하다. 일상용품도 그렇고, 오락거리도 그렇다. 그런데 무엇인가를 소유하고자 하는 욕구, 즉 소유욕에는 몇 가지 짚어볼 구석이 있다. 소유욕은 인간의 경제 행위의 심리적 기초이다. 그러나 그것은 무한대로 확장되어서는 안 되는 욕구이다. 사실 욕구라든가 욕망이라든가 하는 따위는 모두 다 무한대로 확장되면 심각한 부작용을 낳는다는 공통점을 지니고 있긴 하다. 식욕도 그렇고, 명예욕도 그렇고, 지배욕도 그러하며, 성욕도 그렇지 않은가? 소유욕을 무리하게 실현하면, 주변 사람들과 싸우게 된다. 형제 간의 다툼, 가족 간의 불화, 계급 간의 갈등, 국가 간의 전쟁, 이 모든 게 지나친 소유욕을 추구하는 데에서 비롯되는 경우가 많다. 그런데, 잘 살펴보면 지나친 소유욕은 대부분이 불합리한 면을 가지고 있다. 내가 소유하고자 하는 만큼 다른 사람도 소유하고자 한다는 것을 이해하기는 어렵지 않다. 그러나 내 욕구와 남의 욕구 간의 갈등을 각각의 권리를 인정하며, 합리적 합일점을 찾아내는 것에 아직 인류는 익숙해 있지 않다. 객관식 시험에 성공적 성적을 많이 낸 사람일수록 더 양보할 줄을 모른다. 우리의 학교 교육은 합리적 사고를 하도록 사람들을 교육시켜야 한다. 그런데, 적어도 2,000여년의 교육사를 자랑하는 오늘에 있어서도 사람들은 서로 많이 싸운다. 아직도 우리는 남북으로 나뉘어 있고, 코소보에서는 인종 문제로 인해서 참혹한 전쟁을 치르고 있다. 인류의 끈질긴 우직함을 저주해야 할까? 경탄해 마지않아야 할까? 신神께서 인류를 사랑하신다면, 아마 그 심리는 자기의 합리성과 인간의 불합리성의 거대한 격차에서 비롯되었으리라.

우리는 합리성에 기초하여 소유욕을 적절히 절제해야 한다. 소유욕을 지나치게 추구하는 사람들의 인격은 이지러지기 쉽다. 적당한 선에서 절제할 줄 알아야 인격 관리가 된다. 성인들의 경제 행위는 대부분 소유욕과 관계가 있다고 해도 과언이 아니다. 한 개인의 수입은 그의 소유 행위를 가능하게 하는 기초이다. 한 개인의 수입은 저축과 소비, 두 종류의 경제 행위로 나누어진다. 저축은 미래의 소비와 소유 능력인 셈이고, 소비는 소유를 가능케 하는 행위이지만, 미래의 소비와 소유에 대한 능력 포기와 다름 아닌 행위인 셈이다. 그러므로 저축을 많이 하고 소비를 조금 하는 사람을 그와 반대로 자기 수입을 배분한 사람보다 소유욕을 절제했다고 말하기는 어렵다. 소비를 줄이고 저축을 많이 한다는 것은 미래의 소비와 소유 능력에 대한 강한 집착의 표현이므로 그 또한 소유욕을 표현하는 행위라고 할 수 있다.

소유욕의 절제는 저축과 소비라는 한 개인 경제 행위 차원이 아니라 개인과 개인, 계급과 계급, 국가와 국가 등 갈등하는 행위 주체자들 차원에서 고려되어야 할 문제라고 생각된다. 남에게 상대적 박탈감을 느끼게 할 정도로 나만 많이 가지려 한다든가, 다른 계층의 사람들에게 지나친 희생을 초래하도록 자기 계층만 많이 배분되도록 불공정 협상을 한다든가, 다른 인종의 생존권을 박탈할 정도로 자기 인종만 모든 것을 누리려 한다든가 하는 따위의 소유욕은 합리적으로 조절되어야 한다.

생각해보면 우리가 누리는 물질적 혜택 중에는 비경제재인 자연물도 있고, 사회적 소유물도 있고, 개인적 소유물도 있다. 우리는 개인적 소유를 확장하는 데에만 열중하기가 쉽다. 그러나 사회적 소유를 중시하는 마음을 잃지 말고, 이 마음에 기초하여 개인적 소유에 대한 욕구를 조절할 줄 알아야 할 것 같다.

금년 3월 초에 나는 목동의 소형 아파트로 이사를 했다. 우리 집 베란다 작은 공간에는 매화와 난초, 국화, 그리고 대나무도 있다. 이른 바 사군자가 다 갖추어진 셈이다. 제주도 출신 문주란이 마치 대만대학의 대왕 야자나무처럼 네 날개를 활짝 펴고 위용을 자랑하고 있다. 비좁고 더러운 아파트지만, 이 화분들은 오류동에서의 영광을 생각게 해주는 내 자존심의 근원이다. 봄이 되어 제법 싱그러워지자 12년 동안 적체된 먼지를 뒤집어 쓴 베란다이지만 그래도 조금씩 싱그러워진다. 창밖에는 은행나무와 플라타너스, 안양천 제방 길의 가로수, 그리고 서부간선도로 제방의 개나리, 새로 짓고 있는 신도림동의 아파트들 위로 천천히 날아가는 비행기들, 그 뒤로 관악산 산봉우리 등이 어울려 보기가 좋다. 광활한 봄의 오케스트라가 우리 집 더러운 베란다에도 스며든 것이다.

우리 집 안에 있는 몇 개 안 되는 화분은 내 개인의 소유물이다. 창밖의 모든 것은 내 소유물이 아니다. 사회적 소유물도 있고, 남의 소유물도 있고, 자연물도 있다. 그런데, 창밖의 풍경으로 인해서 내 소유물인 화분들의 아름다움이 빛난다는 것은 생각해 보게 하는 시사점이 있다.

내 소유물이 사회적 소유물이나 남의 소유물, 또는 자연물로 인해서 존재 가치를 더하게 된다면, 내 소유물을 소유하기 위한 소유욕을 공리公理에 입각해서 조절할 수 있을 것 같다. 인생을 소요逍遙하는 입장으로 공공적公共的 안목을 가지고 소유욕을 조절하면서 살면 주체적 삶을 사는 것이 아닐까 생각된다. 식욕도 그렇고, 명예욕도 그렇고, 지배욕도 그러하며, 성욕도 그렇게 소요의 입장에서 조절해야 한다.

지금 우리 사회가 직면해 있는 문제는 97년 외환 문제 이후 표면화된 경제 구조 문제이다. 외국의 신용평가사들은 우리 경제 구조가 취약하다고 해서 신인도를 하강시켰고, 노·사 간의 분규가 계속 되고 있으며, 경기가 살아나기 시작하긴 했어도 실업 문제는 아직 완전히 사라지지 않고 있다. 노·사 간의 분규는 주로 개인적 소유를 증대시키려는 심리에서 빚어진 것이라 할 수 있다. 이 문제와 관련하여 빈부 격차의 적정점을 어느 정도로 잡을 것인지에 관해서 공리公理를 도출해낼 수 있도록 충분한 담론을 했으면 싶다. 심한 학문적 도야를 거친 우수한 지성인들이 기왕 연구 업적을 내려면 빈부 격차의 적정점과 전체 사회의 행복지수에 관련한 담론을 많이 하면 어떨까 싶다.

대한민국의 대학 교수들은 지금 다량의 연구 업적을 산출하도록 요구받고 있다. 이 번 학기를 마감하면서 우리 교육부는 갑자기 BK21이라는 것을 발표하여 전 학계가 들끓고 있다. 학교 간 불평등이 심화될 것이라는 등, 학문의 자주성이 없어지고, 권력과 관권이 학문을 지배할 것이라는 등, 참 많은 우려가 여기저기서 불거져 나오고 있다. 학계가 학문을 주도하면 실용성이 떨어지고, 권력과 관계가 학문을 주도하면 학문이

정권의 안정과 연장을 위해서 이용될 수 있는 부작용이 나타날 수 있다. 교육부 차원에서 BK21 프로그램을 보완할 만한 프로그램도 내놓아야 하겠지만, 이런 부작용이 초래되지 않도록 하려면 학문적 양심과 의지가 필요할 것 같다. 실용성이 중시되는 요즘에 생명력 있는 학문을 하려면 더욱 더 학문적 양심을 되찾아 기르고, 학문적 의지를 키워야 할 것 같다.

(1998년 6월)

귀농 예비 제일단계 _원종례

첫눈이 온다.

땅에 내리면, 내리는 대로 녹아버리지만 공중에서는 함박눈으로 펄펄 내린다.

창밖의 네모난 공간에 가득 눈이 내린다. 해마다 첫눈 안 본 해가 별로 없을 테지만 그래도 또 새롭고 경이롭다.

며칠 전에 논문을 마쳤고, 엊그제는 배추밭에도 다녀왔다. 그래서인지 춥지 않은 교실 안에서 눈 내리는 모습을 바라보는 마음속이 유달리 한가롭다. 요 몇 해는 해마다 마음의 준비가 되기 전에 계절이 먼저 다가와 나를 핍박하곤 했었다. 봄에 마칠 논문이 끝마쳐질 기미가 전혀 보이지 않는데 여름이 다가오고, 9월에 마칠 논문을 10월을 넘기고도 못 마쳤는데 가을이 벌써 깊어지곤 했던 것이다. 그에 비하면 오늘은 제법 한가롭기까지 하다.

　올해에 나는 처음으로 주말 농장을 해보았다. 서산 간척지 땅 300평을 사면 무료로 임대해주는 밭 5평이 내 주말 농장이었다. 봄에는 고추를 심었고, 가을에는 배추와 알타리무우를 심었었다. 4월 말에 꽈리 고추 반 판, 일반 고추 반 판을 심었다. 4월 초파일 전날 한 번 가서 김을 매주고는 통 방치해두었다가, 7월 중순 장마가 지기 전에 고추를 따야 된다는 강박 관념을 가지고 찾아갔더니 무성한 잡초 속에 제법 자란 나무에 고추가 다닥다닥 붙어 있었다. 특히 꽈리 고추에 더 다닥다닥 고추가 많이 달려 있었다. 데리고 간 우리 막내 재수생 지혜는 몇 나무 따더니 고추가 너무 많아 다 못 따겠다고 일손을 놓고 그만두었을 정도였다. 고추가 열린 것도 신기하고 농약 안 해도 벌레 하나 안 먹은 것이 또 신기하였다. 아직 익지 않은 푸른 고추지만 그래도 고추라는 게 열린 것만 해도 얼마나 감사한가? 감지덕지 해가며 고추라는 고추는 크고 작고를 가리지 않고 따가지고 와서 학교와 이웃 몇 사람들에게 나누어주고 기분을 냈다. 그런데 그 고추가 어찌나 두껍든지 된장 끓이는 데 넣거나 고추전을 부치는 것 외에는 별 용도가 없었다.

　8월 15일에는 남편과 함께 2차 수확을 하러 다시 서산으로 갔다. 새벽에 출발했으나 청주에 있는 시댁에 들려 아침을 먹고, 또 가던 길에 부여를 지나게 되어 의자왕릉과 고란사들을 둘러보고 서산으로 향했더니 궁리 방조제를 지날 때에는 벌써 저녁 5시나 되어 버렸다. 방조제 왼편은 그냥 심상한 바다 빛이었다. 그러나 방조제 오른 편 바다는 햇빛을 받아 찬란한 섬광이 수도 없이 빛나고 있었다. 양 편에 광활한 바다와 그 바다로 인해서 확보된 넓은 하늘, 그 드넓은 공간감이 주는 호연지기! 가슴이 환하게 밝아지고 평화와 경이가 겹치는 느낌은 참 호강스러운 것이었다. 그 느낌을 담고 와서 그 덕으로 중문학 교수로서의 생활을 유덕하고 건강하게 해나가는 것도 좋겠지만, 아예 그곳에서 살면 더 좋겠다는 생각이 들었다.

고추밭에 당도해보니, 이번에는 더 무성히 자란 피들이 고추밭을 온통 뒤덮고 있었다. 고추 포기가 하나도 안 보여서 어디가 내 고추 밭인지 가늠이 안 되어 한참을 찾아야 했다. 그러나 찾아내고 보니 무성히 자란 피와 기타 잡초 속에 약간 노름해진 고춧잎 사이에 너무나 선명하게 붉은 고추들이 매달려 있는 게 아닌가? 노름해진 고춧잎의 연녹색과 붉은 고추의 색상 대비는 그야말로 상큼하기 그지없었다. 붉은 고추는 하나하나 내 영혼에 등불을 켜주는 듯 그렇게 신선한 기쁨을 주었다.

밭작물의 수확에서 맛본 기쁨과 천수만 넓은 바다와 간척지 넓은 들을 내다보며 살고 싶다는 생각 끝에 나는 인터넷 부동산 114에서 홍성군 오두리의 밭 가격을 자주 찾아보곤 했다. 지혜랑 서산에 가던 날, 도중에 한 중개소 업자에게 전화를 하여 밭 한 군데를 보기로 약속을 했다. 그 중개자가 소개한 곳은 갈산터널 방음벽 바로 밑 경사가 심한 470여 평의 밭이었다. 넓이는 널찍해서 좋았는데, 수없이 많은 차가 지나다니는 국도 바로 밑이라는 게 마음에 걸렸다. 지금 내가 사는 서울 우리 아파트보다도 더 자동차 소음이 심하고 매연도 별 차이가 없을 것 같았다. 게다가 같이 가본 우리 지혜도 단호하게 그만 두라고 했다. 그래서 그 땅은 그만 두기로 했다.

그러나 시골에 가서 농사도 짓고 앞마당에 과일나무랑 꽃나무를 가꾸며 살고 싶다는 생각은 사라지지 않았다. 내게 있어서 시골로 돌아가고 싶은 생각은 어릴 때의 구지욕求知欲만큼이나 간절한 것이었다. 시골은 내게 있어서 할머니 치맛자락이고 어머니 등판이고 할아버지의 사랑이다. 그분들과 가막리 우리집에서 살 땐 시비와 진위 문제는 없고 오로지 기꺼움과 사랑만 있었기 때문에 그런지 모른다. 하여 서산에서 오두리 땅에 대한 미련을 접고 돌아온 뒤에도 자주 신문 광고도 보고 인터넷 부동산 114도 보고 하였다. 그러다가 결국은 예산 대술면에 있는 송석리 백제울이라는 산골짝 마을 뒤편에 있는 밭 한 뙈기의 3분의 1을 사게 되었다. 신문 광고를 보고 찾아간 복덕방에서 보여주는 밭 사진이 마음에 들어 계약을 해버렸던 것이다. 예산군 대술면이라는 행정 명칭이야 들었지만 구체적으로 어디에 어떻게 붙어 있는지도 모르지만 밭 주변에 빙 둘러친 산의 능선이 평화롭고 벚꽃이 군데군데 피어 있는 게 도연명이 가보았다는 무릉도원 같다는 생각이 들어 쉽게 결정해버렸다. 그리고 또 사진을 보고 아름다우니, 그게 어디에 있든 결국 그림같이 아름다운 땅이 아니겠느냐는 생각을 하면서. 그리고 220평이나 되니 5평짜리 주말농장보다야 얼마나 넓은가?

하여간에 9월 14일인가에 그 예산 밭에 배추 모종을 심을 생각으로 언니와 함께 물어물어 자력으로는 처음으로 찾아갔다. 작년에 고추를 심었다던 그 밭은 올해는 휴경을 하고 있었는데, 잡초들이 사람 키를 훨씬 넘게 자라나 도저히 개간할 도리가 없었다. 언니와 나는 밭 한쪽에 난 들깨의 잎만 좀 따가지고 발길을 돌렸다. 그러나 배추 모종을 그냥 가지고 올 수는 없어서 오후 3시가 넘은 시각에 차를 서산으로 몰았다. 그곳에 도착하니 5시를 넘은 황혼인데, 그곳도 잡초가 만만치 않았다. 우리 고추 밭 옆에서 양계를 하고 있는 부부는 우리에게 배추를 심지 말라고 했다. 심고 가기만 하면 뭐 하냐고. 배추는 매일 돌보고 거름이랑 약도 자주 해야 자란다고. 그러나 우리는 그냥 심어보겠다며 어두워지는데도 불구하고 배추를 모종하고 알타리무우 씨와 언니가 가져온 갓 씨를 뿌렸다.

그리고 그그저께는 그 배추를 뽑아오고 마늘을 심어볼 양으로 마늘씨를 좀 쪼개 가지고 갔었던 것이다. 그런데 80여일은 넘게 자란 배추는 닭똥을 밑거름으로 주었건만 봄똥만큼밖에 안 자라 있었다. 잎에 가시가 많아서 따끔따끔하여 뽑을 수가 없었다. 그래서 칼로 뜯어야만 했다. 예의 양계장 아저씨가 내려와 또 참견을 했다. 심지 말라니까 왜 심었느냐고. 글쎄 심어만 놓고 가면 뭐 하냐고. 물도 주고 거름도 주고 해야지. 자기네 배추는 나랑 같은 날 심었는데, 알이 많이 찼단다. 그래서 좀 보여 달라고 했더니 가보란다. 그래서 일손을 놓고 양계장 뒤쪽 그 아저씨 배추 밭으로 가보았다. 했더니 과연 배추는 장미 모양으로 알이 차 있었다. 무우도 잎이 야들야들하고 뿌리도 굵게 자라 있었다. 내 알타리무우는 뿌리가 작은 것은 달래만하고 큰 것은 파만 했다. 그러나 그렇다고 어쩌랴? 내 배추랑 무우는 김장은 못해도 무공해인데.

배추 뽑은 자리에 마늘을 심겠노라 했더니, 그 아저씨는 안 된다고 한다. 주말 농장 임대 기간이 만료되어 땅 주인이 땅을 갈아엎고 있다고 한다. 그리고 보니 사무실 같이 쓰던 비닐하우스도 철거해버렸고, 또 한

쪽에서는 불도저가 땅을 뒤엎고 있었다. 너무 빽빽하게 난 갓은 아직도 자디잘아서 뽑을 수도 없고 뜯을 수도 없었다. 겨울 내 두어두고 가끔씩 솎아갈까 했더니 다 틀렸다. 모종배추는 다 뜯고 알타리도 되는대로 캤다. 갓은 큰 것만 솎고 자디잔 것은 포기하기로 했다. 가지고 간 마늘씨를 도로 가져다가 양념으로 해먹을 수는 없었다. 심으려고 했던 것은 심어야 할 것 같아서였다. 예산 밭으로 가서 마늘을 심고 오기로 했다.

서둘러 배추를 뜯어 포대에 담고 알타리 무우는 비닐 봉투에 넣어 가지고 예산으로 차를 몰았다. 예산에 당도해보니 백제울 하천 공사를 하고 있었다. 내 밭까지는 차를 몰고 갈 수가 없었다. 공사 현장 곁에 차를 세우고 마늘씨가 들어 있는 봉투만 가지고 산쪽으로 올라갔다. 올라가다 보니 할머니 한 분이 길목에 나와 서서 저녁 해를 해바라기 하고 계셨다.

나는 그냥 무턱대고 "안녕하세요?" 하고 말을 건넸다. 내가 인사를 하니 할머니는 "누구시더라?" 하신다. 내가 무턱대고 인사하는 줄 모르고 자기가 아는 사람인데 몰라보는 줄 아시는 모양이었다. 나는 저 위에 묵혀둔 밭을 산 사람인데 마늘도 심고 배추를 모종하러 왔노라고 했다. 할머니는 마늘은 몰라도 배추는 다 얼어버릴 텐데 왜 심느냐고 했다. 나는 그럼 "배추는 안 심을게요." 하고는 밭으로 가던 발걸음을 계속했다.

밭에 가보니 엄청나게 자라 있던 풀들이 노랗게 죽은 채 서 있었다. 밭 옆 개울가에 있는 절반은 감나무이고 절반은 고염 나무인 나무에는 고염도 감도 하나도 안 보였다. 사실 갈 때는 고염 몇 가지 감 몇 가지 꺾어 가려던 생각을 은근히 품고 온 나는 좀 실망을 하지 않을 수 없었다. 내 밭 위쪽 부동산 중개소 홍사장의 밭에 딸린 감나무 세 그루는 빨간 감을 제대로 다 달고 있었다. 이 마을 주민들이 내 밭은 소유주가 불분명하다고 생각해서 감이나 고염을 모두 수확해버린 것 같았다.

또 해가 지려 하고 있었다. 밭 가 산에 붙어있는 무덤에서는 무슨 영이 나오는 것 같기도 했다. 슬슬 무서움이 느껴졌다. 작년에 배추를 심었다던 밭이랑을 함부로 파서 죽은 잡초를 뽑아 던졌다. 마늘씨를 한 줄로 띄엄띄엄 놓고 흙을 덮었다. 그리고 뽑아 던진 잡초를 다시 주워 마늘 심은 위에 덮었다. 그렇게 네 이랑을 심고 재빨리 밭을 떠나 돌아왔다.

돌아오다 보니 할머니는 아직도 아까 그곳에 서 계셨다. 나는 또 할머니에게 말을 붙였다. 왜 나와 계시느냐고? 할머니는 홍성에 사는 딸이 김치를 담아서 택배로 붙였다는데 아직도 안 온다고 하셨다. 나는 할머니 연세를 물었다. 84세라고 하셨다. 죽어야 할 텐데 죽지도 않고 자식들 고생을 시킨다고 하셨다. 나는 나도 늙은 뒤에 여기 와서 살려고 밭을 샀다고 했다.

훗날 나도 여기서 겨울 해를 해바라기 하는 노파가 되어 있을 것을 생각하며 백제울 내리막길을 내려왔다. 그리고 새삼 이곳 공기가 참 좋다는 생각을 했다. 그러나 뭐 지금의 나나 그 옛날 한창때의 나도 영광스러운 것은 아니고 아니었다는 생각도 곁들이면서.

(2004년 11월 26일)

遊春散策 _원종례

    봄이다. 교정에 들어서면 벚꽃이 눈 날리듯 날고 있다. 땅바닥에도 눈 쌓이듯 제법 수북수북 낙화가 쌓여 있다. 이 교정에서 25년을 보냈더니 그동안 나무들이 참 많이들 컸다.
    연구실 문을 닫아놓고 있으면 졸려서 문을 열어두고 있는 시간이 많아졌다.
    작년 12월 말 성적처리를 하느라고 추운 연구실에서 새벽까지 있어서 그랬던지 그 다음날 성신여대 식당에서 점심을 먹는데, 입술 감각이 이상해졌다. 오후 내내 입이 삐뚤어지는 느낌이 들었다. 유병례 교수에게 "자꾸 입술이 비뚤어지는 것 같애." 했더니, 그녀가 "붓는 것 같애." 했다. 화장실에 갔던 길에 거울에 비춰보았더니 정말로 입이 비뚤어져 있었다. 저녁식사 때 찌개 국물을 제대로 흡입하기가 어려웠다. 입술이 모아지지 않으니 숟가락의 국물을 입으로 흡입하는 일이 참 불편하였다.

다섯 살이 채 못 되었을 때엔가 이른 봄 어느 날로 생각되는데, 언니가 수수 빗자루를 거꾸로 들고 빗자루 자루로 '탁' 하고 내 머리를 때리자 내가 자동반사적으로 '왕-' 울음을 터뜨리는 순간, 입술이 확 비뚤어진 적이 있다. (내 어린 시절은 지금 생각해보면 지상낙원이었던 같지만, 다시 생각해 보면 잦은 치통과 언니의 수수 빗자루 두부頭部 구타로 그다지 평화로운 게 아니었던 것 같기도 하다.) 하여간 그렇게 입술이 비뚤어지자 어머니가 재 넘어 한약방으로 데려가기도 했고 대추나무를 깎아 만든 갈고리를 상당 기간 동안 입과 왼쪽 귀에 걸고 지냈던 기억이 난다. 아마 꽤는 창피했던 기억이 아련히 남아 있다.

그 때에는 몰랐는데, 이제는 늙은 몸이라 그런지 구안와사 증세 이후 내 몸이 추위에 민감하게 반응했다. 한의원에서 치료를 받아서 그런지 한 달만에 입은 제 모양으로 돌아왔다. 그러나 추운 데만 가면 눈 주위가 붓고 눈두덩이가 내려 앉았다. 볼과 턱 윗쪽이 아프면서 좌우가 각기 다른 정도로 부었다. 배도 찬 바람을 흡입하여 수소 가스를 불어넣은 수소 풍선처럼 커지며 아프기도 했다. 그래서 겨울 내내 집안 온도를 높여 놓고 외출을 극도로 삼가며 칩거를 했다.

그러나 3월이 되어 개학이 되니 밖으로 나다니는 것을 피할 수가 없었다. 사지도 멀쩡하고 입도 멀쩡하게 회복되었고 저축도 없는데 휴직까지 하고 쉴 수는 없었던 것이다. 그러나 올봄은 유난히도 오랫동안 추위가 사라져주지 않았다. 유난히도 추위가 오래까지 맹위를 떨쳤다. 연구실도 춥고 교실도 추웠다. 나에게는 시련이었다. 그래도 3월은 좀 나았다. 실내에 난방이 되었으니까. 그러나 부활절이 지나자 학교에는 난방이 되지 않았다. 천주교 신부들이 경영하는 우리 학교는 부활절 방학이 끝나면 봄으로 간주하는 인식이 있다. 연구실도 교실도 사방에서 냉기가 엄습했다. 내 몸은 스폰지가 물을 빨아들이듯 냉기를 흡입해 들이며 눈꺼풀이 내려 앉고 배가 부풀었다. 아랫배에 기분 나쁜 둔통이 느껴졌다. 3월 말에 논문 한 편을 제대로 끝내지 못한 상태로 학회에 나가 발표를 했다. 중간발표를 한 셈이다.

그러나 이제는 별로 춥지 않아졌다. 창문을 3 센치 정도 열어 둔 채로 책상머리에 전기스토브를 켜놓고 앉아 있으면 신선한 공기가 계속 공급되어서 그런지 그다지 답답하지도 않고 무릎이 따끈따끈한 게 기분이 좋다.

그리고 세상이 온통 꽃이다. 우리 아파트에는 축대 밑으로 산책로가 있는데, 아침저녁으로 사람들이 걷기 운동을 한다. 운동하는 사람들 가운데에는 할머니 그룹이 제일 많다. 어느 날 아침인가 우리 집 강아지 '조이'를 데리고 그 길을 산책하고 있는데, 한 할머니가 큰 목소리로 떠든다. "요새는 여기를 봐도 꽃이고, 저기를 봐도 꽃이야!" 하고.

그렇다! 세상 어디에도 꽃이다. 주차장에 깔린 검은 자갈 사이에는 제비꽃들이 애련하게 피어 있고, 학교 테니스장 주변 아름드리 벚나무에는 벚꽃이 잔뜩 피어 꽃눈을 날리고 있다. 벚나무들 아래 서니 머리 위가 온통 꽃구름인 게 정말 황홀경이다. 성당으로 들어가는 길가에는 진달래가 참으로 야들야들 피어 있다. 가막리 어린 시절 여덟 살에 처음 학교에 입학했을 때 재 넘어 오천리 학교에 갔다 점심시간을 넘기고 고픈 배를 채우느라 입술이 파래지도록 진달래를 따 먹었던 기억이 있는 나에게 진달래는 내 산골 친구들 같다. 친근함과 사랑의 마음을 일으키는 꽃이다. 얼마 전에 처음으로 휴대폰을 샀는데, 휴대폰 카메라에 성당 옆 진달래를 찍어 두었다. 그 진달래는 지금 내 연구실에서도 일어서기만 하면 보인다. 학교 잔디밭 여기저기에는 제비꽃들이 유난히도 많이 피어 있다. 이 글을 잠시 중단하고 제비꽃 사진을 찍으러 나가야 할까 보다. 아까 점심 먹고 나서 산책을 좀 하다 왔는데, 제비 꽃들이 너무 아름답게 피어 있었다.

꽃들은 참 아름답다! 우리 집 베란다에 핀 군자란도 '야들야들' 귀엽고 아리땁다. 매화도 살구꽃도 참 향기가 좋다. 그 꽃들은 정신을 아름답게 고양시키는 향기를 풍긴다. 다만 우리 집 베란다에 있는 매화나무는 1월 말에 꽃을 피웠던 관계로 지금은 한창 녹음이 무성하다.

인간은 어떤가? 나는 인간은 아름답지 않다든가 추악하다고 생각하지 않는다. 살면서 관찰해온 '나'와 겪어본 '남'들을 근거로 인간을 판단해 보건대 인간은 추악하지는 않다. 인간은 그냥 불쌍한 존재라고 생각된다! 인간의 불행은 물론 소유욕이나 성취욕이나 명예욕 같은 욕구의 좌절에서 기인한다. 그런 욕구들이 다 성취될 리는 없다. 누구든 자기가 바라던 것이 뜻대로 안 되어 좌절을 겪게 된다. 내 경우는 별로 대단한 것을 바란 것도 아닌데, 대단한 것도 아니었기 때문에, 그리고 내가 나를 너무 일관되게 통일시켜 간직하는 습성이 있기 때문에 작은 좌절을 장기간 떨쳐버리지 못하여 저조한 기분으로 산 편이었다. 그런 의미에서 나는 불행한 인간이었다. 그러나 장시간을 두고 보면 많은 사람들이 나만큼은 불행하고 나만큼은 불쌍할 것이다. 바라던 것들의 의미를 무화無化시키고 나면 마음이 편해지고 자유롭고 기뻐지는데, 그것이 잘 안되어 너나 나나 마음병들을 앓는다. 그런 마음의 병을 한창 앓기 시작한 초창기에 나는 왜 내가 이런 시련을 겪나 하는 의구심이 생겼었다. 그래서 심리학을 전공하는 한 친구에게 아픔을 하소연하면서 하느님이 도대체 나를 무엇으로 만들려고 이런 아픔을 경험하게 하는 걸까 하고 물어본 적이 있다. 물론 그 친구는 그 물음에 별로 신통한 답변을 하지 않았다. 위안도 주지 않았다. 다만 나를 독선적이라 평했었다. 그런데, 구안와사라는 병을 다시 앓으면서 그 집착적 버릇에서 놓여나게 되었다. 그러다 보니 그 옛날 내가 심리학도 친구에게 던졌던 물음에 대한 답을 나 스스로 찾아내게 되었다. 하느님은 나로 하여금 모든 인간은 (내가 겪었던 것과 같이 욕심으로 인한 불행을 겪는) 불쌍한 존재라는 것을 깨닫게 하려고, 그 불쌍한 사람들을 연민의 정으로 사랑하도록 만드시려고 그런 시련을 주셨던 가라고.

  목련이 떨어져 땅을 온통 뒤덮은 테니스장 뒷길을 걸으며 나는 지난 일요일에 했던 다짐을 다시 한 번 되새긴다. 원초적으로 불쌍하도록 운명 지워진 사람이라는 종족을 사랑하라는 게 나뿐만 아니라 모든 인간에게 내린 하느님의 성소聖召라고. 그리고 보니 '너희는 서로 사랑하여라.'라는 예수의 가르침이 '성소'의 집약이라는 생각이 든다.

(2005년 4월)

우문회입적기_이남종

　　아침저녁으로 제법 선선한 바람이 불어온다. 낮 동안의 햇볕이 여전히 따갑기는 하나 가을볕은 며느리대신 딸을 쬐게 한다는 옛말이 있지 않았던가. 그 또한 견딜만할뿐더러 또 감사한 마음으로 받아드릴 일이다. 따가운 열기의 은혜가 있어 오곡이 제 빛깔과 함께 맛과 영양이 갖추어지니 말이다. 사실 올해에는 사전에 일정의 안배라든가 생활 리듬의 조절 등의 방법을 통하여 더위를 구미에 맞게 요리하는 어떠한 몸짓도 취하지 못하고서 한 철 여름을 보냈다. 한 학기가 마감되면서 여름학기를 맡아야했고 규장각한국학연구원에서 부여받은 소임 또한 챙겨야 할 일들이 적지 않았다. 심양과 요녕, 산해관, 북경, 승덕의 열하 등지를 둘러보는 조선 사행길을 따라가는 답사도 업무의 연장이었다. 그 사이에 며칠 되지 않는 비어있는 날에는 조선 말기의 애국지사

조창용趙昌容의 《백농집白農集》의 번역에 참여하였으며, 일을 마친 뒤에는 곧바로 선조宣祖 때 간관諫官을 역임했던 《취암이공실기》를 단독으로 번역하는 작업을 진행하였다. 이 일은 지금 몇 군데 각주를 다는 일과 미처 해결하지 못했던 부분을 다시 검토하여 완결하는 작업만을 남겨놓고 있다. 이러한 일들은 대체로 제 각각이어서 무슨 계통을 찾기란 애당초 불가능한 잡다한 일에 지나지 않는다. 따라서 근본적으로 궁한 선비의 일이다.

허나 책장을 넘기다보면 절로 무릎이 쳐지거나 아하 하고 한숨이 쉬어지거나 또한 가슴을 쓸어내리게 되는 경우가 없지 않다. 그러나 그도 책상 앞에 앉아 있을 때만의 일이다. 본디 나는 강건한 기억력과는 거리가 먼 사람이다. 지금보다도 훨씬 나이가 덜 들어 혈기가 자못 왕성하다고 했던 시절에도 나는 병중에 가까운 건망증을 앓아왔다. 집과 연구실을 여닫는 열쇠를 깜빡하여 얼마나 많은 시간을 허비하고 허둥지둥했으며 내심 부끄러움을 느껴왔던가? 따라서 무릎을 치고 한숨을 쉬고 가슴을 쓸어내린 기억들도 이내 사라져 나와는 무관한 일들이 되고 말았다. 약간이라도 기억에 남아있을 때에 챙겨뒀어야 했는데, 아까운 생각이 많이 든다. 하기는 이따금 눈길을 잡아두는 소재들을 그냥 흘려버린 데에는 따로 이유가 있기는 하다. 그것은 가능하다면 남의 이목을 붙잡아두고 싶다는 욕심 때문이었다. 소재들을 논리적으로 무리 없이 연결한 뒤에 그럴싸한 문체에 담아내서, 적어도 못쓴 글이라는 평가는 피하고 싶었던 것이다. 그러나 그것이 어디 될 법이나 하였던 일인가? 지명知命의 시기를 앞두고 있는 나이지만 조금 더 현명해서 진작부터 그 명이란 것을 파악했어야 했다. 도팽택이 말하지 않았던가? 길을 잃고 헤매는 정도가 아직은 그리 멀어져 있지는 않은 상태라고 말이다. 방향의 선회가 문제이지 결코 선회하지 못할 만큼 멀리 와있지는 아니하다. 늦출 만큼 늦춰왔고 느린 것이 습이 되어버린 나에게도 일말의 가능성은 남아있는 것이다.

우문회는 은사이신 창석 이병한 선생님을 중심으로 글쓰기를 즐겨하는 분들의 모임이다. 우문회의 발족은 10년이 훨씬 넘는 일이었다고 기억된다. 그 사이에 돌려 읽었던 글들은 한 자리에 모아져 출간되기도 하였다. 그 세월 동안 나는 선생님의 제자로서 여러 차례 모임에 초대되기도 하고 글을 쓰라는 요청을 받아오기도 하였다. 그러나 나는 자리에는 더러 참여하였으나 글을 들고 나간 기억이 없다. 까닭은 대체로 위에서 언급한 대로이다. 글도 준비하지 않고서 선생님을 모시는 자리인 까닭에 마지못해 참석은 하였지만, 실제로 마음이 편할 수는 없었다. 붓 가는 대로 쓰는 글 한 편도 못가지고 왔다는 부끄러운 생각이 앞섰던 것이다. 그러면서도 내심으로는 늘 다음을 기약하고 있었다. 그것은 물론 다음 모임에는 세련된 글을 들고 올 수 있을 것이라는 막연하고도 어리석은 자신감이었다. 이제 그런 방식으로 혼자만의 자신감을 남이 안보는 마음의 내부에 쌓아가는 일에도 자신이 없어졌다. 언젠가 손에 잡힐 것 같았던 세련은 더 이상 내 친구가 아니라는 것을 익히 안 이상, 뭐 그리 주저할 일이 있으랴? 이따금 비춰보는 거울 속 내모습도 세련과는 거리가 한참 멀어져 있으니, 마음을 정리할 때가 오기는 온 것이다. 글을 친구 삼든 글을 통하여 친구를 만나든, 우문회는 세련과 거리가 한참 먼 나를 아직 저버리지 않았고 나 또한 아예 마음이 없어서 소홀히 했던 것이 아니었다. 순전히 대오각성이 부족했던 탓이다. 어눌한 글이라도 꼬박꼬박 챙겨가야 할 것이다.

우문회에서 발표한 글은 또 곧바로 소요산방에다가도 게시할 것이다. 소요산방은 은사이신 운산 이영주 선생님을 중심으로 한시를 직접 창작하거나 취미로 좋아하는 사람들의 모임인데, 신변의 일들을 적은 잡문도 환영한다고 한다. 글 한 편으로 두 은사님과 여러 회원분들을 사귈 수 있으니 이 어찌 즐거운 일이 아니겠는가? 일은 반, 공은 배라고 하면 너무 마음이 드러나 보일까?

우문회에서 모아지는 글들은 지금까지의 경향을 보면 대체로 산수자연, 전원생활, 한시, 술, 신변잡사, 중국문학을 중심으로 한 짤막한 에세이 등이 주류를 이루어 왔다. 사실 이러한 주제나 소재들은 내 개인의 입장에서 볼 때에 딱 들어맞는 소재이자 주제들이다. 산수자연을 내가 얼마나 좋아하는가? 전원은 또 내가 자라온 곳이 아니었던가? 한시는 내 스스로 전공자라는 이름을 걸고 있는 분야이고, 술이야 이미 금전을 많이 치러온 터이다. 신변잡사야 누구인들 그것이 없으랴? 중국문학을 중심으로 한 에세이도 나의 본업과 밀접한 연관이 있는 일이니, 어느 것 하나 들어맞지 않는 것이 없다. 그리고 보면 우문회에서 나를 집요하게 회원으로 끼워놓고자 했던 까닭이 조금 이해가 될 듯도 하다. 나 말고 다른 데서 나만한 회원을 구할 수가 없어서였던 것이다.

우문회 입적기는 그만 줄이는 것이 좋으리라는 느낌이 든다. 어쩌다 흰소리까지 하기에 이르렀으나 모두 자신을 잊어버리는 건망증의 소치가 아니던가? 여기서 겸손의 뜻을 얹어서 둔사를 이어간다면 세련과는 영영 멀어지게 된다. 그래도 나는 글이 잘 안 되는 진정한 까닭을 밝혀야겠다. 산수자연은 마음이 내킨다고 선뜻 찾아 나서지 못하는 처지이고, 전원생활은 모든 것이 부족했던 시절의 어려웠던 일들이 추억 가운데 더 많은 부분을 차지하고 있으며, 한시는 읽기는 하되 쓰지 못하는 것이 적잖이 부끄럽고, 술은 마시는 양이 전과 같지 아니하여 실망이 크고, 신변잡사는 본디 무딘 감각기관 탓에 좀처럼 붓끝을 타고 흐르지 않으며, 중국문학과 관련한 에세이는 앞서의 일들을 걱정하느라 달리 시간을 못 내고 있는 형편인 것이다. 고인께서 그리 하신 것처럼 동쪽 수풀에서 매미울음을 듣고 서쪽 연못에서 연꽃을 감상하면서 벽통배碧筒杯로 더위를 물러가게 했던 이상적 삶과는 거리가 멀다. 허나 한여름 더위를 아랑곳하지 않고 고인의 글들을 가까이 하면서 얻어들은 이야기들을 하나씩 선보이고픈 생각이다. 생각처럼 되기를 바란다.

드라마 '하늘이시여(上邪)'를 시청하고 _이남종

저녁상을 물리고 나면 아내와 함께 TV앞에 다가 앉는 것이 버릇이 되었다. 식사 후의 포만감과 일과로 인한 피로가 몸의 구석구석을 지배하는 이때에 리모콘의 간단한 조작만으로 가능한 티브이 시청은 그야말로 최상의 휴식이 아닐 수 없다. 주말은 물론이고 월화 드라마니 수목 드라마니 하여 주간 내내 방송사마다 다투어 쏟아내고 있으니 이 시대는 가히 드라마 홍수의 시대라 이를 만하다. 결과적으로 나는 저녁 시간을 위하여 다른 계획을 세워놓지 못했을 경우를 염려할 필요가 없어졌다. 나를 닮은 다른 이들의 일상에 주의를 기울이다가 밀려오는 피로가 인도하는 대로 몸을 맡겨 달콤한 잠에 빠지면 그만인 것이다.

최근 나는 KBS의 '별난 남자 별난 여자'를 이미 떼고 SBS의 '하늘이

시여', 그리고 퍼뜩 제목이 생각나지 않는 것, 이렇게 세 편의 드라마를 즐겼고 또 즐기고 있다. 그다지 성실한 시청자가 아닌 나로서는 전체의 줄거리는 말할 것도 없지만 아주 익숙한 경우를 제외하고는 배역을 맡은 이들의 이름 등을 잘 기억하지 못한다. 이전에 보았던 이들을 다른 이야기들 속에서 다시 만나는 것이 반갑고 또 그들이 다른 상황 속에서 자신의 배역에 열중하는 것이 재미있을 따름이다. 그렇다고 내가 시대적 감각에 뒤져 있는 것은 아니다. '별난 남자 ~'가 시청률 36%로 1위의 인기를 올렸다고 하고 '하늘이시여'는 그 뒤를 이어 25.3%로 2위를 차지했다고 하는 보도는 나의 시청 패턴이 동시대인들과 호흡을 정확히 같이 하고 있음과 아울러 문예물을 보는 나의 안목에 별다른 이상이 없음을 확인해주고 있기 때문이다.

'하늘이시여'는 아침 뉴스의 진행을 맡은 기자 왕모와 그의 분장을 담당한 분장사 자경 사이의 사랑 이야기이다. 왕모는 개성 있는 외모와 깔끔한 진행으로 모두들 부러워하는 유망한 청년이고, 자경은 여성스러운 외모와 차분한 성품에다 약간 덜 정확하게 들리는 목소리가 귀엽게 들리는 매력 있는 여인이다. 왕모는 뉴스가 나가기 전 방송사 안 분장실에서 그녀를 만난다. 섬세하고 고운 그녀의 손끝이 그의 얼굴을 매만지고 쓰다듬는 일이 반복되는 동안 두 사람은 서로의 인격 깊숙한 부분을 느끼게 되고 누가 먼저라 할 것 없이 사랑의 정감을 쌓아나가게 된다.
   순탄한 사랑은 드라마의 소재가 되기에 적합지 않다. 예술은 인생의 반영이라 했던가. 못 이룬 사랑의 아픔이 세상 사람들 모두의 문제라고 할 수는 없을 테지만 많은 이들이 바로 그 사랑으로 인한 가슴앓이의 추억을 가지고 있다. 그러기에 드라마 속의 사랑은 늘 눈물겹다. 이미 드라마 속의 주인공이 되어 있는 왕모와 자경의 사랑 역시 애처롭기 그지없다.

이들의 불행과 고통의 해소과정은 꽤나 엉뚱하다. 줄거리를 중간부터 간략히 적어보면 다음과 같다. 자경과 왕모, 두 사람 사이의 사랑이 결실을 맺어가도록 도와주는 조력자는 왕모의 양모이자 자경의 생모 영선이다. 그녀는 일찍이 혼자 몸으로 핏덩어리 딸을 출산하고는 곧바로 첫사랑과 이별한다. 이후 그녀는 지금은 이 세상 사람이 아닌 왕모의 아버지와 결혼하여 전처소생의 왕모와 자신이 낳은 설아를 정성으로 키우며 경제적으로 꽤나 부유한 삶을 누린다. 그러나 이미 버려져 소재를 알 수 없게 된 어린 딸 자경에 대한 죄책감과 그리움은 늘 그녀를 괴롭힌다. 그러던 중 우연한 기회에 성년이 된 자경을 만나게 되는데 역시 자경은 행복과는 거리가 먼 삶을 살아왔고 또 그렇게 살고 있었다. 정상적으로 성장하는 데 필요한 충분한 양육을 받지 못했을 뿐더러 현재 분장사로서 일하여 얻는 얼마 안 되는 수입의 대부분은 그다지 성품이 좋지 못한 양모를 위해 쓰이는 형편이었던 것이다. 자경을 만난 영선은 곧바로 자신이 어머니라는 사실을 밝히지 아니한다. 이것은 주로 딸에 대한 죄책감이 너무나 컸기 때문이었지만, 한편으로 그녀의 뇌리에는 이 불쌍한 운명의 주인공을 지금까지 자신이 키워온 왕모와 짝을 지워주고 싶다는 생각이 마음 한 구석에 고개를 들었기 때문이다. 그녀의 마음 한 구석을 차지했던 바로 이 생각이 이 드라마가 끝날 때까지 시청자를 잡아두게 한 중요한 사건이 되었음은 새삼스럽게 지적하여 말할 필요까지는 없을 줄 안다.

　제목 '하늘이시여'와 이 이야기의 전체적인 맥락과의 연관성을 짚어내는 작업은 역시 그다지 어려운 일이 아니다. 진실한 사랑이 낡은 관념으로 인하여 상처를 받는 상황 - 뉴스 기자와 분장사 사이에서 그들 역시 사회적 신분의 차이로 인하여 꽤나 고통을 겪어야 했음을 상기하실 것 -, 그리고 (꽤나 엉뚱하기는 하지만) 어렵사리 이루어진 그래서 숭고한 사랑이 또 전통윤리에 의하여 질곡桎梏 당하는 비극적인 상황, 이러한 상황을 위하여 준비된 말이 바로 '하늘이시여'인 것이다.

　그런데 이 극의 제목 '하늘이시여'가 이웃나라 중국의 고전문학 속에서 소재를 가져왔다는 것을 아는 시청자는 퍽 제한적일 것이라고 생각한다. 극이 시작되면서 화면 한편에 한문漢文 자막으로 작품 전체가 지나가고 있음에도 말이다. '하늘이시여'의 원제原題는 '상야上邪'이다. 한漢 악부樂府 《요가鐃歌》의 편명으로 모두 18곡曲 가운데 15번째 작품인데 화면에 자막으로 흐르는 작품 전체를 보이면 다음과 같다.

　　하늘이시여!
　　저는
　　그대와의 사랑이 오래도록 끊어지거나
　　쇠해지지 않기를 바랍니다.
　　산이 닳아 없어지고

장강의 물이 다 마르고
한 겨울에 천둥이 치고 여름에 눈이 내린다 한들
어찌 그대와 헤어질 수 있겠습니까?
上邪, 我欲與君相知, 長命無絶衰. 山無陵, 江水爲竭, 冬雷震震夏雨雪, 天地合, 乃敢與君絶.

산이 닳아 없어질 리도 장강 물이 마를 리도 없다는 것은 동해물과 백두산이 마르고 닳지 않음을 알고 있는 우리로서는 설명이 필요 없을 정도이다. 겨울철의 천둥이나 한여름의 강설 역시 오뉴월 서리에 대하여 더러 들어온 터이나 역시 못 이룬 사랑으로 인하여 지독한 한을 품은 경우가 아니라면 될 법한 경우가 아니다. 그리고 하늘과 땅이 들러붙는 일이야 기(杞)나라 사람처럼 특별히 소심한 사람이 아니라면 애당초 염려할 일이 되지 못한다. 예시한 다섯 가지 일들이 절대로 불가능한 일인 만큼 사랑하는 임과의 이별이란 가당치 않다는 이야기이다.

드라마 '하늘이시여' 주인공의 삶과 사랑을 〈上邪〉를 쓴 이의 삶과 사랑에다 나란히 견주는 것은 다소 무리가 있을 듯하다. 함께 악부시로 전해지는 시로서 굶주리는 처자를 위하여 칼을 빼어들고 먹을 것을 구하러 떠나는 남편과 이를 만류하는 아내의 처절한 대화를 가감 없이 전달하고 있는 〈동문의 노래(東門行)〉, 병든 아내가 죽음을 앞에 두고 어린 자식을 남편에게 부탁하면서 자신이 죽은 뒤 아들과 남편이 굶주림에 시달릴 것을 걱정하는 내용을 담은 〈병든 아내의 노래(婦病行)〉 등의 작품이 모두 〈上邪〉와 같은 시기의 작품인 점을 감안하면, 〈上邪〉가 그저 한가한 사랑타령의 심상한 연애이야기와는 근본적으로 거리가 먼 작품일 수 있기 때문이다. 연속된 전란과 그로 인하여 피폐해질 대로 피폐해진 민중의 삶, 한대 악부시의 주요 배경이 되는 동한東漢 말기를 흔히 그렇게들 묘사한다. 그러한 특수한 시대의 강요에 의하여 철저히 왜곡된 삶이었기에 사랑마저도 그토록 억척스러운 비유를 가져다 쓸 수밖에 없었으리라는 생각이 미치는 것이다. 이러고 보면 한대 악부시를 다루면서 〈상야〉를 거론할 적에 흔히 듣게 되는 용감한 사랑과 개성의 건강한 표현이라는 이야기는 매우 제한적인 해석이었다는 느낌마저 들게 된다.

예교를 중시하는 유학의 종주국 중국에서 이러한 노래가 전적에 실려 오늘에까지 전해지는 것도 신기하다면 신기한 일인데, 그것이 전파를 타고 우리 안방을 장식하게 될 줄이야 생각이나 했겠는가? 사실 이러한 의아함은 우물 안의 소견에 지나지 않음을 필자 스스로도 잘 알고 있다. 우리의 대중가요와 드라마가 주변국들의 안방을 차지하였다는 소식은 이미 들어온 지 오래이지만, 이를 통해 새롭게 등장한 연예계 인물들이 국경을 넘어 전지구적 인사로 변모하는 양을 속속 보고 있지 않은가? 고무적인 일이 아닐 수 없다.

최근까지 낡고 오래된 것이라고 생각되어 대다수로부터의 관심 밖에 머물러 있던 중국고전문학, 이것을 전공으로 삼고 있는 필자가 졸린 눈으로 티브이를 보다가 잠깐 덩달아 고무되어 보았다. '하늘이시여', 불행과 고통으로부터 벗어나고자 하는 갈구와 희원을 담고 있는 이 한 마디 말을 간절히 외치지 않으면 안 되는 상황을 우리는 바라지 아니한다. 누구나 운명의 주재자인 하늘에다가 전부를 맡기고 살아가는 터이지만, 이 말은 언제까지나 드라마 속 타자의 말로 남아있기를 바라기 때문이다.

(2006년 6월 30일)

《맹호연시 연구》 출간 후기 _이남종

지난 6월에 《맹호연시 연구》가 간행되었다. 98년 2월 졸업 논문으로 작성된 것이니 햇수로 꼬박 10년이 묵은 원고였다. 그대로 둔다 해도 나름의 가치는 소멸되지는 않을 터, 이미 해가 묵은 것을 굳이 물자를 들여 간행할 필요는 없었다. 그러나 나는 일찍부터 이 책을 세상에 내놓고자 했었다. 시간을 끌어왔던 것은 그 적당한 기회를 얻지 못해서였다. 나는 인생의 한 기간을 그와 더불어 지냈다. 의자에 기대어 쉬거나 산길을 걸을 때나 어쩌다 술에서 깨어날 때도 나는 늘 그를 생각했었다. 글의 맥락을 면밀하게 파악하고자 그를 읽었던 사람들이 남긴 글도 함께 읽었다. 숙세에 맹호연과 어떤 인연으로 연결되었는지 알지 못한다. 어차피 우리는 근원적 인과가 모호한 경우 인연과 운명이라는 말로 얼버무리기에 익숙해오지 않았던가? 나도 모르는 사이에 나를 지배한 그러나 달콤했던 세월이었다. 그래서 나는 지인들께 맹호연을 소개할 때면 사랑하는 사람으로 이야기하곤 했었다. 물론 여러 해 전 일이지만 말이다.

새로 출간된 《맹호연시 연구》는 꾸밈새가 아름답다. 줄이거나 따로 증보한 것이 없으니 논문 형태의 《맹호연시 연구》와 기본적으로 다를 것이 없으나 출판이 진행되는 동안 많은 잔손질과 치장이 가해졌다. 꼼꼼히 챙겨두었다고 생각했던 글을 재독한 결과 비틀려 있는 부분이 적잖았고 더러 오독한 부분도 눈에 들어왔다. 이런 것들을 바로잡았다. 읽어줄 분들의 편의를 고려하여 어려운 용어들은 쉬운 말로 풀어썼으며 한자는 숨겨서 처리하였다. 비문에 대한 수정은 강민호 동학으로부터 받은 도움이 많다. 가독성을 높이는 작업은 출판사 측의 제안에 힘 입었다. 감사드린다. 꾸밈새가 아름답게 된 데에는 역시 표지 디자인과 여기에 사용된 그림 몇 점의 공이 지대하다. 학술서적이라는 성격에 충실하여 이른바 디자인이라는 개념이 고려되지 않아도 좋다는 생각이었다. 그러나 일이 진행되는 동안 편집부측에서는 장절의 구분을 위해 임의로 선정한 옛 그림을 사용해 만든 가제본을 전해왔다. 책의 성격에 부합되는 그림을 찾아달라는 요청도 같이 따라왔다. 예상치 않은 숙제였다. 그때 머리에 떠오른 것이 맹호연이 나귀를 탄 그림, 즉 기려도騎驢圖이다.

후대 문인들은 시인 맹호연을 떠올릴 때에 곧잘 눈 속에서 나귀를 타고 매화를 찾아다니는 모습을 연상한다. 하지만 정작 《맹호연시집》에는 이와 관련된 내용이 전혀 보이지 않으며 동시대 문인들의 글에도 언급이 없기는 마찬가지다. 송대 소동파에 이르러서야 비로소 나귀를 타고 있는 맹호연이 등장한다. 훗날 기회가 있으면 이를 주요 소재로 삼아 '후대 문인들의 맹호연에 대한 수용양상'이라는 제목의 글을 꾸며보겠다는 생각이었다. 그러던 것이 출판사측으로부터 받은 숙제로 인하여 공부를 하게 된 것이다. 이를 위해 손에 잡히는 화첩들을 뒤적였고 국립중앙박물관을 세 차례 왕복했다. 사전 계획이 주도했다면 힘을 좀 덜 들여도 가능했을 일이기는 하다. 그림을 찾아내는 일과 그것에 대한 사용권한을 얻어내는 일, 그리고 그들 중 일부를 현상소에 맡겨 인쇄에 적용될 수 있는 형태로 변환하는 과정 등이 필요했다. 국립중앙박물관 부속 도서관에 국내는 물론 여러 나라의 박물관이나 미술관 등에서 간행된 전시회 도록 등이 다량 소장되어 있어 누구나 손쉽게 활용할 수 있음을 알게 된 것은 이 과정에서 얻은 부수적인 소득이다.

이렇게 하여 얻은 그림은 모두 여덟 점으로 책에서 활용한 순서대로 열거하면 다음과 같다.

〈탐매도探梅圖〉(16세기 전반, 조선 申潛 筆, 國立中央博物館藏)
〈파교심매도灞橋尋梅圖〉(조선, 筆者未詳, 日本 大和文華館藏)
〈기려도騎驢圖〉(조선, 金明國 筆, 國立中央博物館藏)
〈파교심매도灞橋尋梅圖〉(조선 沈師正 筆, 國立中央博物館藏)
〈파교풍설도灞橋風雪圖〉(明 沈周 筆)
〈유모기려도帷帽騎驢圖〉(조선 咸允德 筆 國立中央博物館藏)
〈기려도騎驢圖〉(조선, 筆者未詳, 國立中央博物館藏)
〈설경산수도雪景山水圖〉(16세기 후반) 李興孝 筆, 國立中央博物館藏)

주로 16, 7세기 조선 화단을 풍미했던 거장들의 작품이 위주가 되고 중국 것으로는 명明 심주沈周의 그림 하나가 들어있다. 이 중에 표지 도안에 사용된 그림은 김명국金明國의 〈기려도騎驢圖〉와 심사정沈師正의 〈파교심매도灞橋尋梅圖〉다. 이들이 사용된 표지에 대하여 나는 다음과 같이 설명을 적었다.

표지의 앞면은 조선朝鮮 중기 김명국金明國의 〈기려도騎驢圖〉이고, 뒷면은 조선朝鮮 심사정沈師正(1707~1769)의 〈파교심매도灞橋尋梅圖〉이다. 그림 속 주인공은 맹호연孟浩然이다. 파교灞橋는 장안長安 동쪽 파수灞水에 놓인 다리인데, 맹호연이 나귀 등에 올라 눈 속에 핀 매화를 찾아 나선 까닭은 시상詩想을 다듬고자 해서이다.

송宋 손광헌孫光憲의 《북몽쇄언北夢瑣言》에는 다음의 이야기가 전한다. 당唐나라 때 재상을 지냈던 정긍鄭綮(?~899)은 시인으로서 꽤나 명성을 지닌 인사였다. 누군가가 그에게 "상국相國께선 근래 새로 지으신 시가 없으신지요?"라고 묻자, 그는 "시상詩想이란 파교灞橋의 바람과 눈이 섞어 치는 가운데 나귀 위에서나 가능한 것이지, 이곳 벼슬살이하는 곳에서 어떻게 얻을 수가 있겠는가?"라고 했다고 한다.(唐鄭綮有詩名. 或曰, 相國近有新詩否? 對曰, 詩思在灞橋風雪中驢子上, 此處何以得之?) 작시란 사무가 번잡한 관리에게는 가능하지 않다는 이야기이다.

소동파蘇東坡는 〈초상을 그린 수재 하충에게 드림贈寫眞何充秀才〉에서 "또 그대는 보지 않았는가? 눈이 내리는 가운데 나귀를 탄 맹호연이 눈썹을 찌푸리고 시를 읊조리며 어깨를 산처럼 추켜올리고 있는 것을.(又不見雪中騎驢孟浩然, 皺眉吟詩肩聳山)"이라 하여, 일찍부터 맹호연이 나귀를 타고 매화를 찾아 나선 이야기와 이를 소재로 한 그림이 널리 전하고 있음을 언급하였다. 위에 소개한 정긍의 이야기가 맹호연을 염두에 두고 한 말인지는 분명하지 않다. 실제로 《맹호연시집》에는 이러한 이야기가 보이지 않는데, 소식의 이 시를 통하여 '기려騎驢'와 '파교심매灞橋尋梅'는 그 주인공이 맹호연이었음이 알려지게 된 것이다. 이후 이 이야기는 중국뿐 아니라 우리나라의 시인과 화가들이 즐겨 사용한 소재가 되어 왔다. 말을 타는 것이 벼슬길에 나아감을 의미하는 것과는 다르게 나귀에 몸을 의지함은 은자의 삶을 표상한다. 이것을 소재로 시를 쓰고 그림을 그린 것은 아마도 세상의 부귀에 아랑곳하지 않고 초봄의 귀한 경물을 애써 찾아나서 시의 세계에 몰입하는 가난한 시인에 대한 속 깊은 사랑의 표현이었으리라.

이 설명글은 책의 날개 글에 들어있다. 이렇게 하여 거의 고문서에 가까워진 글이 새색시나 되는 듯이 성장을 하고 다시 나타나게 된 것이다. 내심 독자의 눈을 속였다는 혐의나 받게 되지 않을까 두려울 뿐이다. 그러나 이 글이 세상에 나올 수 있기까지를 되돌아보자면 1997년의 여름을 떠올리지 않고는 불가능하다. 졸업을 위하여 논문원고를 들고서 창석蒼石 이병한李炳漢 선생님께 심사를 앞두고 마지막 지도를 받기 위해 뵙기로 했던 것은 그해 6월말인가였다. 그 이후는 방학이고 선생님께서는 중국여행 계획이 있으셨다. 그 기간을 넘기면 심사 일정에 차질이 생기고 또 한 해를 넘길 수밖에 없었다. 그러나 6월말 뵙는 일정에 원고를 맞추는 일은 생각처럼 되지 않았다. 전에 뵈었을 때에 마치 그렇게 되기를 바랐던 것처럼 드린 말씀이 있었다. "원고가 끝나지 않으면 며칠 더 진행한 다음 중국으로 가지고 가겠습니다." 나는 평소 실천하지 못할 말들을 곧잘 하는 버릇이 있다. 대체로 그리 했으면 하는 진실한 바람이 담기기는 하지만 대부분 능력 밖의 것들이라 실천으로 이어지는 일이 드물다. 그리하여 얻은 것이 '쏫言先生'이란 호다. 아호雅號와는 거리가 멀지만 친한 벗이 붙여준 것이니 싫은 내색도 어려웠다. 나의 공언 습벽을 선생님에게까지 보여드릴 수는 없지 않은가? 이런 마음에다 또 수년 세월을 끌어온 일을 마무리해야겠다는 조급함이 작동했다. 이렇게 하여 선생님의 여행 일정 중반부에 거의 침입 수준으로 돌입했다.

기록을 해두는 습관이 배지 않아서 정확한 날짜는 기억하지 못한다. 김포발 상해행 비행기에 몸을 실었다. 도착해서는 항주행 열차를 갈아탔다. 선생님께서는 사모님과 항주에 머물고 계셨다. 예정된 시간의 열차를 타지 못해 시간보다 늦게 항주에 도착했다. 이때부터 걱정을 끼쳐드린 것이다. 이후 대엿새 동안 내외분과 함께 했던 시간을 돌이켜보면 아직도 송구스러움에 얼굴이 붉어진다.

항주에서 천태까지 가는 버스는 뚫린 틈으로 길바닥이 보이는 낡을 대로 낡은 것이었다. 사람보다 짐을 더 많이 싣고 달리는 이 버스는 포장이 다 뜯겨나간 굽은 길을 먼지로 연막을 만들며 하루 내내 달렸다. 점심 식사는 미리 준비한 약간의 간식과 정거장에서 아무렇게나 팔고 있는 전병 몇 조각이 전부였다. 천태에 도착하니 이미 어둠이 짙었다. 천태산 숙소까지 오토바이를 개조한 승합차를 이용했다. 그 옛날 맹호연이 초월세계에 대한 갈망으로 먼길을 달려와 어렵사리 밟았던 천태에서 선생님 내외분과 나는 우선 승합차 기사의 무례를 감내해야 했다. 천태산을 둘러보고 김화 의오 난계 등을 거쳐 건덕 바로 위에 신안강 물

줄기를 막아서 이루어진 천도호를 목표로 정했다. 천도호에서의 밤은 길기만 했다. 나의 일정이 편안할 수 없음이야 당연하다 하겠으나 선생님께서는 나로 인하여 가벼운 휴가 여행은 더 이상 가능하지 않게 되셨다. 어쩌다 한밤에 깨어나 선생님 방의 기색을 살피면 그때마다 불을 밝히고 계셨다. 서울에서 챙겨간 두꺼운 원고뭉치가 화근이었음은 설명이 필요하지 않을 것이다. 송구스런 마음에 한참 동안 눈을 뜬 채 누워 있다가 겨우 잠에 들곤 했다. 아침이면 선생님께서는 늘 나보다 일찍 일어나 계셨고 붉은색 펜으로 조언해주신 문제의 원고를 건네주시곤 하셨다. 건덕과 동려를 거쳐 다시 항주로 돌아온 다음 나는 선생님을 떠나서 상해를 거쳐 서울로 돌아왔다. 모두가 나의 나태함과 게으름이 만들어 낸 일, 두고두고 죄스러울 뿐이다. 천태산의 우람한 자태와 천도호의 푸른 물결에 대한 아련한 추억은 긴장된 일정에 비추어보면 많이 사치스러운 것이지만 아직도 가슴 깊이 간직되어 있다.

이런 법석 덕분에 이듬해 2월 학위를 받아 졸업했다. 입학 후 6년만의 일이었다. 이를 크게 축하하여 이영주 선생님께서는 다음의 시 한 편을 주셨다.

賀葛山受得博士學位
갈산이 박사학위를 받게 된 것을 축하하여

大手論文窮理精	큰 솜씨로 문장을 논해 궁리가 정밀하고
游刀盤錯脈分明	뒤섞인 부분에 칼 휘둘러 맥락 분명하네.
縷心纘闡初終貫	생각의 실 이어나가 처음과 끝 꿰뚫었고
鯨力博探篇卷盈	큰 힘으로 폭넓은 탐구 장절마다 가득하네.

古典蘊微千歲秘	고전에 온축된 뜻 천 년을 숨겼건만
後生俊拔一身傾	후생으로 출중하여 한 몸을 기울였네.
若無蘭谷韻情潔	만약 난곡蘭谷의 정갈한 정운이 없었다면
焉識鹿門風格清	어찌 녹문鹿門의 풍격이 맑음을 알았으리?
吾子常言丘壑志	그대는 늘 구학丘壑에 은거할 뜻 말했으나
友人咸悉廟堂瑛	벗들은 모두가 묘당의 옥돌인 줄 알았다네.
積年溜水穿岩徹	여러 해 낙숫물에 바위가 다 뚫리고,
脫匣藏琴驚世鳴	갑을 벗어난 감춰뒀던 현금이 세상을 놀랜다네.
久屈不辭螢照勞	오랫동안 굽혀 지내며 형설의 공 쌓아가서
奮伸方得錦輝榮	떨쳐서 몸을 폄에 금의의 영광 찬란하리.
永圖事業今修礎	멀리 가는 사업에 이제 기초 닦았으니
茲祝將成萬丈城	장차 만 길 높은 성 이루기를 축원하네.

당시 선생님으로부터 시를 받아들고 몇 차례 읽었으나 담긴 내용을 명확히 이해하지는 못하고 있었다. 그냥 받은 것으로 황송할 뿐이었다. 지금 다시 꺼내어 찬찬히 읽고보니 담겨 있는 뜻이 너무 커서 나에게는 실로 분에 넘치는 내용이 아닐 수 없다. 몸둘 바를 모르겠다. 7구의 난곡은 설명이 필요할 듯하다. 난곡은 내가 전에 살던 신림 7동의 다른 이름이다. 나는 그곳에서 지금보다 형편이 어려웠던 일곱 해 세월을 지냈다. 가난한 사람들이 모여 사는 동네였지만 내가 살던 곳은 그래도 형편이 좋은 편이었다. 집을 나서면 곧바로 삼성산에 접어드는 산기슭에 위치한 예쁜 집이었다. 볕이 바라서 난을 비롯한 실내 식물들이 사철 건강히 자라주었다. 무엇보다도 아카시아가 꽃을 피우는 철이 되면 집 안팎은 온통 꿀 향기로 가득했다. 나는 이곳에서의 생활을 녹문처사 맹호연

과 함께 했었다. 받아두었던 시를 다시 꺼내 읽으려니 만감이 교차한다. 작은 성취를 큰 것으로 봐주셨고 또 장래 크게 이룸이 있기를 기대도 하셨다. 장래라고 했던 많은 세월들이 이제 과거가 되어 있다. 새로 꺼내서 보여드린 것이 전무했던 지난 10년이었다. 그저 부끄럽고 죄스러울 따름이다.

그러기에 책으로 꾸며진 《맹호연시 연구》는 10년 세월을 하는 일 없이 지냈음을 공개하는 의미가 있을 뿐, 결코 자랑일 수 없다. 나는 어떻게든 지난 10년을 정리하고 싶었고 이에 마음을 냈다. 이영주 선생님께 말씀드려 추천의 글을 받게 되고 간행에 이른 것이다. 그리고 내친김에 부끄러운 마음을 애써 참아가며 머리말의 끝머리에 이렇게 썼다.

총명과는 거리가 먼 사람을 제자로 받아주시고 연구가 진행되는 동안 여러 귀한 의견과 함께 격려의 말씀을 아끼지 않으셨던 창석蒼石 이병한李炳漢 선생님, 박사논문으로 집필된 이 책에 대하여 기꺼이 심사를 맡아 조언과 함께 여러 부분을 자상하게 챙겨주신 송용준 선생님·이종진 선생님·유종목 선생님·이영주 선생님께 머리 숙여 감사드린다. 비슷한 시기에 논문을 집필하면서 서로 의견을 주고받으며 생각을 가다듬었던 김창환, 강성위 두 선생은 좋은 친구이자 편안한 스승이었다. 어쩌면 영원히 논문 상태로 남아 있을 이 글의 출판을 위해 추천을 마다하지 않으신 이영주 선생님의 은혜는 참으로 컸다. 출판에 앞서 흐트러진 문맥을 바로잡고 오탈자를 바로잡아준 강민호 선생, 많이 부족한 원고를 쾌히 맡아준 서울대학교 출판부와 실제적인 편집을 도맡아 성의를 다해주신 서울대학교 출판부에도 이 자리를 빌려 감사드린다. 필자가 중국문학 연구자의 길로 나설 수 있었던 것은 전적으로 모교인 한국방송통신대학교 중어중문학과 덕분이었다. 여러 은사님들께 머리 숙여 감사드린다. 이제는 세상에 계시지 않은 두 분 부모님께, 올해로 학교를 마치고 사회에 첫발을 내딛게 된 예쁜 딸 소정이와 대학생이 된 규원이, 그리고 사랑하는 아내에게 이 책을 드린다.

2007년 4월 삼가 적음

자랑스러운 방송대, 자랑스러운 우리들
__이남종

　　우리 모교는 올해로 개교 35주년을 맞는다고 한다. 내가 졸업한 중문학과도 1984년 학과가 설립되었으니 스물다섯 해에서 두세 해 모자라는 연륜을 갖게 되었다. 사람의 한 평생으로 가늠하면 청장년의 시절에 해당한다. 하기는 깊은 역사를 가진 학교들에 비한다면 아직 세월의 두께를 이야기하기는 어려울 듯도 하다. 그러나 우리 모교는 그 사이에 인문과학, 자연과학, 사회과학, 교육과학의 4개 학부에 21개 학과와 대학원을 두고 18만 명의 재학생을 거느린 초대형 대학교로 성장하였다. 14개 지역대학과 35개 시군학습관의 존재는 전국을 망으로 연결하여 국토 전역이 가히 우리의 캠퍼스라는 사실을 웅변한다. 성공한 정치가와 행정가, 법조인, 상공인, 교육자, 문인, 학자들을 포함하여 40만 명의 건실한 사회인을 배출하였다고 하니 참으로 자랑스러운 일이 아닐 수 없다. 이러한 성과를 가능하게 한 요인은 어디에 있었던가? 쉽사리 답하기 어려운 문제이지만 우리 모교의 운영원리를 좀 주의 깊게 들여다보면 생각보다 쉽게 의문이 풀릴 수 있다. 학교와 학과의 선택, 수업과 과제물 작성, 그리고 시험, 이 모든 과정이 하나의 원리에 따라 움직여지고 있는데 그것은 다름 아닌 '자율'이라는 단어이다. 입학부터 졸업까지의 전 과정에 우리 스스로의 능동적 선택과 참여를 벗어나는 일은 하나도 없다. 혹 중간에 쉬어가거나 다시 시작하기에 이르기까지 완벽하다 싶을 정도로 자율의 원리가 작동된다. 공부를 위하여 일정을 조정하고 흘러버리기 쉬운 자투리 시간을 아끼는 것은 기본이다. 지하철 안에서, 점심시간 10분을 아껴서, 저녁시간과 토요일 오후 그리고 일요일을 도서관과 스터디 룸에서, 우리는 이렇게 시간을 소중히 쓰고 있다. 어디 그뿐인가? 아기를 업고 수업에 출석하기도 하고, 백발 노년의 몸으로 손자뻘 학우와 즐거이 배운다. 이렇게 하면서 우리는 자율을 몸에 익히고 자신을 책임지는 방법을 배운다. 이런 삶을 익히다보니 모르는 사이에 가정과 사회가 필요로 하고 좋아하는 사람이 되어 가는가보다. 단언하건대 바로 이 점이 우리들 성공의 비결이다.

따라서 우리들은 모두 자율을 실천하는 교양인이다. 자신의 선택에 따라 할 일과 순서를 정하여 실천한다. 거죽의 화려함보다는 내면의 성숙을 중시한다. 이것이 내가 생각하는 우리 방송대 사람들을 대표하는 이미지이다. 따라서 우리는 모두 자랑스럽다. 굳이 그 정도를 가늠하여 '자랑스러운 방송대 사람'을 따로 정할 일도 아니다. 그런 까닭에 혼자만 자랑거리가 있는 양 드러내서 이야기하는 것은 멋쩍은 일이 아닐 수 없다. 그러나 잠시 그 멋쩍음을 참고 자랑을 늘어놓아야 하는 순서를 맞이했다. 자리가 자리인 만큼 약간의 과장과 허풍은 피할 수 없을 듯하다. 아무쪼록 진실한 이야기로 들려지기를 바랄 뿐이다.

다소 엉뚱하지만 물놀이 얘기부터 시작하겠다. 나는 요즘 물놀이에 푹 빠져있다. 월요일부터 토요일까지 주 5회, 시간은 새벽 6시다. 내가 노는 물은 험한 물이 아니다. 새 시설에 바닥 곳곳에서 새 물이 솟고 넘치는 물은 밖으로 흐른다. 묵은 것과 새 것이 끊임없이 교환된다. 안전하고 쾌적하다. 그 위에 전문가의 능숙한 지도가 뒤따른다. 그러니 물이라고 결코 두려워할 일은 아니다. 하지만 많이 두렵고 힘들었다. 이제 두려움은 사라졌지만 힘들기는 여전하다. 그러나 재미있다. 숨쉬기와 발차기 손 모양 만들기, 마치 태어나 얼마 안 되는 아이가 하나씩 동작을 익혀가는 것처럼 따라서 배우기를 반복했다. 발이 웬만큼 익숙해지면 손을 익히고, 다음에는 그것을 조합하고 또 원활한 숨쉬기가 될 수 있도록 반복했다. 그런 과정을 통해 배영과 자유형, 평형을 완성하고(?) 이제 접영에 들어갔다. 매일 아침 조금씩 발전한다. 그 발전을 몸으로 느낀다. 그로 인해 행복하다.

나의 공부와 학문은 요즘 새로 시작하여 얼마 되지 않은 물놀이와 흡사하다. 나는 나의 인생을 처음부터 공부와 학문으로 시작하지 못했다. 고교 졸업 후에 교육대학 2년을 거쳐 초등학교에서 여러 해 동안 아이들과 지냈다. 내 생애에 걱정 모르고 그저 유쾌했던 시절이라면 바로 이 시기였다. 스무 살 초반의 젊음이 있었고 나를 따르는 60여 명 아이들이 있기에 늘 즐거웠다. 그러나 공부는 해야 했다. 어느 한 분야라도 깊이 있는 지식을 가진 사람이 되고 싶었다. 도서관에서 책을 읽고 있을 또래 젊은이들에 대한 부러운 마음이 생긴 것도 바로 그때였다. 공부를 해야겠다. 이렇게 결심했다. 그러나 곡절이 없지 않았다. 산기슭에서 살며 늘 산을 즐겨했던 내가 물가로 집을 옮기면서 노는 방식을 새롭게 찾아내는 데에 곡절이 많았던 것처럼 우리 대학 중문과라는 새 물을 찾기까지는 적지 않은 시간이 걸렸다. 내가 우리 대학 중어중문학과에 입학한 것은 1985년 3월이었다. 이후 4년 동안 우리 대학은 나의 새로운 물이자 터전이었다. 새로 만들어진 틀에 담겨있는 질 높은 교육과정, 그리고 자상하시다 못해 헌신에 가까운 교수님들의 지도는 늘 나를 새롭게 했다. 함께 했던 학우님들 또한 마찬가지였다. 지나온 발자취는 서로 달랐지만 새로운 물을 찾았다는 점에서는 한가지였다. 그리하여 우리는 서로에게 특별하고 귀한 존재였다. 2학년에 편입했던 관계로 나는 또 중문학과 최고학년의 지위가 인정되기도 했다. 중문학과 1회 졸업, 그다지 힘들인 것이 없으면서 우연이지만 의미 있는 선택으로 새로 시작하는 역사의 대장정에 선발대로 참여하게 되었던 것이다.

앞서 수영 이야기를 하면서 약간 과하다 싶게 하고 있다는 이야기를 했었다. 새롭게 시작했던 방송대 생활도 지금 생각해보면 약간 과하게 한 면이 없지 않았다. 교육과정을 충실히 따라가자는 것이 나의 첫 번째 목표였는데, 그것은 이전에 몇 차렌가의 실패경험에서 얻은 지혜였다. 기본에 충실하면서도 조금 앞서나가고자 하는 조급함도 없지는 않았다. 교과서 읽기와 강의에 충실하면서도 어느 정도 힘이 길러진 뒤로는 중문으로만 된 전공 책들을 읽었다. 도움을 아끼지 않으셨던 교수님들의 성원과 뜻을 같이하는 학우들이 계셨기에 가능했다. 지금 고교에서 교장으로 계시면서 졸업 이후 중국의 문학 및 역사와 관련하여 여러 저작을 내놓으신 진기환 선생님, 국사편찬위원회와 서울대학교 규장각한국학연구원 등지에서 이루어지는 고문서 연구에 참여하여 초서자료 해독에 푹 빠져 지내는 여선자 선생님 등 몇 분이 당시에 함께 했던 학우이자 스승이었다. 약간씩 과하게 하는 일에 함께 했던 분들이다.

자유형 팔 젓기는 팔목 관절이 자연스럽게 접혀져야 비로소 완성되는 동작이다. 그러나 이 동작을 익히기 전에 좀 과하다 싶을 정도로 팔을 곧게 펴서 커다란 원을 그리는 동작을 반복한다. 이는 과한 동작을 통해 범위를 넓고 크게 잡아두었다가 나중에 알맞은 동작을 찾아가기 위함이다. 힘에 부치다 싶을 정도로 발차기를 조금 과하게 반복하는 것, 숨을 참아가며 폐활량을 늘려가는 것, 이런 것들이 모두 훗날의 세련된 동작을 위하여 마련된 조금씩 과하게 하기가 아니겠는가?

선뜻 동의를 하시지 않는 분들도 계시겠지만 나는 나의 공부와 학문이 내가 요즘 푹 빠져 있는 물놀이와 그다지 다를 것이 없다고 생각한다. 양자 모두 우리 주변의 자잘한 것들이라고 말하면 너무 심한가? 그러나 자잘한 것들이라고 생각해야 마음이 편해질 때가 있다. 놀이도 내 놀이요, 공부도 내 공부다. 지나치게 거대한 주제 안에 자신을 밀어 넣는 일은 삼갈 일이다. 하기는 자잘한 주변적인 일들이 모여서 개인의 인생을 만들어가고 우리를 형성한다. 주변의 일이라 하여 가볍게 다루면 안 되는 이유가 거기에 있다. 게다가 자잘한 것이라 해도 진지하고 성실한 자세로 임한다면 우선 주위로부터 있을 수 있는 오해와 비난은 피해

갈 수 있지 않을까?

　돌이켜보면 내가 처음 중문학에 입문하면서 가졌던 포부는 나름대로는 제법 큰 것이었다. 수영장 이야기로 아까운 지면을 허비하게 될 줄은 생각할 수 없었다. 원전을 읽는 힘을 기르고 이를 바탕으로 역사와의 직접적인 소통을 통해 우리 시대에 의미 있는 메시지를 생산해내는 날이 있게 될 것이라고, 막연하지만 가슴이 벅차오르는 기대가 있었다. 그러나 그것은 아직껏 꿈으로 남아있다. 채워주기를 기다리는 곳이 너무 많았고, 마음을 따르지 못하는 몸은 나태를 즐기는 쪽으로 나아갔다. 두뇌 또한 청명한 상태로 유지되지 못할 때가 더 많았으니 늘 흐릿하고 모호했다. 어쩌다 단단히 마음을 먹고자 하면 약간 과한 정도를 넘어서서 허둥댐이 되기가 일쑤였다. 숨쉬기와 발차기는 역시 적절한 때가 있는 것이라는 속단은 나에게 체념의 달콤한 위안을 선사한다. 이러한 나를 다시 일으켜 세우기 위하여 고안된 꾀가 '조금 과하게 하기'이다.

　나는 1989년 모교를 떠나 서울대학교 대학원에 입학한 이후 스무 해 가까운 시간을 서울대학교에서 지냈다. 석사과정 대학원생으로 박사과정 대학원생으로, 그리고 과정을 수료한 1994년부터는 모교와 서울대학교, 그리고 몇몇 대학에서 강의를 맡았다. 1998년에는 학위논문이 통과되어 박사학위를 받았고, 2000년 이후 지금까지 서울대학교 규장각에서 연구원 업무를 계속하고 있다. 이러는 사이에 몇 권의 저작을 내놓기도 하였다. 전공과 관련하여 《맹호연시 연구》와 공동으로 펴낸 몇 권의 두보시 역해 저작이 그것이다. 요즘엔 대표적인 시선집 가운데 하나인 《천가시千家詩》와 사마천의 《사기史記》를 읽고 있다. 이 중에서 《사기》 읽기는 전적으로 모교 후배이신 주창경 선생님의 덕이 크다. 어울려 함께 읽는 재미가 적지 않은 만큼 관심 있는 학우들이 참여를 권하고 싶다. 이들에 대한 독서 역시 어떤 형태로든 작업 목록에 추가되었으면 하는 바람을 갖고 있다. 현재로서는 막연하지만 말이다. 딴은 내 전공인 중국시학과 관련한 본격적인 이론서를 낼 수 있기를 벌써 여러 해 전부터 바라왔다. 그러나 그 준비는 전무하여 지금 여건으로만 본다면 해낼 수 있을 것 같지도 않다. 그러나 아직은 그 희망을 지우고 싶지 않다.

 원고의 정해진 분량은 이미 넘어버렸다. 물놀이 이야기에 지나치게 정력을 소비한 까닭이다. '자랑스러운 방송대, 자랑스러운 우리들'이라고 제목을 정한 의도는 나와 같은 길을 걸으면서 학문과 교육에 매진하고 있는 후배님들, 드러나지는 않으나 각자 공부에 진력하고 계신 존경하는 학우님들에 대한 자랑을 함께 해보이려 했던 것이다. 허나 많이 빗나갔다. 두서를 차리지 못했음은 아마 나도 모르는 사이에 '지나치게 과해진' 탓이리라. 지나치지 않은 한마디 말로 글을 맺고자 한다. "우리 모두 주어진 시간을 의미 있고 건강하게 지냅시다."

(2007년 7월 5일)

장미薔薇, 그 녀 _이남종

   요 며칠 나는 노란 장미 한 분盆으로 인하여 마음이 즐겁다. 문 밖 계단 위에 놓아두었던 것인데 월초에 갑자기 닥친 추위로 꽃 피울 채비를 갖추고 있던 몽우리며 잎들이 오그라들었다. 며칠 지나면 꽃을 볼 수 있겠지 하는 생각으로 마음이 들떠 있었는데, 여간 실망스러운 것이 아니었다. 아침저녁으로 들고나면서 색이 변한 모습을 대하는 것은 괴로움이었다. 땅에다 뿌리를 내리지 않은 것이니 일찌감치 챙겨서 실내로 옮겼더라면 적어도 이렇게까지 되지는 않을 수 있었다. 하기는 이런 생각을 아니 한 것은 아니었다. 장미화분을 실내로 옮겨오는 일을 두고 아내와 두어 차례 이야기를 나누었던 것이다. 가인佳人을 질투하거나 또는 경계하는 마음이 아내에게는 처음부터 없었음을 나는 안다. 실내로 옮기자는 것이 나의 주장이었고, 그럴 수 없다는 뜻을 일관되게 견지해온 것은 아내였다. 아내의 주장은 늘 그러했듯이 현실적인 이치를 갖추고 있다. 좁다란 거실이 더 이상 미인을 받아들일 만한 여유가 없다는 것이 바로 그것. 미인을 들이고자 해도 그 처소를 마련하는 것은 어디까지나 나의 몫임을 스스로 알고 있기에, 그러한 능력이 없는 나로서는 아리따운 여인을 추운 문 밖에 세워두고 가슴을 태우는 것 말고는 다른 도리가 없었다. 그래서 장미, 그녀는 그 자리에 꼼짝없이 서있는 채로 시들어갈 날짜만 기다리는 운명이었다. 그러던 것이 추위가 좀 누그러지고 봄 같이 따뜻한 날씨가 며칠간 계속되었다. 어찌된 일인가? 다시는 제대로 된 모습으로 돌아갈 수 없을 것 같던 것이 차츰 본래의 형상을 찾아가고 있는 것 아닌가? 이런 순간에 손을 내밀어 거두지 아니하고 다시 계속될 차가운 날씨에 버려두는 것은 장부의 행동이 아니었다. 모처럼 용기를 내서 이러한 소신을 실천에 옮겼다. 아내도 순순히 응해주었다.

나는 사실 많은 세월 동안 장미를 무던히도 동경해왔다. 어릴 적 시골집에 백합이며 채송화며, 칸나, 나팔꽃, 분꽃, 맨드라미 등이 자라는 꽃밭을 직접 심고 가꾸어보았으나 유감스럽게도 장미를 길러본 적이 없었다. 장미꽃 덩굴이 우거진 학교 담 길이나 이웃집 담장 밑을 걸을 때에는 그것들을 부러운 눈으로 보면서 일부러 발걸음을 천천히 했던 기억이 많다. 언젠가는 '장미꽃 덩굴 우거진 그런 집'을 갖게 될 것이라는 막연하긴 하지만 실현가능성이 없어보이지도 않는 소박한 희망과 기대를 가지고 있었다. 그러나 살아온 길이 그와는 반대의 길을 걸었기에, 어느새 나의 소망은 실현이 어려운 사치스러운 것이 되고 말았다. 꿈을 실현하기 위하여 도회지 생활을 청산하고 식구들을 이끌고 고향을 회복하고자 하는 야심찬 계획에 마음을 설렌 것도 한두 번이 아니었다. 그러나 내 계획은 그 때마다 동의를 얻지 못했고 결과적으로 허황된 계획의 반복으로 인해 마음이 상하는 일도 없지 않았다. 그러던 중 찾아낸 해결책, 그것은 '장미꽃 덩굴 프로젝트'를 내 마음 속에서 거두어내자는 것이었다. 힘에 부치는 것을 욕망함으로 말미암아 마음의 평정을 깨뜨리는 일은 더 이상 그만두자는 것인데, 소극적이기는 하지만 더할 나위 없이 편리하고 또 즉시 실행이 가능한 방안이었다.

이후 나는 학교 담장과 이웃집 담장을 붉은 빛으로 타오르는 그 아름다움을 그저 보고 즐기는 여유를 갖게 되었다. 예의 부러운 마음과 소유해야 되겠다는 조급한 마음으로부터 놓여나서 말이다. 이후 나의 눈길이 받는 장미들은 전에 느낄 수 없었던 아름다움으로 더욱 찬란하고 황홀한 빛을 발했고, 나의 발걸음 또한 가볍고 즐거웠다.

이러한 깨달음은 나를 퍽이나 자유롭게 했다. 하지만 장미하고의 사사로운 인연은 멀어져 영영 없어 보였다. 정원이 딸린 집으로 옮겨가거나 고토를 회복하는 프로젝트가 다시 작동될 가능성은 거의 전무했기 때문이다. 아내는 나의 상처받은 마음을 헤아려 나름대로 현명함을 발휘해왔다. 난초 몇 분을 들여놓았고, 그밖에 실내에 알맞은 화초들을 정성스레 가꾸었다. 봄이 되면 인근의 꽃시장을 돌며 자잘한 화분들을 챙기는 것이 어느새 일상이 되었던 것이다. 지난봄이었다. 이번에는 마음을 참으로 크게도 냈다. 주로 풀꽃 화분들을 챙기던 것과는 달리 우리는 나무시장에도 들렀다. 자두, 매화, 석류, 나무수국, 꽃 사과 등을 두 세

그루씩 손에 잡히는 대로 챙기고, 내킨 김에 덩굴장미 네 그루를 포함하여 모두 6그루의 장미까지 손에 넣었다. 아내의 친정집에 심기로 하고서 내린 결정이었지만, 장미는 좀 달랐다. '화분에 가꾸는 장미'의 아이디어가 머리를 스친 것은 바로 그 때가 처음이다.

우리는 안 쓰고 놓아두었던 커다란 화분에 거름흙을 채우고 묘목을 심었다. 금세 장미화분 두 분이 만들어졌다. 이렇게 해서 내 삶 속에 장미가 들어오게 되었던 것이다. 하지만 이들은 처음부터 나를 즐겁게 해준 것은 아니었다. 집에 들여온 처음부터 잎들이 그리 건강치 않았었다. 하얀 가루가 생기고 꽃이 맺혔다가 시들어버리기를 반복했다. 그때마다 나는 그들에게 미안한 마음을 갖곤 했다. 좋은 흙의 넓은 땅에 힘차게 뿌리를 내리게 해주지 못하고 구차스레 좁다란 화분에 가두어 두었으니 책임이 있다면 전적으로 내 쪽에 있었기 때문이다. 역시 능력 밖의 바람은 아름답지 못하였다. 그로 인하여 미물이 상처받고 몸살을 앓고 있으니 나의 잘못이 크다. 이런 생각 때문에 많이 괴로웠다. 봄과 여름, 그리고 가을을 그렇게 넘겼다. 사철 꽃을 피우는 식물이라고는 하지만 꽃철은 이미 지나가고 있었다. 아내는 이것들까지 아예 시골집에다 옮겨야 되겠다며 시든 가지들을 잘라서 거의 묘목상태로 만들었다. 이렇게 이들과의 인연은 끝이 나게 되어 있었다.

어떤 생각 때문이었는지 나는 그 중의 하나는 남겨두자고 제안했고 아내는 그대로 따라주었다. 잎 하나 달지 않고 앙상히 가지를 드러낸 채로 그녀는 그렇게 버려져 있었다. 그러나 이게 어인 일인가? 앙상한 가지에서 다시 새잎과 가지가 돋아났다. 그러더니 꽃망울까지 맺히는 것이 아닌가? 그러나 어쩌랴? 이미 겨울은 진행되고 꽃을 피우는 일은 슬픈 미완으로 마감될 운명인 것을. …… 이후 이 여인의 실내 진입에 이의를 제기하는 이는 아무도 없었다.

그렇게 해서 나는 요즘 많이 행복하다. 집에 들어온 후 하루 이틀 지나자 그녀는 믿기지 않을 만큼 건강한 모습을 회복하고 참았던 꽃을 토해냈다. 지난 여름 아내는 네 분의 난蘭 중에 하나가 꽃을 피웠다고 좋아했었다. 맑은 향기가 실내를 가득 채웠고 온 식구들이 황홀해했다. 이제 겨울의 문턱에서 다시 황금색으로 치장한 장미의 맑은 향기가 우리를 즐겁게 한다. 아내의 아호雅號 '청분실淸芬室(맑은 향내가 나는 집이라는 뜻으로, 내가 지어준 것임)'이 이미 실현되고 있었다.

> "홀연히 이름을 장미薔薇라 하는 한 가인佳人이 붉은 얼굴과 옥 같은 치아에 화려하게 화장하고 곱게 꾸며 입고 사뿐사뿐 걸어와서 화왕花王 앞에서 얌전히 말하였다. '소첩은 왕의 아름다운 덕을 익히 들었습니다. 베개를 향기로운 휘장에 드리기를 원하오니, 왕께서는 저를 거두어 들여 주옵소서.'"
>
> 《설총 화왕계花王戒》에서

그 옛날 장미가 화왕花王에게 전한 말이다. "하희夏姬(미인으로 유명함)는 진陳나라를 망쳤고, 서시西施(역시 중국의 절세미인의 한 사람)는 오吳나라를 망하게 하였으니 미인을 가까이 하지 말라"는 백두옹白頭翁의 말에 화왕은 장미를 가까이 하지 않기로 했다. 나는 이러한 류의 경계의 말 따위에는 마음을 움직이지 않을 생각이다. 어떻게 만난 그녀이던가? 뿐 아니라 다시 한 번 그녀의 처소를 옮기는 계획을 세우고 있다. 거실에서 침실로 말이다.

등대지기 _이병한

　　　　지난해 가을, 아내와 나는 단원구 문화교실에 개설되어 있는 '하모니카 초급반'에 등록하여 그곳에서 주 1회 한 시간씩 하모니카 부는 법을 익히기 시작했다.

　　하모니카는 아내에게는 생소한 악기였지만 나에게는 유년시절 형과 누나로부터 더러 얻어 불던 일도 있어 향수 어린 악기이다.

　　70, 80을 바라보는 나이에 새로운 악기를 배우기 시작한다는 것은 어찌 보면 무모한 일일지도 모른다. 그러나 나이 들어 뭔가 새로운 것을 추구하고 익혀나가는 것은 정서 함양이나 건강관리 차원에서 보다라도 바람직한 일이라 할 수 있다. 특히 하모니카를 불면 폐활량이 늘어나고, 악보를 보면서 노래를 부르는 일은 치매 예방에도 탁월한 효능이 있다 하였다.

우리는 선생님의 소개로 〈이해봉 하모니카 교실〉(교재)과 C장조 하모니카를 구입했고, 2주일이 지나 다시 C#과 A단조 하모니카를 마련했다. 하모니카의 구조와 원리를 익히고 나서 우리는 곧 C장조 하모니카로 영국 민요 〈등대지기〉, 우리 노래 〈희망가〉〈고향 생각〉〈홍도야 울지 마라〉 등을 불기 시작했다. 교재로 받은 악보에는 계명이 숫자로 병기되어 있어 우선 소리의 높낮이를 익히는 데에는 도움이 되었다. 나는 악보에 불고 마시는 소리를 따로 색연필로 표시해놓고 연습을 했다. 3개월이 지난 요즘은 A단조 하모니카로 〈타향살이〉〈눈물 젖은 두만강〉〈황성 옛터〉 등을 불고 있고, 〈학교종〉으로 베이스(Bass) 넣는 연습도 하고 있다.

아내는 평소 대중가요류의 음악을 가까이하지 않는 성향이지만 눈치로 보아 하모니카반 교재 내용이어서 할 수 없이 따라 하고 있는 것 같았다.

악보를 보면서 장조나 단조 하모니카로 노래 몇 곡쯤 연주하는 일은 이제 어느 정도 익숙해졌지만 〈학교종〉 같이 쉬운 곡도 베이스를 넣어 불기는 정말 쉬운 일이 아니다. 선생님은 "하모니카를 입에 앙 하고 깊이 물고 혀를 왼쪽으로 몰고 바람은 오른쪽으로 내면서 혀를 박자에 맞춰 악기 구멍에 착 착 붙여나가라" 하고 가르치신다. 그리고 혓바닥이 갈라지고 입술이 부르틀 지경으로 고된 반복연습이 필요하다고 강조하신다. 그러나 우리 같은 노인들에게 그게 어디 쉬운 일인가! 선생님께서는 재쳐 전재덕씨 같은 분은 악보조차 볼 수 없는 시각장애자이면서도 하나에 20만원씩이나 하는 하모니카를 매월 하나씩 바꿔야 할 만큼 끈

질기게 정진했고, 그 결과 오늘날 우리나라를 대표하는 하모니카 연주자가 될 수 있었다고 수강생들을 독려하신다.

C장조 하모니카로 처음 익힌 영국 민요 〈등대지기〉는 여러 차례 반복하는 동안 이제는 악보를 보지 않고 눈 감고도 불 수 있을 만큼 되었다.

얼어붙은 달 그림자
하늘 위에 자고,
한겨울에 거센 파도
모으는 작은 섬.
생각하라 저 등대를 지키는 사람의
거룩하고 아름다운
사랑의 마음을----

외국 민요지만 우리말로 옮겨놓은 노랫말이 자못 시적이다. 고은高銀 시인의 솜씨라 했다.

아내와 나는 "얼어붙은 달 그림자가 하늘 위에서 자다"를 놓고 '자다'가 맞느냐 '차다'가 맞느냐 하며 부질없는 천착을 하다가 불현듯 영어 원문 가사를 확인하고 싶어졌다. 나는 곧 영문학과 출신 몇몇 명예교수님들에게 지원을 요청했고, 그 파장은 마침내 영시학회로까지 번졌으나 아직까지 별 소득이 없다. 연초에 영국문화원에 이메일로 보낸 지원 요청에 대해서도 아직까지 회신을 받지 못한 상태다. 번역한 이가 분명 원문을 토대로 작업을 했을 테니 아무래도 고은 시인에게 도움을 청해야 할 것 같다.

감각적인 표현으로 시의 의경意境을 섬세하게 살려내는 예는 한시漢詩의 수사기법에서도 쉽게 찾아볼 수 있다. 당 잠삼岑參은 〈백설가송무판관귀경 白雪歌送武判官歸京〉에서 "세찬 바람 몰아치지만 붉은 깃발 얼어붙어 나부끼지도 않네(風掣紅旗凍不翻)"라고 읊었고, 원 게혜사揭傒斯는 〈한야작寒夜作〉에서 "서리 내리는 차가운 하늘에 성긴 별이 얼어붙었고(疏星凍霜空)"라 읊었으며, 명 강해康海는 〈동冬〉에서 "구름이 얼어 눈이 올 듯한 날씨인데도 눈이 내리지 않고(雲凍欲雪未雪)"라고 읊었고, 청 홍승洪昇은 〈설망 雪望〉에서 "산이 얼어 구름조차 흐르지 않네(山凍不流雲)"라 읊었다.

청 옹조翁照는 〈매화오좌월梅花塢坐月〉에서 다음과 같이 읊었다.

밝은 달빛 아래 조용히 앉아
홀로 읊조리는 소리에 서늘한 기운 일렁이는데
개울 건너 늙은 학이 찾아와
매화 그림자를 밟아 부수네

靜坐月明中
孤吟破淸冷
隔溪老鶴來
踏碎梅花影

시인이 읊조리는 소리에 달밤의 맑고 차가운 기운이 깨진다거나, 늙은 학이 매화 그림자를 밟아 부순다는 표현은 그 감각이 매우 섬세하고 날카로우며, 실체와 추상이 하나로 어우러지는 현장이다.

하모니카 교실에 나가면서 아내는 투츠 틸레망(Toots Thielemans)이나 리 오스카(Lee Oskar) 등 세계적인 하모니카 연주자들의 곡이 수록된 CD를 따로 주문하여 틈나는 대로 틀어놓고 감상하는 등 학습에 열을 올리고 있다. 같은 반에서 공부하면서 우등생 짝궁을 만난 것 같아 나로서는 그저 마음이 든든하다.

며칠 전 아내는 내게 신문 칼럼 한 편을 스크랩하여 건네주었다. 초창기에 축조된 우리나라 등대 가운데 전남 신안의 가거도 등대(1907), 전남 해남의 구 목포구 등대(1908), 전북 군산의 어청도 등대(1912)가 곧 문화재로 등록될 것이라는 내용이다. 하모니카로 외국 민요 〈등대지기〉를 불다가 관심의 영역이 마침내 우리나라의 실물 등대로까지 확대된 셈이다. 참으로 바람직한 학습태도라 할 만하다.

장자莊子는 일찍이 "사람의 일생은 한시적이지만 지식탐구의 영역에는 끝이 없다(吾生也有涯, 而知也無涯. ---養生主)"라고 말한 적이 있다. 사람이 한 세상 살면서 할 수 있는 일이 과연 얼마나 될 것이며, 또 한 사람이 과연 무엇을 어느 경지까지 배우고 익혀나갈 것인지도 지금 나의 머리로는 도무지 요량할 수가 없다.

그러나 오늘도 아내와 내가 함께 무언가 새로운 것을 찾아 나서고 있고 무언가를 조금씩 더 알아가고 있으니 우리는 그저 즐겁고 행복하며 고마운 일로 여기고 있다.

삼절입문三絶入門_이병한

  시를 잘 짓고, 글씨를 잘 쓰고, 그림도 잘 그리면 사람들은 그를 일컬어 '시서화삼절詩書畵三絶'이라고 한다. 남들은 한 가지도 제대로 지니기가 어려운 재주를 한 사람이 한 몸에 모두 지녔으니 응당 칭송받아 마땅하다.
  나는 시를 짓고, 글씨를 쓰고, 그림을 그리는 재주 중 어느 한 가지도 제대로 몸에 지니지 못했으면서도 요즘 부쩍 좋은 시를 골라 읽고, 글씨를 쓰며, 그림을 그리는 일에 재미를 붙이고 있다.
  시는 대학 강단에서 삼십 여 년을 가르쳐 왔던 터라 내게는 꽤나 익숙한 분야이고 그동안 우리말로 역주를 붙인 한시선집漢詩選集도 몇 권 내어 이름이 좀 알려져 있다. 그러나 글씨나 그림은 나와는 전혀 인연이 없는 영역으로 치부하고 그저 남의 솜씨나 부러워하며 그들의 작품을 감상하는 것으로 범속을 면하는 교양인 행세를 해 왔었다.

　대학 교수직에서 정년퇴임을 한 후로는 한가로운 시간이 상대적으로 많아져 시를 골라 읽는 일이 일과처럼 되었고 그 양도 많아졌으나 내가 한문 서예반에서 붓글씨를 쓰고 화선지에 그림을 그리게 되리라고는 정말 생각지도 않았다. 어느 날 우연한 기회에 구청區廳에서 운영하는 '노인복지회관'에 들렸다가 그 곳에 개설되어 있는 강좌 가운데 '한문 서예반', '사군자반'이 있다는 것을 알고 등록하여 기초를 익히기 시작하였다. 요즘은 늦은 밤이나 이른 새벽에 혼자 식당으로 빠져나와 식탁 위에 벼루를 올려놓고 먹을 갈아 듬뿍 먹물을 적신 붓으로 하얀 화선지 위에 글씨를 쓰고 난蘭도 친다.

　한문 서예반에서는 한 학기 동안 가로 세로 줄을 긋고, 점찍고, 내려 긋고, 삐치고, 갈고리치고 하다가 이제 겨우 선생님이 주시는 채본을 받아 일주일에 두 시간 정도 임모臨摹하는 단계이고, 이번 학기에 처음으로 등록한 사군자반에서는 서예반에서 익힌 기초를 바탕으로 난초 잎을 그리는 연습을 하면서 기수선起手線, 봉안선鳳眼線, 파봉안선破鳳眼線, 발아선發芽線 등의 개념을 익히고 있는 중이다.

　교실에 들어서면 80대 고령 선배님들의 진지한 수련태도나 솜씨에 주눅이 들기도 하지만 60대 후반의 신참도 있어 70대 중반인 나는 그런대로 무게를 유지할 수 있다. 또한 그들 모두 내가 중문과 교수 출신이라는 것을 모르고 있어 우선은 처신하기가 편하다.

　한문서예나 사군자를 익힘에 있어 필수인 문방사우文房四友는 집에 있었던 것을 찾아내어 먼지를 털고 가다듬어 쓰다가 선생님의 권유로 붓만 새로 구입하였고, 화선지는 지업사를 경영하는 친구가 공급해 주는 것으로 충당하고 있는데 남들이 쓰고 있는 것보다 질이 좋다고 선생님이 말씀하셔서 글 솜씨나 그림 솜씨와는 상관없이 이를 탁자 위에 펼칠 때면 어깨가 으쓱해지기도 한다.

한문서예의 경우 대학에서 중국문학을 전공하여 지금까지 한자를 접하고 익혀 온 터라 대하기에 친숙하고 글씨를 씀에 있어서도 구도構圖 잡기가 남들보다는 한결 수월한 셈이다. 운필運筆에 있어서도 가까스로 구인체蚯蚓体를 면한 수준인지라 무슨 골기骨氣나 기운생동氣韻生動을 운운할 단계는 아직 아니지만 정진하다 보면 혹 내 스스로의 무슨 체體 하나 정도는 이룰 수 있을지도 모르겠다. 우선은 획 하나, 잎 하나를 단순한 파편破片으로 보지 않고 전체를 하나의 유기체有機體로 파악하여 다루어 나간다면 향상숙달의 속도도 그만큼 빨라지지 않을까 하는 생각을 해 본다.

글씨 쓰기와 관련하여 조선시대 유몽인柳夢寅은 〈서실書室〉이라는 제목의 시를 한 수 남겼는데 그 속에 담긴 기상이 자못 호방하여 함께 감상해 볼만하다.

> 장욱이나 장지가 되살아나지 않는 바에
> 용트림 붓 놀려도 누가 놀라랴
> 이따금 여의지팡이로 하늘 가득 글씨를 쓰니
> 푸른 하늘 한 장 종이 위에 글자마다 빛이 나네.
> (張旭張芝不復生, 龍蛇動筆也誰驚. 時將如意書空遍, 一紙靑天字字明.)

사군자의 경우 일찍부터 이들을 군자비덕君子比德의 주체로 다룬 시문을 많이 접해 왔고 이와 관련하여 논문도 써서 발표한 일이 있기에 그 의상意象이 나에게는 비교적 친숙한 편이다. 선생님이 매, 난, 국, 죽 가운데 난을 먼저 그리게 하는 것은 그 구성이 다른 것에 비하여 단순하기 때문일 것으로 생각이 된다. 교실 안에는 매화, 대나무, 소나무, 국화를 그리고 있는 분들도 있어 그들의 솜씨가 당장 부럽기는 하지만 그렇다고 지금 내가 그리고 있는 난초의 군자적 위상이 다른 것에 비하여 뒤지는 것도 아니니 나도 어서 이끼 낀 바위에 뿌리를 내린 난초 위에 꽃을 피워주고 제題까지 붙일 수 있는 수준에 도달할 수 있었으면 하는 생각이 간절하다.

난초를 그리는 일과 관련하여 선생님이 주시는 채본 만으로는 성이 차지 않아 집에 돌아와서도 다른 자료들을 뒤적여가며 그것들을 앞에 놓고 되풀이해서 연습을 한다. 마침 서가에 1962년 대만 세계서국에서 간행한 〈예술총편藝術叢編〉속에 명明 주리정周履靖이 엮은 〈구원유용九畹遺容〉이 있어 펼쳐보니 난을 그리는 기법에 대한 설명과 함께 그림까지 곁들여 있어 우선 따라 배우기에 좋았고, 2000년 서울 백선문화사에서 간행한 〈추사백선秋史百選〉에는 〈완당선생화란책이십이정阮堂先生畵蘭册二十二幀〉이 수록되어 있는데 난과 함께 완당의 글씨로 제화題畵 내용까지 함께 배울 수가 있어서 좋다. 완당은 그 가운데 어느 한 그림에 붙인 글에서 당唐 왕유王維의 시와 그림을 논평하면서 "시로 그림의 경지에 들고, 난 그리기를 배우면서 서법의 높은 경지에 이른다."(王摩詰以詩入畵, 學蘭而入書也.)라고 하여 자연스럽게 시서화일률詩書畵一律의 이론

체계를 펼치고 있다.

청淸 왕사신王士愼은 〈공곡유란도空谷幽蘭圖〉에 붙인 제화시題畵詩에서 난초의 은자적 품성을 찬양하면서 난초의 향기를 음악과 연결시켜 다음과 같이 읊었다.

> 난초는 은자의 마음 지녔음일까
> 흰 구름 서린 곳에 절로 피고 절로 지네
> 봄바람 일면 해마다 사람 없는 골짜기에 피어
> 맑은 향 머금고 거문고 가락에 실리네.
> (蘭草堪同隱者心, 自榮自萎白雲深. 春風歲歲生空谷, 留得淸香入素琴.)

난에 관한 한 나는 남다른 자부심을 지니고 있다. 대학 교수 재직시절, 연구실 벽에 걸어두고 수시로 우러르던 조부님의 난 그림을 어느 안목 있는 분이 보시고 깜짝 놀라시던 모습이 생각나거니와, 난 그리기를 배우면서 거실 벽에 모셔 놓은 조부님 그림을 뵈면 새삼 그 풍격이 비범하셨음을 느끼게 된다. 도서낙관圖書落款은 없으나 이끼 낀 바위 위에 뿌리내린 두 포기의 난은 그 잎 하나하나의 형세가 활달하고 생동감이 느껴진다. 그림의 여백에 제題한 "바위 곁에 성긴 꽃 야위고, 바람 맞아 푸른 잎 자라네."(傍石疏花瘦, 臨風翠葉長.) 란 글이나 "병자년 매월 성아의 간청으로 어쩔 수 없이 붓을 잡다."(丙子梅月性兒固請强爲執筆.)라고 한 연기緣起의 글씨 또한 그 획이 난 잎처럼 부드러우면서도 칼날 같은 날카로움을 느끼게 한다.

조부님은 내가 어렸을 때 돌아가셨다. 자주 손자를 목마 태우시고 거리로 나서실 만큼 귀여워 하셨다는데 나는 그 분의 모습을 기억하지 못한다. 거실 벽에 걸려 있는 조부님 난 그림의 제작 시기인 병자년丙子年은 서기 1936년 내 나이 세 살 때이다. 연기緣起에 나오는 '성아性兒'는 조부님의 장남이자 성性자, 근根자를 쓰시는 내 아버지 함자의 첫 글자로 아버님 역시 스물다섯 해 전에 돌아가셨다.

조부님이 70여 년 전에 당신 아드님에게 그려주신 난을 지금은 벌써 70을 반이나 넘긴 나이의 손자가 어찌 어찌하다가 뒤늦게 할아버지의 솜씨를 배워보겠다고 그 밑에 화선지를 펼쳐 놓고 앉은 것이다. 얼핏 손자의 어줍지 않은 모습을 할아버지께서 내려다보시면서 "늦었구나! 그러나 내 항상 네 곁에 있을 것이니 배움을 게을리 하지 말거라."라고 타이르시고 권면하시는 목소리가 들리는 것만 같다. "할아버지, 열심히 할게요. 이끌어주세요."

청 오교吳喬는 〈위로시화圍爐詩話〉에서 시와 산문의 차이를 논하면서 "시는 술이요, 산문은 밥이다."라 하였다. 밥은 집에서 일상 먹는 것이므로 남들과 크게 다를 것이 없겠으나 "시는 술이다." 하였으니 시를 즐겨 읽는 나는 조석으로 남들보다 많은 술을 마시는 셈이다. 그리고 시, 서, 화의 율법이 한가지라 하였으니 시 읽고, 글씨 쓰고, 그림 그리는 나는 그야말로 술독에 푹 빠져 사는 셈이고, 아내가 갖가지 재료로 담근 술까지 자주 반주로 곁들이고 있으니 시 읽고, 글씨 쓰고, 그림 그리며 술 마시는 이 삶이 어찌 즐겁지 않을 손가!

바야흐로 국화향이 그윽하고 벗님네 함께 시 읊조리며 술 마시기에 좋은 계절이다. 국화와 벗과 술을 사랑한 조선시대 신위申緯가 읊은 〈국화菊花)를 소개한다.

벗이 있어 함께 술잔 나누는 것 물론 좋지만
아무도 없을 땐 혼자 마시는 것도 나쁘지 않으이
술병 비면 국화가 웃을까봐
전당포에 책 잡히고 옷도 잡혀 술을 산다네.
(有客同觴固可意, 無人獨酌未爲非. 壺乾恐被黃花笑, 典却圖書又典衣.)

눈이 오는 계절 _이병한

　몇일 전 전국적으로 큰 눈이 내렸다. 항공기의 이착륙, 선박의 입출항이 전면 통제되고, 지상교통도 여기저기 정체되거나 마비되는 현상이 벌어졌다. 그리고 농어민의 피해도 속출하였다. 인간의 힘으로는 어찌할 수 없는 불가항력적 자연현상이다.
　압구정동에 사는 친구로부터 전화가 걸려 왔다. TV 뉴스에서 내가 사는 경기도 안산지역에 25cm 가량의 눈이 쏟아져 전국적으로 최고의 적설량이라 하던데 사정이 어떠냐는 것이었다. 아파트 단지 주변 나무들이 잠깐 사이에 눈꽃을 둘러쓰고 화사한 모습으로 변해가고 있었다.
　다음날 아침 나는 집 근처 공원으로 눈 구경을 나섰다. 발밑에 사박사박 눈이 밟히는 소리가 귀에 즐겁고, 눈 위에 움푹움푹 찍히는 발자국이 마치 내가 거인이 된 것 같은 느낌이 들기도 하였다. 그러나 눈 위에 찍히는 발자국을 되돌아보면서 나는 또 나의 걸음걸이가 똑바른지 발자국이 흐트러지지 않았는지 섬짓 조바심이 들기도 하였다.

  穿雪野中去, 눈보라 무릅쓰고 들녘을 가는 사람아
  不須胡亂行. 발걸음 함부로 옮기지 마시게나
  今朝我行跡, 오늘 나의 행적이
  遂爲後人程 뒤에 오는 이의 길잡이가 될 것일세
  조선 李亮淵 〈野雪〉

〈한국경제〉 2006년 12월 1일자 A20면 산업자원부 기술표준원, KAS 한국표준협회 명의의 전면광고에는 2006년 품질경쟁력 우수기업 업계별 로고와 명단을 나열하고 그 왼쪽에 전단全段으로 김구金九선생의 친필로 이 시를 소개하고, 김구선생이 1950년 남북문제를 협의하기 위하여 단신으로 38선을 넘으면서 이 시를 읊었다고 주명이 되어 있다. '김구선생기념사업회'가 제공한 자료라 하였으니 내력을 잘 모르는 사람은 이 시를 김구선생이 지은 것으로 오해할 수도 있다. 그러나 평양 문예출판사에서 1985년 11월에 간행한 〈한시집〉 2권 328쪽에는 이 시를 조선 이량연이 지은 작품으로 수록되어 있다. 그리고 첫 줄 첫 글자가 '답踏'으로 표기되어 있다. '천穿'으로 표기하면 첫 구의 뜻이 "눈보라를 무릅쓰고 들녘을 가다"가 되고: '답踏'으로 표기하면 그 뜻이 "눈을 밟고 들녘을 가다"가 된다. 김구선생의 행적과 연관시키자면 전자가 맞을 것 같고, 단순히 눈 위에 발자욱을 남긴다는 뜻으로 풀자면 후자가 맞을 것도 같다.

踏雪訪山樵,　눈 밟고 산중의 은사 찾아갔더니
山樵踏雪去.　은사께선 눈을 밟고 떠나가셨네
一路草鞋痕,　눈 위에 남겨진 짚신자욱 따라
尋入松深處.　소나무 숲 깊은 곳으로 나는야 찾아들었네
청　趙關曉〈踏雪〉 12/18

하얗게 쌓인 눈을 뽀득뽀득 밟으며 길을 걸으면 마음에 맑고 유쾌한 흥취가 돋아난다. 눈이 오는 날 산중에 사는 은사를 찾아가는 시인의 마음은 산중에 사는 은사의 마음만큼이나 순진하고 고결하다. 시인은 눈 위에 남겨진 은사의 짚신 자욱을 따라 소나무 숲 깊은 곳까지 찾아 나섰다. 만날 수도 있고 만나지 못할 수도 있으나 이 시에서 그것이 크게 문제가 되지 않는다. 마음으로부터 존경하고 그리워하는 이를 찾아나서는 과정이 더 소중하다.

공원에는 여기저기 눈사람을 만들거나 눈을 뭉쳐 서로 던지면서 눈싸움을 하는 아이들의 명랑한 목소리가 여기저기에서 들리고 그들의 상기된 얼굴이 또한 예뻤다. 화랑공원 부지 안에 얼마 전 신축 개관된 경기도미술관 서향받이 비탈진 잔디밭에서는 비닐포대를 밑에 깔고 미끄럼을 타는 아이들의 모습도 보였다. 용하게 놀 장소를 찾아내고 즐길 거리를 만들어내는 아이들의 재치와 천진난만한 모습들을 보면서 나는 불현듯 나의 어릴 적 모습을 거기에 겹쳐넣어 보기도 하였다. 화랑저수지에는 오리떼들이 자맥질을 하면서 이리저리 몰려다니고 있었다.

겨울은 눈이 오는 계절이라는 것을 사람들은 다 안다. 그런데 시인들은 그 눈을 누가 오게 하는지 궁금해 했고 이를 시로 읊기도 하였다.

  臘轉鴻鈞歲已殘, 시간의 수레바퀴 굴러 어느덧 세밑
  東風剪冰下天壇. 봄바람이 얼음을 썰어 天壇으로 눈을 내리네
  剩添吳楚千江水, 吳楚 지방 천 가닥 강에 물을 보태고
  壓倒秦淮萬重山. 秦淮 강변 만 겹 산을 짓누르네
  風竹婆娑銀鳳舞, 대나무 바람 받아 銀鳳이 춤추듯 하고
  雪松偃蹇玉龍寒. 눈덮인 소나무는 玉龍처럼 썰렁하게 웅크렸네
  不知天上誰橫笛, 누구일까 하늘 위에서 피리 불어
  吹落瓊花滿世間. 온 세상에 구슬 꽃 떨구는 이는
  원 吳澄 〈詠雪〉 12/5

시간의 수레바퀴가 굴러 연말이 되었다는 표현도 그 스케일이 크거니와 이 세상에 눈을 내리게 하는 의지적 주체가 따로 있음을 전제로 한 발상도 기발하다. 중간 4 구는 눈에 덮인 강과 산과 대나무 그리고 소나무의 형상을 묘사한 것인데 형상화 수법이 뛰어나고 자못 생동감이 넘친다.

  屋後林鴉凍不飛, 뒷동산 까마귀도 얼어붙어 날지 못하고
  晚來瓊屑壓松扉. 해질녘 눈송이가 송판대문 위에 소복히 쌓이네
  應知昨夜山靈死, 지난 밤 산의 정령이 죽었던게지
  多少靑峰盡白衣. 푸른 산 봉우리 온통 흰 옷을 입었네
  조선 申儀和 〈雪後〉 1/25

제1구의 표현은 한겨울 추위의 극한적 상황을 상징적으로 나타낸 것이다. 그리고 제3,4구에서는 온통 하얗게 눈이 덮인 산을 산의 정령이 죽어 이를 애도하느라 산들이 저마다 하얀 상복을 차려입은 것으로 풀이하고 있어 자못 신화적인 분위기가 느껴지기도 한다.

군고구마나 군밤 또는 동치미냉면의 맛은 겨울에나 즐길 수 있는 것들이다. 눈이 오는 날 마시는 술의 맛과 멋을 시인들은 또 놓치지 않고 작품 속에 알뜰히도 담아내었다.

綠蟻新醅酒,　부글부글 새로 담은 술 괴어오르고
紅泥小火爐.　작은 화로에 불 벌겋게 피워놓았네
晚來天欲雪,　해질녘 하늘에서 눈까지 내리려 하는데
能飮一杯無.　한 잔 하지 않을 수 있겠는가?
당 白居易〈問劉十九〉 12/23

새로 담아 향기롭게 익어가는 술, 아늑하고 따뜻한 실내 공간, 그리고 금상첨화錦上添花격으로 해질녘 하늘에서는 눈까지 내리려 한다. 시인은 함께 술을 마실 정겨운 친구가 생각이 나서 쪽지에 이 시를 적어 아이에게 들려 보낸 것이다. 바로 '눈이 오는 날의 초대장'이다. 곧바로 오시라고 강요하지 않고 넌지시 상대방의 동의를 구하고 있어 한결 정감적이다.

天上雲驕未肯動,　하늘 위의 먹장구름 꿈쩍도 않더니

晚來雪意已塡空,　해질녘 하늘 가득 눈이 올 기색
　　欲開新酒邀佳客,　새 술 걸러 반가운 손님 오시라 하고
　　更待天花落座中.　펄펄 그 자리에 하늘꽃 내리기 기다리네
　　송　王安石〈欲雪〉12/21

　무슨 일이든 그것을 올바로 또 효과적으로 추진하려면 거기에 필요한 조건들이 충족되어야 한다. 새로 담근 술이 익었으니 만나면 반가운 친구 몇 명을 초대하여 함께 즐겨볼 생각이다. 그런데 그 자리에 펄펄 하얀 눈까지 내려준다면 운취韻趣가 한결 더 살아날 것 같아 조건의 성숙을 기다려 보려는 것이다. 알뜰하게 세월을 즐기며 살아가는 시인들의 낭만정취가 엿보인다.

　　雪滿長安炭價擡,　장안에 큰 눈 내려 숯 값이 올랐기로
　　寒甁凍手酌香醅.　찬 병에 든 술을 언 손으로 따라 마시네
　　入腸自暖君知不,　장에 들어가면 절로 데워진다는 걸 그대는 아시는가
　　請待丹霞上臉來.　두고 보시게나 이제 곧 얼굴이 붉어질 테니
　　고려　李奎報〈冬日與客飮冷酒戱作〉12/22

　술을 마시는 데에도 법도가 있다. 겨울에 청주는 따뜻하게 데워서 마시는 것이 좋고, 여름에 맥주는 시원하게 해서 마시는 것이 제격이다. 그런데 이규보는 한겨울 눈이 오는 날 장안의 숯 값이 비싸다는 것을 핑계로 찬 병에 들어 있는 술을 추워서 곱은 손으로 그대로 따라 마신 것이다. 뱃속에 들어가면 어차피 덥혀질 것이고 취기가 돌면 온몸이 훈훈해져 마찬가지가 아니겠느냐는 속셈인 것이다. 장안에 큰 눈이 내려

숯 값이 비싸서라는 것은 핑계일지니 그는 조금이라도 빨리 술을 마시고 싶었던 것이다. 시제詩題에도 그러한 속셈이 분명히 드러나 있다. 발상 자체가 유쾌하다.

겨울을 읊은 작품이 봄, 가을 또는 여름을 읊은 작품보다 상대적으로 적다. 이는 계절적으로 시인들의 외부활동이 적고 감흥을 불러일으킬 만한 일들이 적기 때문이기도 할 것이다. 그러나 겨울은 겨울대로의 정취가 있기 마련이어서 시인들이 겨울을 읊은 시편들을 골라 읽다 보면 다른 계절을 읊은 시들과는 분명 다른 맛을 느낄 수 있다.

땅 쓸고 꽃잎 떨어지기 기다리노라 _이병한

　요즘 나는 시 속에 푸욱 파묻혀 산다. 그리고 집에 있을 때에는 점심 저녁으로 반주를 즐겨 곁들인다. "시는 술이요, 산문은 밥이라."했으니 그야말로 술절임이 되어가는 판이다.
　속이 좀 불편해서 병원을 찾아가 내시경 검사를 하였더니 위 내벽이 많이 헐어 있었다. 변명처럼 젊은 의사에게 "그저 한 두 잔인데요 뭐…"했다가 "낙숫물에 바위 구멍 뚫린다는 말도 못 들으셨나요?" 하고 되려 꾸중만 들었다. 그는 내가 중문학과 명예교수로 '滴水穿石'이라는 4자성어 쯤 익히 알고 있을 것이라는 것도 모르고 그야말로 공자 앞에서 문자를 쓴 셈이다. 그러나 어이하랴
　의사 처방대로 약국에서 약을 받아다가 두어달 쯤 근하게 먹었더니 상태가 좀 나아지는 듯 하여 요즘 다시 점심 저녁으로 반주를 곁들이고

있다. 그리고 정말 근하게 남들이 엮어 낸 한시선집을 읽어대고 있으니 나의 일상은 그야말로 꽃대궐이오 하늘 위의 구름처럼 마냥 향기롭고 자유롭고 즐겁기만 하다.

　나는 최근 일간신문의 신간소개를 보고 서둘러 책 두 권을 연달아 주문하여 배송 되는대로 손에 들고 재쳐 읽어나갔다. 그중 하나는 강원대학교 사범대학 국어교육과 김풍기 교수가 엮은 〈삼라만상을 열치다〉 (2006.10. 16. 서울 푸르메 1판1쇄)이고, 또 하나는 선친으로부터 한학을 전수 받았다는 90세 나이의 손종섭 옹이 엮은 〈손 끝에 남은 향기〉 (2007. 2. 5. 서울 마음산책 1판1쇄)이다. 앞의 책에는 "한시에 담은 24 절기의 마음- 춘하추동"이라는 부제가 달려 있고, 뒤의 책에는 "읽을수록 깊고 새로운 우리 한시"라는 부제가 달려 있다.

　〈삼라만상...〉은 배송 받아 사흘 만에 다 읽었고, 〈손 끝에...〉는 설날에 주문하여 정월 초사흗날에 배송받아 서둘러 훑어 읽었다.

　이 두 책을 그토록 서둘러 주문하고 빠르게 읽어나간 것은 내가 여러 해에 걸쳐 준비해 왔고 이제 곧 출간이 될 한시선집과 관련이 있기 때문이다.

　나는 사람들이 매일매일 한시 한 수 씩 읽을 수 있도록 해보자는 거창한(?) 뜻을 세워 우리한시와 중국한시 365 수를 골라 우리말로 옮기고 원문, 주석, 감상을 달아 한참 전에 출판사에 넘겼고, 이제 제목과 표지를 결정하는 일만 남은 단계이다.

　〈삼라만상...〉에는 내가 엮어 낸 365 수와 5 수가 겹쳐 선록되어 있었고; 〈손 끝에...〉에는 20 여 수가 겹쳐 선록이 되어 있었다. 어느 책이 먼저이고 어느 책이 뒤인지를 굳이 따질 나위도 없는 일이라는 생각이 들었다. 〈삼라만상…〉은 24 절기에 국한되어 있는데 내가 엮어낸 책은 24 절기 춘하추동을 몽땅 안고 있는 365 일 분량이고, 〈손끝에는…〉는 한국한시만을 뽑아 엮었고 수량 면에서도 내가 엮어 낸 책의 절반에 지나지 않아 굳이 이 둘을 경쟁대상으로 여기고 긴장할 것은 아니라는 생각이 들었다. 나는 또 그러한 사연을 출판사 사람들에게도 알아들을 만큼 설명해 주었다.

그러나 책을 낸다는 것은 출판사 입장에서 본다면 일차적으로는 영리를 목적으로 한 하나의 사업이니 그들의 조바심도 탓할 것만은 아닌성 싶었다. 우선 우리나라 독자들에게 선택의 폭이 넓어졌으니 좋은 일이고, 서로 어깨를 겨루어 나아가 우리나라 출판문화의 지평을 넓힐 계기가 될 수 있을 것 같아 나 스스로는 오히려 행복하게 여기고 있는 터이다.

〈삼라만상…〉 대설大雪 절기에는 당 백거이白居易의 〈밤눈 夜雪〉이 선록되어 있다..

> 잠자리가 싸늘한 게 이상했는데
> 다시 보니 창문이 밝기도 하다.
> 밤 깊어 내린 눈 쌓인 걸 알겠나니
> 이따금 대나무 부러지는 소리 들린다.
> 已訝衾枕冷, 復見窓戶明. 夜深知雪重, 時聞折竹聲.

내가 엮어 낸 365 수 1월 9일 조에도 백거이의 이 시가 배정되어 있다.

> 이불 베개 썰렁해 이상타 했더니

창문이 또 환하게 밝네
밤이 깊은데 눈 많이 왔음을 알겠나니
이따금 대나무 부러지는 소리 들리네

우리말로 옮긴 시 아래 원시原詩를 제시하고 다시 그 아래에 붙인 감상 부분에 나는 이렇게 써 넣었다..

"밤중에 오싹 한기가 스며 눈을 떠 보니 창문 쪽이 환하게 밝다. 눈 위에 비치는 달빛 때문일까? 이따금 대나무 부러지는 소리가 들린다. 아하, 눈이 많이 온 모양이로구나 짐작이 된다. 대나무는 유연하여 웬만한 눈 비 바람을 잘 견뎌낸다. 그러나 대 잎에 소복소복 눈이 쌓이면 그 무게를 견디지 못하고 우지끈 소리를 내며 부러지기도 한다."

외국어로 쓰여진 시, 특히 한시漢詩를 우리말로 옮기기란 쉬운 일이 아니다. 우선 원작자의 의경意境과 그가 사용한 언어문자의 정취를 잘 살려내고 또 우리말도 잘 다룰 줄 알아야 한다. 〈삼라만상...〉, 〈손 끝에...〉를 엮어 낸 두 분의 학식소양과 언어감각이 특히 뛰어나다는 것을 나는 그분들이 엮어 낸 책을 읽으면서 충분히 짐작할 수가 있었다.

〈손 끝에...〉에 수록된 것 가운데 내가 엮어 낸 책 내용과 겹치는 작품이 상대적으로 많았는데 손종섭 옹은 강준흠姜浚欽의 〈반 얼굴의 금강산 入金剛山〉을 다음과 같이 우리말로 옮겨 놓았다..

천 봉우리 만 골짜기 오며 가며 바라봐도
다만 보이는 건 반 얼굴뿐일레라!
어쩌면 날개를 얻어

내외 금강 전 얼굴을 한눈에 굽어본담!
往來千峰萬壑間, 看看只識半邊頭.
此身那得昇天翼, 全俯金剛內外山.

나는 내가 엮어 낸 책 7월 10일 자에 이 시를 다음과 같이 우리말로 옮겨 놓았다..

이 봉우리 저 골짜기 두루 다녔지만
보았다는 것이 겨우 그 반쪽 모습
어찌하면 이 몸에 하늘 오르는 날개를 달아
금강의 안팎 산을 다 굽어 볼 수 있을까

그리고 그 끝머리 감상 부분에 이렇게 적어 넣었다..
"금강산은 봉우리가 일만 이천이요 골짜기마다 맑은 물이 흐르고 곳곳에 기암괴석이 솟아 그야말로 천하의 명산으로 알려져 있다. 그 국량이 넓고 경관이 다양하여 한눈에 전모를 살피기란 쉽지 않은 일이다. 송소식蘇軾은 '여산의 참모습을 알 수 없는 것은 스스로가 그 산 속에 있기 때문'이라고 읊기도 하였다. 강준흠이 금강산에 들어가서도 같은 느낌을 받았던 것으로 보인다."

손종섭 옹은 한국한시를 우리말로 옮김에 있어 그 정취를 우리네 옛 시조 가락 속에 녹여 넣어 살려보려고 했다고 밝히고 있다. 참으로 소중하고 참신한 시도라고 할 것이다.이에 반하여 나 같은 중국문학 전공자는 한시를 우리말로 옮김에 있어서도 원시의 형태와 의미 내용을 독자들에게 온전하게 전달하는 일에 마음을 더 쓰게 된다. 그러다보니 시적 정감을 유효하게 살려내는 데에는 항상 미흡함이 남게 된다.

내가 엮어 낸 책의 제목을 출판사 편집부에서는 〈땅 쓸고 꽃잎 떨어지기 기다리노라〉로 정했단다. 송 왕안석王安石이 읊은 〈봄날의 안타까움 春怨〉의 첫 구를 따 온 것이다.

> 땅 쓸고 꽃잎 떨어지기 기다리는 마음
> 그 꽃잎 마구 먼지에 더럽혀질까 봐서인데
> 놀이꾼들이사 봄 아낄 줄 모르고
> 그 꽃잎 즈려밟고 봄을 찾아 나서누나
> 掃地待花落 惜花輕着塵. 遊人少春戀, 踏花却尋春.

이 시의 끝머리 감상 부분에 나는 다음과 같이 적어 넣었다.. "시인의 봄 사랑, 꽃 사랑이 참으로 정성스럽고 지극함을 알겠다. 당 두보杜甫는 〈곡강曲江〉이라는 제목의 시에서 '꽃잎 하나 지면 봄이 그만큼 덜어지거늘, 바람에 펄펄 꽃잎이 날리니 이를 어찌하랴!'(一片花飛減却春,風飄萬點正愁人.) 라고 읊기도 하였다. 그리고 당 백거이白居易와 송 소식蘇軾은 모란꽃 해당화가 시들어 땅에 떨어지는 것이 아쉬워 한밤에 촛불까지 밝혀 들었다는 고사도 있다. 이들의 마음씨가 참으로 곱고 아름답다."

금년 봄에도 우리나라 금수강산 곳곳에 꽃이 화사하게 피고 또 져갈 것이다. 꽃 피는 계절 꽃 지는 철에 꽃구경 나서는 사람들 아무쪼록 그 꽃 그 꽃잎 함부로 꺾거나 밟아 시인들의 마음을 아프게 하지 말았으면 좋겠다.

산성마을 농사꾼 이야기_이병한

무슨 일이든 시작이 있으면 또 끝이 있게 마련이다. 그런데 끝인가 하였더니 또 그것이 새로운 시작인 경우가 많다. 시작과 끝 사이의 시간적 길이를 단위로 하여 사람들은 초, 분, 시간, 하루, 한 달, 한 해, 한평생 등으로 구분하여 삶의 매듭을 짓기도 한다. 그리고 순간과 영겁의 시간 속에서 태어나고 죽어가는 사람들이 살아가는 동안 가장 많이 운용하는 개념이 또한 시작과 끝이다.

사람들이 제멋대로 연대기를 만들어놓고 지금까지 인류가 이룩해놓은 과학문명의 첨단기기인 '컴퓨터'가 인류를 과연 1999년에서 2000년으로 무사히 데리고 넘어가줄 것인가 여부를 놓고 이른바 '밀레니엄 신드롬'에 빠져 한때 온 세상이 떠들썩했던 일이 있었다. 그리고 그 뒤로 벌써 네번째 해가 바뀌었다. 2999년에서 3000년으로 넘어갈 때에는 또 어떤 일이 벌어질지 지금으로서는 예측하기 어렵다. 다만 그때에도 여전히 사람들은 시작과 끝의 미몽에서 깨어나지 못하고 허우적거리게 될 것이라고 짐작이 될 뿐이다.

지금은 2004년 11월, 이제 곧 2005년이 된다. 말하자면 지금은 2004년 연말이고 곧 2005년 연초가 되는 시점에 우리가 살고 있다.

일흔이 넘는 해살이를 해오면서 나는 그동안 해마다 연초에는 그 해 안에 기필코 이루어내겠다는 다짐과 함께 거창한 계획을 세웠고, 그 계획이 거창하면 할수록 연말에는 그에 비례하는 양의 회한을 곱씹어오곤 하였다. 그런데 희한하게도 나이가 들면서 연초계획의 규모가 점차 축소되고 그만큼 연말에 곱씹어야 할 회한의 양이나 폭도 줄어들었다. 단순 비율로만 따진다면 나이가 들수록 성취도는 오히려 높아졌다는 이야기가 된다.

나는 내가 금년 초에 어떠한 연차계획을 세웠었는지 분명하게 기억하지 못한다. 그런데 연말이 되면서 지난 세월을 되돌아보니 그 사이 해놓은 일들이 이것저것 꽤 분명하게 셈이 되는 것이 제법 많아 회한보다는 오히려 뿌듯함이, 허망함보다는 오히려 풍족함이 느껴지니 올 한 해를 나는 잘 산 것이라고 할 수도 있을 것 같다.

〈관자 수권 管子 修權〉에 보면 "한 해의 셈으로는 곡식을 심는 것보다 나을 것이 없고, 십 년의 셈으로는 나무를 심는 것보다 나을 것이 없으며, 평생의 셈으로는 사람을 심는 것보다 나을 것이 없다."(一年之計, 莫如樹穀; 十年之計, 莫如樹木; 終身之計, 莫如樹人.)라는 말이 있다. 나무를 심거나 인재를 양성하는 일이 1년 농사보다 그 의의나 효과 면에서 열 배 백 배 더 크다는 뜻을 담은 비유적 표현이다. 내 나이가 이제 일흔을 훌쩍 넘었으니 인생역정으로 따지자면 하루해의 석양이요 한 해의 가을이며 평생살이의 만년이라 할 수 있다. 농민들이 한 해 농사를 짓고 가을에 거두어들이는 것처럼 나도 지금까지 내가 살아온 역정을 돌이켜보고 그 성취도를 한번쯤 셈해볼 때가 되었다는 생각이 들기도 한다.

나는 우리나라에서 제일 좋다는 대학의 강단에서 전임교수 신분으로 삼십여 년간 제자들을 가르쳤다. 1년 농사, 십 년 농사를 짓기 전에 백 년 농사부터 지은 것이다. 그리고 대학교수직에서 정년퇴임한 후에도 지금까지 12개 학기에 걸쳐 고향인 전주 소재 대학교에서 강의를 하고 있다. 지금도 쉬지 않고 백 년 농사를 짓고 있는 셈이다.

고향의 후학들을 가르치기 위하여 매주 며칠씩 전주에 내려가 있는 동안 나는 아버님이 물려주신 임야에다 왕벚꽃나무와 이팝나무 수천 그루를 심고 틈나는 대로 그곳으로 달려가서 낫 들고 가지치기, 풀베기, 비료 주기 등으로 땀깨나 흘렸다. 그 덕으로 처음 묘목을 심을 때에는 무릎 아래 높이로 가느다랗던 것이 이제는 제법 자라서 사람 키를 훨씬 넘길 만큼 되었고 수간樹幹의 굵기도 전錢으로 따질 만큼 되었다. 백 년 농사에 십 년 농사를 병행해오면서 지금까지 육신의 노고스러움 외에는 별다른 어려움이 없었다.

고향에 가 있는 동안 우리 내외가 머물다 오는 산성마을 농가에는 딸린 농토가 제법 되었으나 논밭을 가꾸며 짓는 1년 농사에는 그동안 선뜻 손을 대지 못했다. 우선 매주 그곳에 내려가 있는 기간이 짧았고, 때

맞춰 씨를 뿌리고 가꾸는 일에 대한 지식이 전혀 없었던 탓도 있었다. 적어도 나에게는 1년 농사가 십 년 농사, 백 년 농사보다 훨씬 어렵게 여겨졌다. 산성마을을 드나든 지 몇 해째가 되는 어느 해 봄 우리 내외는 용기를 내어 화단 한 모퉁이에 밭을 일구어 상추와 아욱 씨를 뿌렸다. 그 싹이 우북하게 올라오는 것을 본 마을 어느 분이 "씨를 뿌린 게 아니고 아예 갖다 부었구먼……" 하는 소리를 듣고 우리 내외는 설핏 얼굴이 붉어지기도 했었다.

산성마을을 오고가면서 몇 해 동안 그래도 보고 들은 것이 있어서 우리 내외의 1년 농사 규모가 제법 다양해지기 시작하였다. 고추, 가지, 토마토, 호박, 도라지, 더덕, 치커리 등등…… 대문 앞 논 한 마지기에는 연못을 조성하여 백련 뿌리를 얻어다 심어 금년 여름에는 소담하게 피어난 꽃을 감상하고 그 향에 취했고, 그 잎을 따다가 연잎차도 만들고 연잎술도 담갔다. 내년 봄에는 연뿌리도 캐서 이웃과 함께 나눌 생각이다. 감나무 밭에 심은 수십 그루의 오가피나무에서는 까맣게 익은 열매를 수확하여 그것으로도 술을 담갔다. 백 일은 숙성해야 한다 했다. 내년 설 때쯤에는 친지들과 나누어 마실 수도 있을 것이다. 윗배미 아랫배미에 심은 매실나무에서는 그동안 꽤 많은 열매를 수확하여 술도 담그고 장아찌도 만들어 소중한 사람들과 함께 그 맛을 즐겼다.

주변 상황에 익숙해지고 담력이 생기게 되면 사람들은 또 쉽게 분에 넘치는 짓을 하려 든다. 우리 내외가 산성마을을 드나든 지도 금년으로만 6년째가 된다. 마을 분들이 밭에 배추 심고 무를 심어 풍성하게 잘 가꾸고 숭숭 뽑아내는 것을 보고 우리 내외도 마침내 무를 한번 심어보기로 하였다. 이웃 아주머니로부터 기본적인 사항 몇 가지에 대한 설명을 듣고 우리 내외는 곧 밭 한 이랑을 일구는 작업에 착수하였다. 삽으로 땅을 파 뒤집고 호미와 괭이로 흙덩어리를 부셔 토양을 골랐다. 그리고 고랑을 내고 두둑을 만들었다. 두둑에 움푹움푹 구덩이를 내고 거기에 무 씨 두세 개씩을 던져넣고 그 위에 조심스레 흙을 덮었다. 두둑 몇 개를 그런 식으로 처리해 나가다가 나중에는 요령이 생겨 엄지와 인지로 씨 두세 알씩을 집어 두둑에 꾹꾹 눌러넣고 손바닥을 펴서 두둑 위를 쓱 한 번 쓸고 지나갔다. 씨가 너무 얕게 묻힌 것이 아닐까 싶기도 하였으나 부토를 두텁게 하면 씨가 싹을 틔우지 못한다는 말이 생각나서 그냥 두기로 하였다. 씨를 뿌리는 일은 이렇게 해서 쉽게 끝이 났다.

대엿새가 지나 밭에 나가보니 파란 싹이 옹기종기 두둑 위로 고개를 내밀고 있었다. 내 스스로 무슨 신통한 조화를 부린 것 같은 생각이 들기도 하였다. 집사람과 나는 이내 고랑을 더 깊이 파고 두둑이 선명하게 솟아 보이도록 하였다. 그리고 그 다음 주에는 떨리는 손으로 무 싹을 대충 솎아주었다. 행여 너무 솎아내지나 않았는지 조심스럽기만 하였다. 솎아낸 묘는 그냥 버리기가 아까워 여기저기에 나누어 모종을 하였다. 마을 분들은 솎아낸 무를 모종하는 것은 처음 본다며 고개를 갸웃거리기도 하였다. 다음 주에 밭에 나가보니 무 잎이 제법 꼴을 갖추기는 하였는데 잎 끝이 노래지고 있었다. 이웃집 아주머니에게 까닭을 물었더니 고랑을 너무 깊게 파서 무 뿌리가 가뭄을 타서 그런 것이라 하였다. 우리 내외는 당장 주변 흙을 파다가 고랑을 메웠다.

다른 집 무는 쑥쑥 키가 크고 두둑 위로 하얗게 뿌리가 솟아올라 탐스러워 보였는데 우리 집 무는 자라는 것이 영 신통치가 않았다. 포기 사이가 너무 촘촘한 듯하여 다시 재벌 솎아내고 그중 달랑무 크기만큼 자란 것으로 골라 통째 싱건지도 담아 먹었다. 그런데 그 뒤로도 성장이 영 신통치가 않아서 다시 이웃 아주머니에게 자문을 청하였더니 서리가 내리기 시작하면 무는 이제 더이상 자라지 않는다는 것이었다.

애당초 우리 내외가 알기로는 무는 처서 앞뒤로 일주일 사이에 파종한다 하였는데 우리가 파종한 시기는 그보다 좀 늦었던 데다가 산성마을 지대가 상대적으로 높았고 고랑을 깊게 파서 가뭄까지 들게 하였으며 비료도 통 주지 않았으니 그 무가 제대로 자랄 수가 없었던 것이다.

서리가 하얗게 내리고 밖에 세워둔 승용차 유리창에 얼음이 얼어붙을 만큼 날씨도 추워졌는지라 우리 내외는 무를 현재 상태대로 그냥 거두어들이기로 하였다. 꼭지를 잡고 무를 쑥쑥 뽑는 작업은 실지 성장률에 관계없이 우리 내외를 즐겁게 하였다. 한 봉지 3천 원을 주고 사가지고 와서 반쯤 남기고 파종하고 반이나 남았는데 거둔 무의 양이나 가꾸면서 배우고 터득한 농사기술까지 합치자면 우리 내외에게 금년 무 농사는 대풍작인 셈이다. 솎아서 모종한 무는 건장한 남자 엄지손가락만큼씩이나 굵었으나 끝에 잔털이 많이 나 있었다. 척박한 땅에 옮겨져 새로운 여건에서 생명을 유지하기 위한 그들 나름의 자위책이었을 것으로 보인다.

산성마을 우리 집 둘레에는 오래된 감나무가 여러 그루 있다. 파라시는 먼저 익어 적기에 따주지 않으면 꼭지에서 빠져 땅에 떨어지고 만다. 그리고 높은 곳에 있는 감은 이삿짐 나르는 사다리차나 빌려와야 딸 수 있을 정도여서 까치밥이라 선심 쓰고 그냥 눈요기나 할 수밖에 없었다. 땅 위에 떨어진 것 가운데 그런대로 성한 것을 골라 한 입에 넣고 쪼옥 빨아먹는 맛은 그야말로 환상적이라 할 만큼 상큼하고 달콤하다. 다른 나무에 열린 감은 전부 마을 분에게 양도하고 그분이 곶감을 깎아 말렸다가 몇 알이라도 나누어주면 고맙게 받아먹곤 한다. 산성마을 우리 집 북쪽 뜰에는 고욤나무가 한 그루 있다. 고욤나무에다 감을 접붙이면 잘 자란다고 하는데 나는 아직 그 기술을 터득하지 못했다. 금년에도 고욤나무 가지에는 열매가 많이 맺혔다. 도토리보다 작은 열매에 씨가 예닐곱 개씩이나 되지만 잘 익은 열매 맛은 꿀보다 달다. 서리가 내리고 난 다음 따서 항아리에다 담아 두었다.

연전에 돌담 아래에 심은 더덕을 여태껏 넝쿨 보고 꽃은 보았지만 아직 한 뿌리도 캐먹어본 일이 없다. 그중 한 줄기는 캐다가 안산 아파트 베란다 철책에 걸어두었더니 9층인데도 세차게 잘 뻗어나가고 꽃도 피웠다. 그리고 살짝 스치기만 해도 향을 뿜었다. 밭에 파종한 도라지는 3년째 되면서 이따금 갈고리 들고 나가 몇 뿌리씩 캐다가 껍질을 벗기고 고추장을 찍어 먹는다. 땅에서 막 캐낸 것이라 시원하고 부드럽고 향기로워 그대로 격이 높은 안줏감이 된다. 반 이랑쯤 남은 것은 내년 봄에 다른 곳으로 옮겨 심을 생각이다. 십 년만 잘 가꾸면 산삼 못지않은 귀한 약재가 된다 하였다. 진안 시장에서 한 다발 사다 심은 당귀도 내년에는 캐내어 차나 만들어 먹을 생각이다. 그리고 내년 처서 무렵에는 금년 경험을 살려 때를 놓치지 않고 무 씨를 파종하고, 배추도 한 이랑쯤 재배해볼 생각이다.

백 년 농사 짓던 사람이 뒤늦게 십 년 농사를 짓고, 마침내 일 년 농사까지 지어본 셈이다. 일 년 농사가 가장 어렵고 가장 즐겁다는 것을 늦어서야 알게 되었지만 이것도 이 나이까지 산 사람이 누리는 복이라면 복이라 할 것이다.

어느 良醫 이야기_이영주

    아현동에 어떤 치과 의사 선생님이 계시다. 나이가 오십이 넘었고 게다가 평소에 이런 저런 병으로 병원 문턱을 자주 넘나드는 처지이다 보니 자연히 좋은 의사 선생님을 많이 접하게 되었지만, 그 중에서 이 분에게 받은 감동이 특히 커서 종종 생각이 난다.

  몇 년 전에 치아가 탈이 나서 고통스러웠고 또 어느 치과로 가야하나 고민스러웠다. 아프면 즉시 병원에 가면 될 일이지 무슨 고민이냐고 하겠지만, 사실 치과에 가는 일은 그렇게 간단하지가 않다. 가서 무슨 좋지 않은 소리라도 듣지 않을까 걱정되고 또 비용은 얼마일까 지레 재게 된다. 이렇게 말하면 치과를 불신하는 것 같아 치과 의사들에게 미안하지만, 치과에 대한 불신은 나만의 문제는 아닐 것이고 또 치과 의사가 불신을 받는 것은 자업자득의 측면도 있다.

치과를 찾은 것이 한두 번이 아니었지만, 나는 제대로 의료보험 혜택을 받아 본 적이 없었던 것 같다. 잇몸에 피가 나서 가면 몇 달 되지도 않았는데 다시 스켈링을 받아야 한다. 스켈링이야 비용도 괜찮고 또 나쁜 일도 아닐 것이다. 게다가 이를 열심히 닦지 않은 내 탓이기도 하니 흔쾌히 받아들일 수 있다. 그러나 나의 너그럽지 못한 성격으로는 견디기 힘든 경우도 적지 않았다. 어느 치아가 불편해서 갔는데, 엑스레이를 들고서 설명하는 의사의 걱정 어린 말을 듣다보면 치료받아야 할 곳이 한두 군데가 아닌 것 같아서 절로 스트레스가 생기는 경우도 있었고, 불요불급한 것 같은데 과다한 비용을 부담해야 하는 치료를 강요당하는 기분이 들어 병원 문을 불쾌한 심사로 나설 때도 여러 번 있었던 것이다. 그러다 보니 치과에 가는 일이 마치 거래하러 가는 것 같은 기분이 들기도 하였다. 분명 이런 저런 요구를 할 터인데 어느 선에서 타협을 하는 것이 서로 간에 예의를 지키며 내 속도 상하지 않을까 미리 마음의 준비를 해야 하니까 말이다.

고민 중이던 차에 지인에게서 그 분을 소개받았다. 자기 부친이 사고가 나서 치아를 여럿 보철하였는데 비용이 놀랄 정도로 저렴하였고, 꽤 심한 상태에서 치료를 받았는데도 평생 불편을 느끼지 않을 정도로 솜씨가 훌륭하였다고 그 분을 극찬하였다. 단 한 가지 걱정은 진료실이 너무 초라하고 어떻게 보면 비위생적으로 보일 수도 있으니 이 점은 미리 알고 가야한다고 하였다. 내가 결벽증이 있다는 사실을 잘 알고 있는 친구다 보니 그 점이 마음에 걸렸을 것이다. 나는 그 친구 말이라면 대개 믿는 편이라 즉시 그 분을 찾아 갔다.

진료실의 초라함은 그 친구 설명 이상이었으니, 진료실 시설은 말할 것도 없고 진료 기구조차 다른 치과에서는 볼 수도 없는 구식이었다. 이렇게 낡은 진료 기구도 있었구나하는 감탄은 잠시, 제대로 치료가 될까 하는 걱정이 들기 시작하였다. 게다가 간호원도 없이 혼자서 모든 일을 처리하는 모습을 보니 한심한 생각까지 들었다. 나중에 들은 이야기이지만 그 분에게도 원래는 간호사가 있었다고 한다. 오래도록 같이 일했는데 늦은 나이에 결혼을 하게 되어 그만 두었고 그 뒤에 다른 간호사를 한 둘 채용하였지만 그 분의 성에 차지 않아서 그만 두게 하고 그 이후로는 혼자서 모든 일을 하게 되었다고 한다.

이왕 왔으니 어쩔 수 없지 하는 생각에 진료를 받았다. 아픈 증세를 듣고 나서 이를 두들겨도 보고 씹어보라고도 하더니 근심어린 나에게 밝은 얼굴로 말씀하셨다. "좋은 치아를 가지고 계시네요. 아무 문제없습니다. 오늘 조금 치료받고 약만 며칠 먹으면 금방 좋아질 것입니다." 아니 내 치아가 좋다니, 처음 듣는 말이었다.

치료비는 당연히 의료보험 처리가 되었고, 먼 길에 자주 오는 게 불편할 터이니 약을 넉넉하게 처방해주겠는데, 아프지 않으면 다 먹을 필요가 없다는 말까지 듣고 나서 나는 즐거운 마음으로 병원 문을 나섰다.

그 뒤에도 기억나는 일이 여러 번 있었다. 한 번은 통증이 심해 갔더니 맨 끝 쪽 어금니가 갈라져 있었던 것이다. 충치 때문에 아주 오래 전에 때웠던 치아인데 그게 그만 갈라져 버린 것이다. 그 분은 나와 상의해서 결정하자고 하면서 이렇게 말씀하셨다. "망가진 치아도 자기 것이 제일이니 가능한 한 하루라도 더 보존하는 것이 좋습니다. 따라서 갈라진 상태라도 그 위에 금을 덮어 씌어서 보전해야 하는데, 단 지금 치아의 상태가 좋지 않아 제대로 씌울 수 있을지 나도 그 결과를 장담할 수 없군요. 그리고 잘 보철하여도 오 년 정도 지나면 자연히 빠져 버릴 것이니 이 점은 미리 알고 결정하세요." 나는 그 분을 믿었고 그 분은 내 기대대로 보철을 잘 해주셨다. 그리고 그 분의 말처럼 그 이는 오 년이 지난 작년 어느 날 자연히 빠져버렸다. 물론 나는 그 분에게 추후 조치에 대해 상의하였고, 연장 보철은 비용만 들고 다른 치아에도 좋지 않으니 할 필요가 없다는 답을 들었다.

그 분은 스켈링도 잘 안 해주신다. 언젠가는 갔더니 특별히 치료할 게 없다고 하시면서 그냥 가라는 것이었다. 신림동에서 여기까지 오셨고 별 치료도 안했으니 진료비도 받지 않겠다고 하시는 통에 그러면 스켈링이라도 해달라고 했더니 스켈링도 좋은 것만은 아니라면서 해 주지 않으셨다. 신림동에서 아현동이 뭐 그렇게 먼 거리냐고 하면서 기본 진료비라도 내겠다고 내가 우기니 그 제서야 몇 천원 진료비를 청구하셨다.

그 분을 알고 난 이후로 나는 치아 걱정하는 친지를 보게 되면 으레 그 분을 추천하였다. 간혹 초라한 시설에 거부 반응을 보인 이도 있었지만 다수는 나와 같이 그 분의 숭배자가 되었다. 이들 중 한 친구의 이야기를 해보기로 하겠다. 이 친구는 치아가 아주 좋지 않아서 잇몸 수술도 한 적이 있고 이도 몇 개 해 넣은 적이 있었다. 최근에 다시 통증이 있어서 어느 치과에 갔다가 수백만 원의 비용이 드는 치료가 필요하다는 이야기를 듣고 고민을 하고 있었다. 그 분에게 가보라는 나의 말을 듣고 갔다 오더니 매우 기분 좋아하였다. 이가 안 좋은 것은 사실이지만 살살 달래가면서 살도록 하라, 이를 뽑는 것은 결코 좋은 일이 아니니 조금 불편하더라도 참고 사는 것만 못하다하는 말을 들었던 것이다.

　다른 친구의 이야기를 하나만 더 해보겠다. 어느 날 그 분을 찾아가서 선생님 손으로 이를 미리 완벽하게 손보아두고 싶으니 조금이라도 손볼 곳이 있으면 예방 차원에서라도 미리 다 해달라고 졸랐다고 한다. 그랬더니 웃으면서 거절하셨단다. 그 친구는 그 분이 연세가 너무 많아서 걱정이 되었던 것이다. 우리는 그 이야기를 듣고 잠시 실없는 이야기를 주고받았다. 그 분이 만약 병원을 그만 두면 큰일이지 않냐? 그 분이라면 치과 의사 중에 누가 또 좋은 사람인지 알 테니 미리 소개라도 받아두자. 그런데 그 이야기를 누가 가서 하느냐? 차마 면전에서 그 말을 어떻게 하냐? 그리고는 우리의 지금 이야기가 고양이 목에 누가 방울을 다냐고 상의하는 것 같다면서 서로 웃고 말았다.

　그 분의 지론은 가능한 한 자연 상태의 이를 유지하도록 하라는 것이다. 이도 아프기도 하고 수명이 다하여 빠지기도 하는데 이는 자연스러운 현상이니, 그것에 순응하는 것이 좋다. 부득이한 경우 보철도 하고 새로 이를 해 넣기도 해야겠지만 가능한 한 그대로 두는 것이 최선이라는 뜻으로 나에게 말해주신 것을 기억한다. 우스갯소리지만 그 분의 지론이 반드시 옳은 것 같지만은 않다. 이가 심하게 아플 때면 뭐라도 시원하게 조치를 해주었으면 좋겠는데 가벼운 처치만 해주시니 말이다. 이제 그 분에 대한 신뢰가 확고하여 뽑으라면 뽑고 해 넣으라면 얼마든지 해 넣을 용의가 있음에도 그 분 자신이 도통 해주시지 않으니 이게 문제인 것이다.

　얼마 전에 다른 치과에서 보철을 새로 하였다. 이와 이 사이에 음식물이 끼어서 불편했기 때문에 기존의 보철을 제거하고 새로 해 넣었던 것이다. 그 분에게 가지 않은 이유는 약만 주시고 시원하게 치료를 해주지 않을까 우려되었기도 하지만, 연로한 분을 자꾸 번거롭게 하고 싶지 않은 마음도 들었고, 이 분이 그 연세에도 병원을 지키고 있는 이유는 가난하고 나이든 이를 위해서 봉사하는 것인데 나까지 찾아가는 것이 염치없게 느껴졌기 때문이기도 하였다. 혹 심각한 상황이라면 염치불구하고 그 분을 찾아갔겠지만, 보철만 바꾸면 되는 일이라 다행이었다.

　보철을 하고 나서 요 며칠 편안하게 음식을 씹으면서 그 분 생각을 하게 된다. 그 분은 의사로서가 아니라 올바른 삶을 일깨워주신 분으로 내 마음에 기억될 것이다. 사람은 한 평생 명리名利의 유혹에서 벗어나기 힘들다. 명리 두 자에서 벗어나면 바른 삶을 살게 된다는 것을 알면서도 그러기가 쉽지 않다. 그런데 그 분의 삶에서 쉽지 않은 모습을 보게 된 것이다. 그 분은 절대로 재물을 많이 가졌을 리가 없다. 그러나 마음이 가난하니 진실로 부유한 삶이 아니겠는가? 시장터 옆 작은 병원에서 평생을 보냈으니 세속적 명예를 얻었을 리 없다. 그러나 그 분에게서 은혜로운 치료를 받은 이들 모두가 두고두고 그 분을 찬양할 것이니, 이 또한 명예로운 삶이 아니겠는가?

　오래오래 병원을 지켜서 치아에 탈이 생겼지만 비용 때문에 그 고통을 참고 지내야 하는 여러 가난한 이들에게 위안을 주실 수 있도록 그 분의 장수무병을 진심으로 축원한다.

(2005년 9월 30일)

한시를 읊는 중국 정치인_이영주

작년 어느 날 가족과 함께 도고 온천 부근의 콘도에 있었는데, 한밤중에 내 손전화가 울렸다. 도대체 누가 이런 야밤에 잠을 깨우나 하고 툴툴거리면서 전화를 받았더니 모 일간지의 북경 특파원이란다. 짐작 가는 일이 있었다. 전에도 한시와 관련하여 몇몇 기자들에게 전화를 받은 적이 있었기 때문이다. 웬일이냐고 물었더니, 방미 중인 후진타오 중국 주석이 부시가 주최하는 만찬 석상에서 두보의 시를 읊었는데 어떤 시인지 확인하기 위해서라 하였다. 그리고 영문으로 전송된 내용을 나에게 일러주었다. 들어보니 두보가 젊은 시절 태산을 바라보며 지은 〈望嶽〉 시의 끝 부분이었다. 그 시는 워낙 유명한 시라 웬만한 중국인이라면 다 알 터인데 굳이 나에게까지 전화를 했냐고 퉁명스럽게 말했더니, 자기도 이미 알아보고 그 시라는 말을 듣긴 했지만 혹시라도

착오가 있으면 안 될 것 같아 나에게 다시 확인하는 것이라고 하였다.
"그래 신문 지상에 올릴 내용이니 신중할 필요가 있겠구나." 속으로 그런 생각이 들었고 기자의 성실한 자세가 좋아 보여, 이런저런 질문에 즐겁게 답을 해주었다.

〈望岳〉 시의 끝 부분은 '會當凌絶頂, 一覽重山小(반드시 절정에 올라, 한 번 뭇 산들이 작은 모습을 보리라.)'이다. 공자가 '태산에 올라보고서 천하를 작다고 여겼던' 것처럼 두보도 태산 정상에 올라 뭇 산을 굽어보겠다는 뜻이 아니겠는가? 한창 나이의 시인이 큰 포부를 담아 읊은 시구이다. 후진타오가 두시의 이 구절을 빌어서 전하려는 메시지는 분명하다. 언젠가는 중국이 세계의 정상에 올라 다른 나라들을 굽어보겠다는 뜻인 것이다.

그 전에 쟝쩌민 주석이 미국을 방문했을 때에는 만찬석상에서 이백의 〈行路難(갈 길이 어렵다)〉시의 끝 부분인 '長風破浪會有時, 直掛雲帆濟滄海(긴 바람 타고 파도 헤쳐갈 때가 반드시 있으리니 곧장 구름 돛 높이 달고 큰 바다 건너리라)'라는 구절을 읊었다. 쟝쩌민이 읊은 시구의 뜻과 '행로난'이라는 시의 제목을 보았을 때 그가 말하려는 메시지 역시 분명하다. 중국이 아직은 갈 길이 멀고 험하지만 반드시 어려움을 헤쳐나가 장래에는 최고의 지위에 도달하겠다는 의지 표현이 아니겠는가? 두 사람이 읊은 시구를 연결하여 그 맥락을 음미해보면 더욱 의미심장해진다. 쟝쩌민이 이백 시를 읊었을 때만 하더라도 중국이 아직은 여러 어려움을 극복해야 한다는 사실을 전제하였지만, 몇 년 지나 방미한 후진타오가 읊은 두보의 시에는 강한 자신감이 전면에 드러나 있으니, 이는 중국이 그 사이에 크게 성장하였음을 반영하는 것이 아니겠는가?

 때로는 정치적인 메시지가 없어 보이는 경우도 있다. 쟝쩌민이 우리나라 청와대에 왔을 때 만당의 유명한 시인인 두목杜牧의 〈山行(산길을 가다)〉 시를 읊은 적이 있었다고 한다.

  遠上寒山石徑斜 차가운 산 비스듬한 돌길을 멀리 오르노라니
  白雲生處有人家 흰 구름 피어오르는 곳에 인가가 있구나.
  停車坐愛楓林晚 수레를 세운 것은 늦가을 단풍 숲이 좋아서이니
  霜葉紅於二月花 서리 내린 잎이 이월의 꽃보다 붉구나.

 이 시는 언뜻 보면 특별한 정치적 메시지가 없어 보인다. 그저 청와대의 단풍이 아름다운 것을 보고 이 시가 절로 생각나서 읊은 것이 아닐까 생각하기 쉽다. 그러나 이 속에도 메시지가 있다. 우리나라가 중국과 가까이 있지만 중국과의 수교는 늦었다. 그렇지만 일찍 수교한 나라보다 더 우의를 다지자는 것이 이 시의 메시지인 것이다. 쟝쩌민은 그의 출생지가 강소성 양주揚州인 때문에, 젊은 시절 양주에서 시작활동을 한 두목을 좋아하였고 평소 그의 시를 즐겨 암송하였다고 하는데, 우리나라에 와서 바로 그가 애송하는 두목 시를 들어 메시지를 전한 것이다. 당시 우리나라 대통령도 우리 시를 한 수 읊조렸다면 좋은 수작이 되었을 터인데, 그랬는지 아닌지 언론에 알려진 게 없어서 아쉽다.

 중국의 정치인이 시로써 자기의 뜻을 표현하는 경우는 중국 국내에서는 비일비재하다. 현재 총리인 원지아바오는 2005년 부시가 중국을 방문했을 때 조어대에서 환영행사를 하면서 당말의 시인인 사공서司空曙의

시 〈雲陽館與韓升卿宿別〉에 나오는 '故人江海別, 幾度隔山川(고인을 강해에서 이별하고 몇 번이나 산천을 격하였던가?)'이라는 시구를 읊조렸다. 그러자 부시는 심히 감동한 듯 2003년 원 총리가 미국을 방문했을 때의 모습이 눈에 역력하다고 답했다고 한다.

원 총리는 중국 정치인 중에서도 회견 중에 고전을 인용하고 시를 읊조리기를 좋아하는 것으로 가장 유명하다. 내가 아는 중국 학생의 말에 의하면, 그는 수재를 시찰할 때면 수재를 읊은 옛 시를 읊조리는 등 상황 상황에 따라 다양한 시를 인용하였다고 한다. 낡은 신발을 신고 24년이나 입은 외투를 걸친 그가 인민의 고초를 시로써 읊조렸으니 그 광경은 그야말로 감동적이었을 것이다. 그런 사람이다 보니, 그는 특히 인민의 고초를 시에 사실적으로 담아낸 두보 시를 좋아하였다. 그가 어느 석상에서 두보의 〈茅屋爲秋風所破歌〉 시의 끝 부분인 '安得廣廈千萬間, 大庇天下寒士俱歡顔, 風雨不動安如山? 嗚呼何時眼前突兀見此屋, 吾廬獨破受凍死亦足!(어떻게 하면 천만 칸 넓은 집을 지어 세상의 빈한한 선비 온통 감싸서 기쁜 얼굴로 비바람 몰아쳐도 산처럼 끄덕도 하지 않게 할 수 있을까? 아아, 눈앞에 이런 집이 우뚝 솟을 날이 그 언제일까? 그러면 내집이야 부서지고 이 몸 얼어 죽어도 마다하지 않으련만.)'을 읊었다고 한다. 어떤 일로 모인 자리였을까? 아파트 부족에 따른 문제를 논의하는 자리였던 것이다.

중국의 정치인들은 명시를 읊기만 한 게 아니고 스스로 짓기도 하였다. 모택동은 많은 한시를 지었고 그 수준도 전문 작가에 못지않았다. 시뿐만 아니라 시와 비슷한 문학 장르로 송대에 크게 유행하여 청대가지 성행했던 사詞도 300 여 편이나 지었다고 하니 그의 문학 소양과 문학에 대한 관심이 어떠했는지 짐작할 수 있을 것이다. 물론 대다수의 정치인이 모택동과 같이 수준 높은 작품을 대량으로 지을 수 있는 것은 아니지만, 나름대로 시를 지었고 그 시는 중국 도처에 걸려 있다.

때로는 고전 시를 패러디하여 짓기도 하였는데 쟝쩌민의 다음 시는 우리나라 신문 지상에서도 실렸을 정도로 세계 각국의 이목을 집중시킨 것이다.

朝辭華夏彩雲間 아침에 채색 구름 사이에서 중국을 떠나
萬里南美十日還 만 리나 되는 남미를 열흘 만에 돌아왔다.
隔岸風聲狂帶雨 해안 너머에는 바람소리 미친 듯 비를 뿌리지만
青松傲骨定如山 푸른 소나무 오만한 기골은 산처럼 굳건하도다.

이 시는 이백의 유명한 시인 '早發白帝城'을 알았을 때 재미가 있다. 그 시를 보자.

朝辭白帝彩雲間 아침에 채색 구름 사이에서 백제성을 떠나
千里江陵一日還 천 리나 되는 강릉을 하루 만에 돌아간다.
兩岸猿聲啼不住 양쪽 언덕에는 원숭이 소리 쉬지 않고 우는데
輕舟已過萬重山 가벼운 배는 이미 만 겹의 산을 지나가네.

당시 미국과 중국은 이런저런 이유로 정치적 갈등을 빚고 있었다. 양국 간의 골이 깊어질 때쯤 강택민은 중남미를 순방하고 있었는데, 당시 쿠바를 방문한 그는 카스트로에게 바로 위의 패러디한 시를 친필로 써

주었다고 한다.

  제1구는 중남미 순방을 위해 중국을 떠났다는 뜻이고 제2구는 먼 남미 지역을 열흘 남짓 순방했다는 것이다. 제3구에서는 미국 때문에 상황이 좋지 않다는 것을 비유하였고 제4구에서는 이에 굴하지 않고 푸른 솔처럼 그리고 산처럼 의연하게 대응하겠다는 의지를 암시적으로 나타내었다. 이백 원시의 시어를 빌려 썼을 뿐만 아니라 동일한 압운자를 순서대로 따라 썼으니 독창적 시라 할 수는 없겠지만, 그가 세계인의 주목을 받는 사람이다 보니 이 시는 두고두고 이야기 거리가 될 것이다. 급박한 상황 속에서도 시를 지어 만방에 자신의 뜻을 알리는 정치 지도자의 의연하면서도 여유만만한 자세와 그 교양이 부럽다. 그리고 민감한 사안을 시로 완곡하게 표현함으로써 풍유諷喩를 시작詩作의 기본으로 여기는 중국의 전통적 시관詩觀이 현재에까지 이어지고 있다는 사실을 확인함으로써 중국 사상의 유구성에 새삼 탄복하게 된다.

  중국을 흔히 '시의 나라詩國'라고 한다. 오랜 역사를 통하여 방대하고 다양한 문화를 이루었던 중국, 그를 대표하는 문화유산이 시라는 뜻이다. 현전하는 중국의 문헌 중 가장 오래된 것으로 중국 문화의 남상濫觴이라고 할 수 있는 《시경》에는 대략 지금으로부터 2500 내지 3000여 년 전 시가 수록되어 있으니 중국의 역사는 시로써 시작했다고 해도 지나친 말이 아닐 것이다. 그리고 시를 짓는 능력이 관리 선발의 기준이 된 당대唐代 이후 청대淸代까지 거의 모든 지식인이 시를 창작했다는 점에서도 중국은 시의 나라라고 불릴 만하다.

  《논어》 등에 보이는 공자의 말을 통해 볼 때 공자는 경전 중에서

《시경》을 그 어느 것보다도 중시하였음을 알 수 있다. 공자가 그렇게 《시경》을 중시한 이유는 무엇일까? 시가 사람의 인격 도야에 좋은 영향을 끼친다는 사실을 알았을 뿐 아니라, 사회를 교화하여 좋은 정치를 행하는 데에도 도움이 된다고 생각했기 때문이었다.

《논어》를 보면 공자가 "시경 삼백 편을 외웠다 하더라도, 정사를 맡겼을 때 잘 처리하지 못하거나 다른 나라에 사신으로 보냈을 때 혼자서 상대해내지 못하면, 많이 외운 게 무슨 소용이겠는가?"라고 말한 적이 있는데, 이는 시를 배워서 정무를 잘 처리해야 할 뿐만 아니라 외국에 사신으로 갔을 때 외교관의 직무도 잘 수행해야 한다는 주장이다.

춘추시대의 역사서인 《춘주좌전春秋左傳》을 보면 춘추시대에 각국의 신하가 외교 사절이 되어 다른 나라를 방문했을 때 연회석상에서 시경의 시를 읊음으로써 감사의 뜻을 전하거나 외교 현안을 넌지시 타진한 예가 수십 군데 보인다. 그리고 자기의 정치적 포부를 시에 빗대어 나타내기도 하였다. 즉 외교적인 대화에서 자신의 의사를 직설적으로 말하지 않고 《시경》의 구절을 낭송함으로써 우회적으로 자신의 의사를 전달하는 일이 춘추전국시대의 보편적 관행이었던 것이다.

앞에서 쟝쩌민, 후진타오가 외교석상에서 시를 읊조렸음을 지적하였다. 이들은 외교적 대화로서 시를 읊조린 것인데, 그것은 바로 멀리 춘추시대부터 면면히 이어져 왔던 중국 전통에 의한 것임을 확인할 수 있을 것이다.

후진타오 등의 중국 정치인이 한시를 즐겨 읊는 것을 알고, 한시를 전공한 나는 한편으로는 즐거웠고 또 한편으로는 부러운 마음이 들었다. 중국과 미국의 최고위 정치인들이 만난 자리에서 한시를 읊었으니 앞으로 한시는 중국에 관심 있는 세계인 모두가 필독하게 될 것이다. 한시를 좋아하는 나로서는 즐거운 일이 아닐 수 없다. 사실 나보다는 시의 작자인 이백, 두보 등이 더 즐거울 것이다. 자신의 시를 1000년 뒤에 살고 있는 정치가들이 세계의 모든 사람에게 선전을 해주니, 만약 그들의 영혼이 있다면 얼마나 즐겁겠는가? 부러운 것은 그들의 인문 중시 풍조이다. 후진타오는 청화대에서 기계공학을 전공하였고, 쟝쩌민은 상해교통대학에서 전기학을 전공하였고, 원지아바오는 북경지질대학에서 지질광산을 전공하였다. 대학 시절 이들은 모두 공학도였던 것이다. 그런 그들이 한시를 외우고 있으니 인문학을 전공한 사람은 어떻겠는가?

중국과 비교해 보니 우리나라 시인들이 안됐다는 마음이 든다. 우리나라에도 인문 소양이 풍부한 정치인들이 많이 나와서 우리나라 시인의 시를 정치석상에서 자주 읊어 우리나라 시인을 빛내주는 날이 그 언제일까? 시를 좋아하는 나인지라 그런 날이 반드시 오리라 애써 믿어본다.

(2007년 11월 28일)

阿房宮 매화 _이영주

서울대학교 인문대학 건물 1동과 2동 사이에 공터가 있다. 이곳에는 잔디가 깔려 있고 벤치도 있어서 학생들이 휴식을 취하기 좋은 곳이다. 언제부터인가 이곳을 아방궁이라고 불렀는데, 이는 처음 이름을 지은 이가 중문과 학생이기 때문이라고 한다. 중국과 관련된 지명에 더 운치 있는 것도 많은데 하필이면 진시황의 아방궁이라니 하는 생각을 가졌지만, 이제는 이미 그 명칭에 익숙해져서 처음에 가졌던 그런 거부감은 없어졌다. 심지어 봄이 되어 이런 저런 꽃이 화사하게 피어 꽃대궐의 장관을 연출할 때면 아방궁이라는 과장된 칭호가 그럴 듯하다는 생각까지 든다.

이곳의 북쪽과 서쪽 변에는 여섯 그루의 매화나무가 심어져 있다. 한 그루는 홍매이고 나머지는 청매인데, 이들은 봄이 오면 가장 먼저 피어서 아방궁을 장식하고 사람의 눈을 즐겁게 한다. 이 중 모퉁이에 자리한 것은 은사이신 창석선생님께서 회갑을 기념하여 손수 심으신 것이다. 선생님께서는 이미 퇴임하셨지만 이 나무는 여전히 아방궁에 남아 봄이 되면 어김없이 꽃을 피워서, 그 곁을 지날 때나 내 연구실이 있는 2동 2층 베란다에서 내려다 볼 때면 불쑥불쑥 선생님을 생각하게 한다.

몇 년 전이었다. 다른 매화는 멀쩡한데 선생님의 매화만 벌레를 먹어 가지가 시들었다. 지나다가 이를 볼 때면 속이 상하고 정원사가 빨리 조치를 취하지 않는다고 투덜거리기도 하였다. 정원사는 당연히 조치를 취하였고, 이듬해 봄에는 언제 내가 시들었냐는 듯이 가지가 쭉쭉 자라났고 꽃도 가득 피어났다. 그것을 기쁘게 바라보면서 문득 선생님께서 예전에 해주신 이야기가 생각났다. 선생님께서 대학 시절에 꽤나 중한 병을 앓은 적이 있었는데, 그 뒤 완치가 되었다는 것이다. 내가 선생님을 뵌 이래로 선생님은 늘 건강하셨다. 술을 마시거나 여행을 할 때면 나이가 이삼십 년 차이 나는 제자들이 당해내지 못할 정도로 건강하셨고, 세월이 갈수록 더욱 건강해지시는 것 같아 노익장이 이런 것이구나 하는 생각이 들 정도였다. 그런데 바로 그 건강함이 병을 극복한 결과였던 것이다. 마치 벌레에 시달린 뒤에 더욱 건강해진 이 매화처럼……

작년 봄에는 두고두고 추억거리가 될 일이 있었다. 그 날은 내 연구실에서 매주 한 번씩 모이는 독서회가 있는 날이었다. 막 시작하려는데 회원 중 한 사람이 오늘 같은 날 책을 읽고 있을 거냐고 하였다. 밖에 지금 때늦은 눈이 내려 아방궁의 매화가 설중매가 되었으니 이를 보러 가야한다는 말이었다. 사실 많은 사람이 그러하듯이 나도 매화를 좋아하여 이곳저곳 찾아다니기도 하였지만 설중매는 그때까지 볼 기회가 없었다. 흥분을 느끼면서 서둘러 내려갔더니 눈 속에 덮인 매화는 향기를 한창 뿜어대고 있었다. 눈도 희고 꽃도 희어서 분간이 안 되는 한 폭의 하얀 그림 속에서 향기가 우리의 후각을 자극하고 있었다. 매화향이 그렇게 진한 것임을 처음 알았다. 그리고 여러 시인의 매화시에 눈이 으레 같이 등장했던 이유도 비로소 체험을 통해 알 수 있었다. 우리는 선생님의 매화 밑에서 자연히 선생님을 떠올렸고, 누군가의 제안으로 선생님께 핸드폰으로 지금 우리가 어디에서 무엇을 보고 있는지 말씀드렸다. 핸드폰 속에 들리는 선생님의 목소리는 즐거움이 가득하셨고 길이 멀어 당장 달려오지 못하시는 아쉬움도 느낄 수 있었다.

매화가 피어 있는 기간에 수업을 할 때면 나는 종종 학생들에게 아방궁 매화를 이야기한다. 그리고 그 중 어느 그루가 지금 너희를 가르치고 있는 이 사람을 예전에 가르치신 선생님께서 심은 것이라는 사실을 알려준다. 때로는 선생님께서 매화시를 좋아하셔서 한시 수업 시간에 내가 그분께 여러 편의 매화시를 배운 적이 있었다는 사실도 들려준다. 직접 배우지 못했고 나와 같은 추억이 없기 때문에 선생님을 절실하게 느낄 수는 없겠지만 교정에 남긴 자취를 통해서 창석 선생이란 분이 계셨구나 하는 사실이라도 알기를 바라는 마음에서이다.

봄이 점점 짙어져간다. 매화는 이제 곧 질 것이다. 이층 베란다에서 아방궁을 내려다보면서 생각해 본다. 예전처럼 옆 방 연구실에 계시지는 않지만 해마다 봄이 오면 매화를 통해 선생님의 모습을 떠올릴 수 있으니 선생님께서는 늘 내 가까이에 계시다고…….

(1995.3)

인 연 _이영주

　　　　지난 달 중순에 지인 몇 명과 함께 예산의 추사 고택을 둘러보고 도고의 콘도에서 하루를 묵었다. 다음날 아침 우리는 귀경 길에 둘러 볼만한 곳이 있으면 둘러보고 가기로 했다. 일행 중 한 사람이 그 지역 출신이었는데, 근방에 백련지白蓮池라는 곳이 있는데 꽤나 유명한 곳이니 지금은 비록 연꽃 피는 계절이 아니지만 그래도 한 번 둘러보겠냐고 하였다. 그의 권유를 따라 가보기로 했다. 거리가 가깝기도 했지만 그 이름을 어디선가 들어본 것 같아 마음이 끌렸기 때문이었다.

　　백련지는 인취사仁翠寺에 속해 있었다. 절은 자그마하고 별다른 구경거리도 없어 보여서 적이 실망스러웠다. 잠시 경내만 둘러보고 그냥 돌아가야지 하는 차에 뜰에서 한 스님을 만나게 되었다. 스님은 어디서 왔냐면서 반갑게 이야기를 건네셨다. 그리고 이 절에 이왕 왔으니 차나 한

잔 마시고 가라면서 우리를 방으로 데리고 가셔서, 누구실까 궁금해 하면서 방에 따라 들어갔다. 그리고 곧 스님의 법호가 혜민惠民이고 절의 주지이면서 백련지의 주인이라는 사실을 알게 되었다.

백련차를 마시면서 우리 일행은 스님의 말씀을 주로 들었다. 스님이 백련을 키워서 전국 사찰을 물론이고 해외에까지 보급한다는 이야기를 통하여 이 절이 왜 명소가 되었는지 알 수 있었다. 연 중에서는 백련만이 차로 마실 수 있고, 이것을 대중에게 보급하여 대중들이 불심을 키우기를 바란다는 이야기에서 스님의 연을 사랑하는 마음을 알 수 있었다.

이야기는 연 자체의 덕성에까지 이어졌다. 이런 저런 이야기를 듣게 되었는데, 그 중에서도 특히 연 씨에 대한 이야기는 처음 들어본 것이고 또 의미가 심장하여 두고두고 생각이 났다. 연 씨는 외부에서 훼손을 하지 않으면 천 년이 지나도 썩지 않으니 이는 마치 우리 중생 개인이 생래적으로 불성을 가지고 있는 것과 같다. 자연 상태에서는 짐승이 밟고 지나가거나 아니면 다른 어떤 요인이 생겨서 외부에서 충격을 받아야만 씨의 껍질이 깨져서 비로소 발아하게 된다.

스님의 이 이야기를 듣고 난 뒤 나는 혼자서 이런저런 상념을 하게 되었다. 만약 충격을 주는 외부의 그 어떤 것을 만나지 못하면 연 씨는 꽃을 피우지 못했을 것이다. 그렇다면 꽃 피울 자질을 씨 속에만 둔 채로 세월만 썩혀 보냈을 것이다. 다행히 그 무엇인가를 만나게 되어 발아하게 되었으니 그 인연이 어떠한가.

백련에 대한 이야기를 듣던 중 내가 왜 백련지라는 이름에 마음이 끌렸는지 그 연유가 홀연히 생각났다. 은사이신 창석蒼石 선생님께 백련지에 대한 이야기를 들었기 때문이었다. 선생님은 전주 부근에 조그만 장원을 가지고 계신다. 그리고 매주 안산의 아파트와 그곳을 오가면서 사모님과 함께 전원 생활을 하신다. 산에 나무를 심기도 하고 밭에 이런저런 야채를 가꾸기도 하며, 뜰에는 화초를 가꾸고 연못을 파서 물고기도 기르신다. 연전에 백련을 구하여 심고서 꽃이 피었으니 한 번 구경하러 오라고 하셨다. 비록 가보지는 못했지만, 백련지에서 분양받았다고 말씀하신 것이 내 기억 속에 남아 있었던 것이다.

속으로 그 백련지가 이 백련지일까 궁금하였다. 그러나 처음 뵙는 스님께 확신이 서지 않는 말을 꺼낼 수는 없었다. 헤어질 때가 되어서야 나의 신분을 알게 된 스님은 창석 선생님과 교분이 있다는 사실을 알려주셨다. 아하 그랬구나, 궁금하던 것이 절로 해소되었다.

귀경 도중에 나는 인연이라는 말이 자꾸만 머리에 떠올랐다. 불교 신자는 아니지만 절을 종종 찾아다니는 터라 연기설 정도는 익숙한 나였지만, 실제 일상에서 인연을 절실하게 느끼는 경우는 별로 없었는데, 이 날 백련사의 일이 특별하게 여겨졌기 때문이리라. 연 씨가 외부 물질의 충격을 받아 발아하게 되듯이 나는 스님의 좋은 말씀을 듣고 잠시나마 미망에서 벗어나고 조금이나마 마음을 깨칠 수 있었을 것이니, 스님과의 만남은 분명 좋은 인연인 것이다. 또 스승인 창석 선생님과 제자인 내가 동일한 곳에 들러서 한 스님과 연을 맺은 일도 우연만은 아니겠지. 다 인연 따라 일어난 것이리라....

다음 날 학교 자하연 이층 식당에서 점심 식사를 하다가 나는 깜짝 놀랐다. '心耳'라는 글씨의 낙관에 '혜민'이라는 두 글자가 보였고, 그 글씨체가 인취사에서 본 스님의 낙관과 비슷하다는 느낌이 들었던 것이다.

자하연 식당에는 벽에 이런 저런 서예 작품이 걸려 있다. 식당 사장께서 고상한 취향을 가진 탓에 식사 중에 글씨를 감상하는 안복을 손님들이 누릴 수 있게 되었고, 나도 그 중의 한 사람이다. 여러 사람의 작품이 다양한 풍격으로 시선을 끄는데 그 중에서도 이 '심이'라는 두 글자의 필치가 특히 독특하여 관심을 끌었다. 작가가 누군지 모르지만 개성이 강한 분이겠구나 하는 생각을 하며 궁금해 하였는데 그 낙관 글씨가 이 날 눈에 뜨인 것이다. 관심을 가지고 유심히 식당에 걸려 있는 작품들을 살피다 보니 이층으로 올라가는 계단에 걸림 '快聞'이라는 글씨에도 동일한 낙관이 있었다. '쾌문'은 좋은 냄새라는 뜻일 터인데 한문에 문외한인 어떤 교수가 나에게 뜻을 물어서 풀이해 준 적이 있었던 그 글씨이다.

인취사에서 스님의 글씨를 잠깐 보았던 터라 단언할 수는 없지만 왠지 동일한 필치라는 느낌을 지울 수 없다. 다음에 스님을 다시 뵙게 되면 물어보아야겠다. 만약 내 생각과 같다면 스님과 나는 이미 오래 전에 글씨로서 인연을 맺어왔던 것이다.

(1995년 1월)

월영매 _이영주

창덕궁에 월영매라는 매화 나무가 있다는 이야기를 듣고서, 일행 몇 사람과 함께 서둘러 창덕궁을 찾았다. 봄기운이 가득한 4월 첫째 토요일 오후였다.

최근 3,4년간 섬진강에 매화가 피었다는 소식이 들리면 멀리 그곳까지 찾아가곤 했는데 올해는 여가를 내지 못하여 아쉬워하던 차인지라, 가까이 서울 시내에 좋은 매화가 있다는 사실이 나를 들뜨게 하였다. 그리고 창덕궁을 찾은 지 이미 여러 해가 지나 그 사이에 혹 바뀐 게 있지나 않을까, 새로운 볼거리가 있지나 않을까 궁금하기도 했다.

창덕궁은 일반적으로 자유 관람을 할 수 없고 정해진 시간에 안내원을 따라 관람할 수 있다. 도착해보니 15분 후에 시작하는 관람이 있어서 점심도 거른 채 우리 일행은 안내원을 따라 나섰다. 안내원은 연세가 지긋한 할아버지인데, 본인 소개에 의하면 자원 봉사로 여러 해 안내를 하였고 지금은 발탁되어 안내위원이 되었다고 하니, 창덕궁에 대해서는 모르는 게 없을 것 같았다. 실제로 궁 안의 이런 저런 건물을 소개할 때에 해박한 역사 지식을 구사하며 아주 진지하게 해설을 해주어 새롭고 유익한 이야기를 많이 듣게 되었다. 실로 문화재를 아끼고 자신의 일에 강한 자긍심을 가진 분이었다.

여기저기를 지나서 드디어 낙선재에 도착하였다. 그분은 낙선재와 관련된 일화와 건축 양식에 대하여 신나게 해설을 한 뒤, 다음 장소로 이동한다고 하였다. 내가 들은 정보에 의하면 낙선재 앞뜰에 월영매가 있고 지금이 매화가 피는 시절이라 이때만 그것을 관람할 기회를 준다고 하였으니, 곧 월영매 쪽으로 인도하고 그것에 대한 해설을 하시겠지. 그리고 월영매라는 명칭이 왜 붙었는지도 설명하시겠지. 이런저런 생각과 기대를 하면서 그분을 따라 낙선재를 나섰는데, 그 분의 발걸음이 낙선재를 떠나자마자 다른 곳으로 향하는 게 아닌가? 무언가 잘못되어 가는 낌새라 다급한 목소리로 월영매가 어디 있냐고 물었다. 창덕궁은 몇 번 왔지만 이번에 온 것은 오로지 월영매 때문이라는 사실을 강조까지 하면서 물었더니, 그분은 순간 난감한 표정을 짓고 월영매에 대해서는 들어본 바가 없다고 하였다. 그러면서 다음 장소로 옮겨가는 길가에 있는 매화를 가리키면서 저 매화가 유명한 것인데 혹 그게 그것인지 모르겠다고 하였다. 가리킨 매화는 홍매였고 이미 거의 다 져버린 것이었다. 내가 들은 바에 의하면 월영매는 지금 한창 피어있어야 하고, 또 월영매의 '영'자가 그림자 영影인지 비칠 영映인지 맞이할 영迎인지 혹 이도 저도 아닌 다른 자인지는 몰라도 '월'은 달일 테니 그것은 백매여야 마땅한데, 어떻게 다 져버린 홍매란 말인가? 석연치는 않았지만 시든 매화 앞에서 남은 향이라도 맡아보려고 애를 쓰고 있는데 뒤에 쳐져 있던 우리 일행 중 하나가 월영매를 낙선재 문 앞에서 보았으니 한번 가보라고 하였다.

급히 가서보니 수십 평 정도의 뜰에 청매와 백매 여러 그루가 꽃을 한참 피우고 있었다. 그 중에서도 낙선재 문을 정면으로 향하고 길가에 피어 있는 백매가 가장 눈에 띄었으니 온 가지에 꽃을 가득 붙이고 그야말로 절정의 아름다움을 뽐내고 있었다. 저 매화라면 월영매라는 칭호에 걸맞겠다라는 생각이 들어서 바짝 다가갔더니 매화 향이 순간 진하게 느껴졌다. 한참을 서 있었는데 바람이 스쳐 지날 때 마다 매화 향이 물씬 물씬 풍겨나는 게 아닌가. 나는 비염 증세가 있어서 후각이 좋지 못한 편인데도 매화 향이 이렇게 진하니 명품임이 분명하다고 확신하면서, 달빛이 비칠 때의 모습과 밤 공기 속에 떠다닐 향기를 상상하였다. 만약 야간에도 개방한다면 반드시 보러오겠지만 아쉽게도 개방하지 않으니 상상으로라도 그 때깔을 보고 향내를 맡아보고 싶은 마음에서였다.

혼자 즐기기가 아까워서 안내원을 따라 먼저 간 우리 일행에게 손전화를 쳤다. 일행 몇이 궁금한 표정으로 찾아오자 나는 마치 내 소유물이라도 되는 듯 매화 꽃 자랑을 하고 향내를 맡아 보라고 하였다. 다들 기막힌 향내에 감탄사를 발하였다. 조금이라고 더 맡으려고 내가 코를 가까이 대고 힘써 들이마시니, 일행 중 한 사람이 코로 마시는 것은 한계가 있으니 아예 향기를 배 속에 넣자고 하면서 입을 벌리고 들이마시는 것이 아닌가? 기막힌 발상이라면서 나도 따라 하였다. 그러고 보니 그날 점심 식사는 매화 향기를 먹은 셈이다.

다른 꽃도 둘러보기 위하여 뜰 안에 들어갔다. 마침 만발한 앵두꽃이 있었는데 꽃빛은 연분홍인데 꽃잎은 공교롭게도 매화와 같이 다섯이었다. 그 나름대로 아름다운 모습이지만, 여러 매화나무 사이에 있다 보니 매화의 아름다움에 눌려 실색하고 말았다. 같은 시기에 피지 말든지 같은 자리에 위치하지 말았어야 하는데 앵두로서는 억울한 상황이 되고 말았던 것이다. 또 이씨 왕가의 뜰답게 오얏나무가 있었는데 매화와 마찬가지로 흰 색인 봉우리가 막 맺히기 시작하였다. 아직 봉오리가 벌어지지도 않았는데 향기가 대단하여 매화보다 더하였으면 더하였지 결코 뒤떨어지지 않았다. 게다가 모습도 운취가 있으니 이것이 만개하면 매화를 이어서 분명 이 뜰의 볼거리가 될 것이다. 다른 꽃을 둘러보고 또 매화와 비교도 하다 보니 어느 듯 시간이 흘러서 다음 관람팀이 도착하였고, 그 팀을 따라서 창덕궁 관람을 마저 하였다.

월영매를 보고 온 뒤 일주일 쯤 되었을 때이다. 같이 갔던 일행 중 한 사람이 재미있는 사실을 알려주었다. 바로 전날 텔레비전에서 월영매를 소개하는 프로를 방영하길래 보았더니, "월영매는 다른 매화보다 조금 늦게 피기 때문에 지금이 한창이다", "고궁도 보고 꽃구경도 할 수 있으니 한 번 찾아보라"는 등 열심히 해설하고 있는 분이 바로 우리를 안내하던 그 할아버지였다는 것이다. 지난주까지는 월영매의 존재도 모르던 분이 갑자기 전문가가 되었으니 뜻밖이었다. 그러나 곧 그 이유를 짐작할 수 있었다. 창덕궁에 각별한 애정을 가진 분이지만 어쩌다가 월영매에 대해서는 모르고 있었는데, 지난주에 나의 질문을 받자 그 날로 다시 조사하고 연구하셨겠지……

내년부터 월영매 피는 시절이면 그 꽃 아래서 그 분의 자상하고 재미있는 해설을 관람객이 듣게 될 것이다. 혹 내년에 흥이 나서 월영매를 다시 보러 가게 되고 또 인연이 닿아 그 분과 만날 수 있게 되면 월영매의 '영'자가 한자로 무슨 자인지 반드시 물어보아야겠다.

(2007년 4월 30일)

나의 좌우명_이장우

1.

얼마 전에 현직에서 물러난다고 여러 후배들이 몇 차례나 모임을 마련하고서 이러 저러한 이야기를 하라고 하고, 또 이러 저러한 질문도 하였다. 그 중에 하나가 "지금까지 살아오면서 좌우명이 무엇이었습니까?" 하는 것도 있었다. 글쎄, 뭐..., 그런 것이 꼭 있었다고 할 수도 없으나, 꼭 없었다고도 할 수도 없을 것 같다. 적어도 내가 살아온 과정에서 매우 중요한 결정을 내려야 하는 순간에는...

나는 시골에서 어릴 때부터, 할아버지와 아버지의 엄명에 의하여 매일 새벽마다 어른들이 일어나시는 시간에 눈을 비비고 일어나서 한문책을 어른들에게 배웠다. 중학교에 들어가서도 10리 길이 넘는 통학 거리에 툭하면 지각을 하게 마련이었지만, 그런 것을 아랑곳 하지 않으시고, 매일 아침에 《소학》, 《논어》 같은 책을 가르치셨고, 저녁이면 아침에 배운 것을 큰 소리로 낭독 하도록 하셨다. 학교에 들어가는 것은 묵인하시면서도, 등록금 한번 제때 주신 적도 없고, 교과서는 물론 공책 하나도 변변히 사주시지 않고서(사실 전쟁 뒤라서 사주실만한 돈도 없었다), 늘 한문만 배우라고 강조하시는 것이 어린 마음에 너무나 야속하기도 하고, 또 비현실적인 강요 같기도 하여, 얼마나 그런 글이 배우기 싫었는지 모른다. 그러니 그런 책을 배워 몇 권을 다 뗐다고는 하지만, 나는 지금도 그러한 책에 무슨 내용이 들어 있는지 잘 기억을 하지 못한다.

그러나 어쩌다 보니, 그래도 어릴 때부터 고등학교 때까지 이러한 식으로라도 한문을 조금 배웠다는 게 다소 인연이 되어 대학 때부터 전공을 중국문학이라는 것을 택하게 되었고, 교수가 된 뒤에는 이러 저러한 한문책들을 가르쳐 보기도 하고 번역도 하여 보았고, 지금 현직에서 물러 났다고 해도, 이러한 강의와 번역 작업 같은 것은 계속 하고 있다. 제일 많이 다루어 본 책은 《논어》이고, 《고문진보》도 좀 다루어 보았다. 몇 년 전부터 이 소학도 한번 쯤 다루어 보려고, 다시 한 번 첫머리부터 약간 들여다보니, 저절로 한숨이 나왔다. 얼마나 어려운 한문 글자들이 많이 나오는지! 이렇게 어려운 글자가 많은 책을 내가 어떻게 배웠는지, 또 분명히 한 권을 다 배운다고는 했는데, 도무지 어떤 글자가 어떤 글자인지 기억도 할 수 없으니, 참 한심하다는 생각이 들었다. 내 한자 실력이 이정도도 못되는구나 싶은 자괴감까지 들고...

2.

그러나 내가 자리를 어디로 옮기는가, 무슨 일을 할 것인가, 하고 내 나름대로 심각하게 고민을 하고 있을 때에, 늘 내 머리 속에 어렴풋하게나마 떠올라서 내 태도를 결정하게 만들고, 또 그 결정을 지금까지도 별 후회 없이 만들게 한 것은 사실 그 때 그 소학에서 배운 몇 구절의 힘이었다.

하나는 "기러기를 새기다가 안 되면 오히려 따오기 비슷한 놈을 만들 수는 있지만, 호랑이를 그리다가 안 되면 도리어 개 꼴이 되고 만다"라는 말이고, 또 하나는 "아기자기한 정원 가운데 피는 꽃은 일찍 피지만 오히려 일찍 시드나, 늦게 늦게 자라는 골짜기의 소나무는 울울창창하게 늦도록 푸름을 지닌다"라는 구절들이다. 원문을 제대로 다 외우지도 못하고 있지만 내용은 대개 이러한 것이다. 지금 원문을 찾아보니 다음과 같다:

刻鵠不成,	각곡불성 이면
尙類鶩者也;	상류목자야 나,
畵虎不成,	화호불성 이면
反類狗者也.	반류구자야 니라.
灼灼園中花,	작작원중화 는
早發還先萎;	조발환선위 나,
遲遲澗畔松,	지지간반송 은
鬱鬱含晩翠.	울울함만취 라.

이러한 말들은 이 《소학》의 다섯 째 부분인 〈가언(佳言: 좋은 말을 모음)〉편에 나온다. 첫 번째 이야기에는 다음과 같은 배경 설명이 앞에 붙어 있다.

용백고龍伯高라는 사람과 두계량杜季良이라는 사람이 주자(朱子: 주희)가 살고 있던 송나라 시대에 살고 있었는데, 이 두 사람 모두 주자가 애지중지하는 사람들이나, 자기의 자식들을 보고는 용백고를 닮기를 바라지, 두계량을 닮기를 바라지는 않는다고 하였다. 그 이유는 용백고는 근신하고 절약하는 타입의 사람이요, 두계량은 호탕하고 의리를 중시하여 친구가 많았다. 그러니 백고를 모방하다가 안 되면 조심하는 선비는 될 수 있어 따오기 정도는 될 수 있지만, 계량을 모방하다가 되지 않으면 천하에 경박한 사람이 되기 쉬우니, 호랑이가 되려다가 도리어 개 같은 꼴이 된다는 것이다.

이러한 구절들을 희미한 등불 아래서, 어른들의 강요에 의해서 마지못해 졸면서 기어 들어가는 소리로 읽고 있으면, 할아버지께서 아랫방에 앉아서 듣고 계시다가 "야! 이놈아! 그 좋은 글을 어째 그렇게 힘없이 읽고 있노?" 하시면서, 당신이 목청을 가다듬어 낭랑하게 외우시던 모습이 마치 바로 어저께 일 같이 느껴진다. 이 중에서도 "지지간반송은, 울울함만취라" 같은 구절은 그래도 훌륭한 시구라 지금까지도 자주 생각이 나서, 내 호를 아예 "반송畔松"이라고 할까하고 생각해 본 적도 있으나, 너무 나의 분수에는 과분한 것 같아서 그만 두었다.

그 때 그렇게 읽기 싫던 이러한 한문책의 몇 구절이 도리어 내가 인생을 살아가는데, 중요한 좌표의 하나가 되고 말았으니, 생각하면 정말 우습다. (2005년 6월 4일)

벤쿠버 통신 1_이창우

한국을 떠난 지 꼭 1주일이 되었네요. 비행기 파업 때문에 예정대로 올 수 있을까 걱정을 하였으나, 여기 오는 국제선은 그대로 와서 다행입니다.

말 듣던 그대로 이 도시는 정말 아름답고, 또 UBC대학교도 해변에 자리 잡은 조용한 학교로 보입니다. 아직 구체적인 상황까지는 모르겠으나, 이 학교의 동양학 분야도 상당한 것 같습니다. 동양학 관계 연구시설 건물과 동양학도서관이 각각 독립건물 한 동씩을 지니고 있고, 이 도서관은 캐나다에서는 제일 많은 동양학 장서(50여만 권, 그 중 중국책 27만권, 한국책 4만권)를 수장하고 있다고 합니다.

또 연구자들의 집에까지 《사고전서》, 《한국학의 모든 것》 같은 것들까지 검색할 수 있게 하여주니, 이점은 우리 영남대보다도 더 잘된 것 같습니다. 컴맹을 겨우 면한 내가 이러한 걸 어떻게 다 잘 활용할지 걱정이 앞서나, 영대 연구실에서 사용하던 것을 여기서도 그대로 사용할 수 있겠구나 생각하니, 정말 꿈같은 정보화세상이로구나 싶습니다.

1월 달부터 매주 화요일 저녁에 한국문학 분야의 책임자인 Ross King 교수의 집에서 가지는 고전 윤독회에 나가서, 한문본 《임진록》과 역시 한문본인 《기문총서》를 함께 읽기로 하였습니다. 원래 이 모임에서는 지금까지 한글 언문 필사본 임진록을 읽고 있었는데, 나를 보고서 한문본을 한 3주만 검토하여 달라고 하였습니다. 기문총서라는 책은 나도 여기 와서 처음 들었는데, 이미 한글과 영어번역까지 다 있다고 하는데(이 점은 임진록도 마찬가지임) 어떤 대학원 학생이 이 쪽으로 논문을 쓸까 하고 읽기를 원한다고 합니다.

송나라의 양만리의 평전을 영어 책으로 낸 Jerry Schmidt교수는 한국에 왔을 때, 대구에 와서 우리 집에서 며칠 묵고 간 일도 있는데, 지금은 인도에 가서 다음 달에 돌아온다고 하고, 옛날 대만대 중문과 교수였다가 여기 와서 퇴직하신 Ye Jia Ying교수님도 최근까지 동양학도서관에 나오신다는 이야기를 들었으나 아직 잘 알 수 없군요.

대체로 여기 기온은 지금 대구 보다는 좀 높은 것 같으나, 바닷가이니 좀 쌀쌀하고, 높은 산에는 흰 눈이 덮혀 보기에 좋습니다. 일주일 동안 딸아이 내외를 따라서 시내 이곳 저곳을 구경하였으나, 오늘은 둘 다 노바스코샤로 가서 크리스마스를 지낸다고 여기를 떠났고, 신정 때는 우리 내외가 보스턴으로 가서 다시 합류하여 함께 며칠 있다가 우리 내외만 이 곳으로 다시 돌아오기로 하였습니다. 지은이는 이 UBC에서 1년간 PostDoc.을 하고 있는 중이나, 동부에 있는 다트머스대학에 가서 3월 중순까지 한 학기 강의를 하게 되었고, 사위는 아직도 토론토 근처에 있는 Western Ontario대학에 가서 학위과정을 계속해야 하기 때문입니다. 언제 어디서 좀 정착하고 살지 걱정이 됩니다.

아직도 시차 때문인지 밤에는 거의 매일 여기 시간 새벽 5시 쯤이 되어야 겨우 좀 잘 수 있는데, 바로 이 시간이 한국의 밤 12시이지요. 그러다 보니 매일 아침 10시가 넘어 겨우 일어나 아점을 먹게되고 하루에 두끼만으로 살고 있습니다. 곧 평소의 습관대로 돌아가서 하루에 다시 만보 이상씩은 걸어 다녀야 하겠는데요. (참 이 학교 구내에는 유명한 나체해수욕장이 있으나 겨울에는 아무도 없네요)

년말 년초에 두루 잘 지내시기 빕니다.

(12월 16일 새벽)

벤쿠버 통신 2_이창우

아직도 잠자는 습관이 이 곳 시간에 들어맞지 않아서 인지, 또는 낮에 조금 졸아서인지 밤 1시가 넘었는데도 아직 잠이 오지 않네요. 어제는 밤 2시가 넘어 겨우 잘 수 있었던 게 여기 와서 가장 빨리 잠든 기록입니다.

이제 여기 온지 일주일이 넘어 학교의 지리는 좀 익혔고 해변 산책길도 찾아다닐 수 있게 되었습니다.

오늘도 역시 늦게 일어나 아점을 먹고 밖에 나갔다가, 대만서 왔다는 젊은 부동산 업자 한 사람을 우연히 길에서 만나서 재미삼아 따라 가서 이 근처에 새로 지은 아파트 2채를 구경하였지요. 주말이라고 매매할 집 구경을 많이 시키는데, 소개하는 부동산 업자들은 거의 다가 중국계 사람들이더군요. 이 도시에도 동양 사람들이 매우 많은데, 특히 대만과

홍콩에서 근년에 밀려온 사람들이 이 곳 집값을 다 올려놓았다고 하는 군요. 아세아 쪽에서 거리도 가깝고, 기후도 좋은 곳이니 그렇게 된 것 같습니다. 일반적으로 카나다는 미국에 비하여 모든 물가가 싸다고 알고 있었는데, 이 곳의 부동산 값만은 미국에서도 제일 비싼 곳과 맞먹는 것 같습니다.

날씨가 맑아서 바닷가로 나갔더니, 그 유명한 나체해수욕장에 나와서 알몸으로 일광욕을 하는 사람들이 이따금 보여 참 진풍경이었습니다. 집사람이 돌아가자고 해서 되돌아 나오기는 하였지만 겨울에 따뜻한 햇살을 마음껏 즐기는 모습이 퍽 평화스러워 보이기도 하더군요.

그 다음에는 대학의 인류학박물관에 가 보았지요. 주로 카나다의 원주민들의 물건들을 전시하고 있는데, 한 대학의 특수박물관 치고는 규모가 매우 대단하더군요. 지금도 이 British Columbia 주에 16만이나 되는 원주민이 도시나, 특정구역에 살고 있다는데, 그들과 사이에 땅 소유권 문제로 많은 분쟁이 있다고 하는군요.

집에 와서 저녁을 먹은 뒤에는, 퇴직 후에 하던 습관대로 당뇨 예방을 겸하여 또 10여분 걸어서, 이 대학의 중앙도서관에 처음 가 보았지요. 밤 1시까지 문을 연다고 하며, 장서는 모두 4백 50만권이라고 하였습니다. 2층에 있는 구미어로 된 동양문학 코너를 좀 둘러보았는데, 내 기억력이 좀 약해져서 그런지 못 보던 책이 많기는 하였지만, 전체적인 인상은 역시 미국의 최고 수준인 하버드, 스탠포드, 시카고 대학의 도서관 보다는 장서나 시설이 좀 떨어지는 것 같이 보였습니다.

어제 밤에는 이 학교의 Chan Centre라는 극장에 가서, 학생들이 하는 연극을 구경하기도 하였지요. 그런데 내 관심은 이 극장의 이름이었습니다. 아마 중국계 사람이 기증한 걸로 보이기 때문입니다. 이 이외에도 이 학교의 건물들을 보면 중국사람, 일본 사람들의 성을 딴 건물이나 시설들이 여러 개 보입니다. 이만큼 동양의 세가 여기서 커졌다는 뜻이니 같은 동양인으로 자랑스러운 일이지요. 한국사람 성을 딴 건물도 하나쯤은 있는 것 같습니다. 한국말을 쓰는 학생들은 도처에서 만나게 됩니다. 좋은 일이지요.(2005년 12월 18일 새벽)

벤쿠버 통신 3_이장우

　달력을 보니 벌써 여기 온지 2주일이 지났네요. 첫 한 주일은 밤낮이 서로 바뀌어 밤에는 자지 못하고, 낮에는 졸았는데도, 딸아이 내외가 곁에 있어 하루에 한 번씩은 차를 타고 시내에 나가서 구경도 하고, 시장도 보고 하였는데, 그 아이들은 자기들 나름대로 정해놓은 일정에 따라서 동쪽으로 가버리고, 지금은 일주일 동안 우리 내외만 딸아이가 사용하던 방 하나 거실 하나 붙은 아파트에서 일 주일을 옹색하게 보냈습니다.

　지은이 혼자서 1년만 여기 와서 박사후과정을 이수하고는 다음에 또 어디로 자리가 되면 떠나야 하기 때문에, 집에 TV도 없는 썰렁한 자취방에 내외가 지내자니, 자주 한국서 들고 온 노트북을 열어놓고, 이메일도 받고, 뉴스도 보고 합니다. 그러나 한국에 있을 때 학교의 연구실에서만 선이 들어와서 검색할 수 있었던 모든 정보망을 여기서는 이 아파트에 앉아서도 다 검색할 있기 때문에 웬만한 공부도 이 아파트 안에서 다 할 수 있을 것 같습니다. 예를 들면 내가 연구실에서 자랑하던 《사고전서》 원문이나, 《한국학의 모든 것》 같은 것을 다 볼 수 있습니다.

그렇지만 낮에는 될 수 있는 대로 산책을 겸하여 한 20분 걸어서 도서관에 내외가 함께 가서 한국 신문도 읽고, 이 책 저 책 뒤지다가 오는 게 중요 일과입니다. 학교 도서관에는 누구나 들어가는 것은 상관없고, 책을 빌리는 경우에 나 같은 단기 방문자는 본교 교수의 보증을 받아 열람증을 만드는데, 대출 권수는 제한이 없고 대출 기간도 다음 학기가 끝나는 4월 말까지라고 하더군요. 참 책 인심이 후하다고 느껴집니다.

사실상 유럽의 대학들과 같이 카나다의 대학들도 서로 별 격차가 없다고 하지만, 이 UBC대학을 흔히 Toronto대학 다음 정도로 꼽기도 하는데, 학부 학생 수는 2만 8천이라니 우리 영대보다 조금 많으나, 캠퍼스의 크기는 한국에서 제일 넓다는 우리 영대보다도 몇 갑절이나 되는 것 같습니다. 물론 울타리가 없고 민가와 대학이 구분이 별로 없는 구미식 대학을 특수한 지역으로 한정해 놓은 한국의 대학과는 비교하기 어려운 점이 있지만, 우리 영대의 중심축 도로는 1km인데, 이 학교는 1.8km나 되며, 학교 부지안에 해수욕장이 있고, 또 골프장도 있으며, 99년간 학교 땅을 대여해서 짓는다는 별장같은 고급주택들도 많이 있습니다. 나도 여러 나라의 이름 있는 학교들을 많이 가 보았지만, 이 학교도 확실히 큰 학교이면서도, 매우 환경이 좋은 곳에 자리 잡은 훌륭한 학교인 것 같습니다.

이 학교에서 특히 어느 분야의 연구가 돋보이는지 잘 알 수는 없으나, 인문 분야에서는 인류학이 강하다는 이야기를 들은 것 같고, 또 우리나라 출신 수학자 중에 이임학이라는 세계적인 석학이 서울대학에서 예일대학에 교수로 갔다가 이 학교에 와 있었다는 이야기를 들은 바 있습니다. 그래서 그런지 중앙도서관 맞은 편에 수학과 건물이 따로 있기도 합니다.

실없이 남의 학교 자랑만 많이 한 것 같군요. 그러나 저러나 한국의 교수가 여기 와서 별로 주눅들 것까지는 없으리라고 생각합니다. 오늘 날씨가 좀 개이기에 반시간쯤 떨어진 시장까지 학교 골프장 곁을 따라 난 매우 부티 나는 숲길을 걸어가면서 이런 생각을 해 보았습니다. 인도의 간디나 티벳의 달라이 라마 같은 분들을 왜 서양 사람들이 왜 연구할까? 그들은 다 가난하게 사는데.

동지도 지나고 연휴가 가까워지니, 고향 생각이 나는군요. 요즘은 고향에서 보던 달조차 초저녁에는 보이지 않는군요. 아직 한 참이나 기다려야 새해에 다시 밝게 떠올라 오겠지요. 만복을 빕니다.

(2005년 12월 24일 새벽)

퇴계선생의 소백산 유람기_이장우

1.

옛날 선비들은 어떻게 등산을 하였을까? 그들은 왜 산에 올라갔던가? 등산을 취미로 삼고, 또 옛 글(한문)을 즐겨 읽는 나 같은 사람은 한번 쯤 생각해 볼만한 과제다.

중국의 옛날 사람 중에 사령운謝靈運이라는 문인은 등산을 좋아하여, 나무로 된 등산화를 고안하여 산에 오르내릴 때에는 뒷축과 앞축을 바꾸어 끼웠다는 이야기가 전하고, 산수를 즐기는 시를 많이 지어 그를 산수문학의 비조로 치고 있다. 이 분은 진晋나라의 귀족 출신으로서 후작이라는 작위까지 세습하였던 사람인데, 이렇게 산을 힘들게 오르내렸다고 하니 놀랍게 생각된다.

그와 비슷한 시대에 산 도연명이라는 문인은 이와는 반대로 자못 곤

궁하게 살았다. 그렇게 궁색한 가운데서도 산이나 호수에 행차를 할 때에는 하인들에게 간단한 가마[건거巾軺]를 둘러메게하거나 쪽 배를 젓게 하였다고 하니, 옛 날에는 끼니를 굶어도, 종들은 거느리고 있었고, 웬만해서는 양반이 혼자서 두 발로 걸어 다니는 경우는 드물었던 것 같다.

우리나라의 경우는 어떠하였을까? 이퇴계선생의 문집을 보니 49세 때 풍기군수로 재직하면서 소백산에 며칠 동안 다녀온 기록인 〈유소백산기 遊小白山記〉라는 글이 있는데, 정상까지 올라가는데 완만한 길은 걷다가, 험한 곳에 이르면 견여肩輿를 탔다고 한다. 견여란 어떻게 생긴 것인가? 타는 사람의 양쪽 어깨아래 긴 나무막대를 끼우고, 그 막대의 양쪽 끝을 하인 두 명이 앞뒤에서 들쳐메고 가는 것이다. 지금도 중국의 높은 산에 가보면 돈을 받고 이렇게 관광객을 옮겨주는 데가 있다.

그러면 옛날 사람들은 왜 산에 올라갔던가? 중국에서 중세에 산수문학이 일어난 이유의 하나는 불교가 흥행하면서 높은 산에 절간이 많이 생겨나고 승려들이 각처를 돌아다니는 풍조가 크게 일어난 데 기인한다고도 한다. 그 전에도 산속에 사는 신선들에 관한 이야기도 많고, 또 공자도 "어진 사람은 산을 즐긴다(仁者樂山)"라고 하였고, 또 태산에 올라가 보고서 "천하가 작은 줄 알게 되었다"하면서 호기를 부렸다는 이야기도 전한다. 그러니 산을 좋아한 것은 유불도를 가릴 게 없다고 생각한다.

나는 어릴 때부터 영주와 풍기사이를 왕래하였는데, 그 곳은 소백산을 머리만 들면 쳐다볼 수 있고, 발만 내디디면 이를 수 있었다. 그러나 어찌할 도리 없이 다만 꿈속에서만 생각하고, 빈 마음만 달린 지가 지금까지

40년이나 되었다. 지난 겨울에 임명을 받고 풍기로 와서 백운동의 주인이 된 것을 내 개인으로서는 참 잘된 것이라고 좋아하고, 숙원이 성취될 수 있으리라고 생각한다. 그러나 겨울부터 봄까지 진작 일 때문에 백운동에 오기는 하였으나, 문득 산 어귀를 들여다 볼 틈도 없이 돌아 간 것이 몇 차례나 되었다.

이 〈유기〉는 이렇게 시작된다. 이퇴계선생이 벼슬길에 올라서 사직을 자주한 것은 잘 알려진 이야기인데, 어찌하여 풍기군수가 된 것은 이렇게 다행스러운 일로 여겼던가? 소백산에 오르게 될 날이 왔다고 좋아한 것이다. 이 어른의 〈연보〉를 읽어 보면 산이 많은 강원도를 매우 좋아해서 금강산에 꼭 한번 가보고 싶어 하였고, 굳이 벼슬을 못 버릴 바에는 강원도의 어느 고을의 원님이나, 감사로 나가기를 원하기도 하였다. 또 경상도에서도 딴 고을을 맡기보다도 산골인 청송의 부사가 되었으면 하기도 하였다. 이 소원대로 지방관으로서는 처음으로 산이 많고 경치가 좋은 충청도의 단양 군수가 되었다가, 친형님이 곧 충청도의 감사로 부임하여 오셨기 때문에 풍기로 전근이 된 것이다.

선생이 소백산을 오르내린 일정 내용은 다음과 같다:

음력 4월 22일 오랜 비 개임. 백운동서원에서 유숙.

다음 날 민진사 서경과 그 아들 응기를 데리고 죽계竹溪를 따라서 오르기 시작함. 안천교를 건너 초암草庵에 이름. 종수宗粹 스님이 묘봉암에서 마중 나옴. 말을 타고 올라감. 태봉胎峰의 서쪽에 이르러 개울을 하나 건 뒤부터는 말을 버리고 보행. 이 뒤부터는 걷다가 견여를 타다가 함. 철

암과 명경대를 지나서 석륜사石崙寺에서 잠.

　이틀 뒤 계해일 걸어서 백운암白雲庵에 올라감. 견여를 타고 석름봉石廩峰 정상에 오름. 동쪽으로 자개봉과 국망봉이 보이고, 멀리 태백, 청량, 학가, 공산 등을 바라봄. 철죽 꽃이 만개하였음. 꽃밭을 뚫고 중백운암으로 내려옴. 다시 상백 운암터 앞에 있는 재월대까지 올라갔다가 석륜사로 돌아가서 잠.

　25일. 상가타上伽陀를 찾아서 환희봉의 서쪽으로 올라가는데, 석성石城의 고지를 만남. 산대암山臺岩을 자하대紫霞臺로 이름을 바꿈. 상가타에 이름. 중가타를 지나서 폭포를 만났는데 죽암竹巖 폭포로 명명함. 하가타로 내려왔다가 개울을 건너 관음암觀音庵에 올라가서 잠.

　26일 하산. 응기와 종수 등 여러 중은 초암동으로 향하여 가고, 소박달현小博達峴, 대박달령을 넘어, 비로전 유지 아래를 지나서 욱금동을 경유하여 군에 돌아옴.

　이 글에서는 석름봉을 최고봉으로 보았는데, 지금은 연화봉蓮花峰을 최고봉이라고 하니, 같은 곳인데 이름이 바뀌었는지 모르겠다. 그는 소백산의 동쪽은 접어두고 중간 길인 초암에서 석륜으로 통하는 길을 따라가면서도 서쪽에 있는 상중하 3가타를 다 돌아본 것이다.

　이 기록은 원문이 14쪽인데, 그냥 있었던 일을 담담하게 정리한 것이라 그렇게 명문이라고 할 것까지는 없다. 그러나 다음과 같은 이야기는 매우 재미있다.

　산을 내려오니 산 아래 반석은 편편하게 넓은데, 맑은 샘물이 그 위로 흘러들었다. 그 위쪽에는 물소리가 콸콸하였다. 양쪽에는 목련 꽃이 활짝 피었는데, 내가 그 곁에 지팡이를 꽂아두고서 개울로 내려가서 양치도 하고 물장난을 하니 매우 만족스러웠다. 종수 승려가

 시냇물은 응당 나 같은 벼슬아치를 비웃으리라, 溪流應笑玉腰客
 홍진에 묻은 때를 씻으려 해도 씻겨 지지 않으니. 欲洗未洗紅塵蹤

라는 구절을 읊조리고서 "이 시는 누가 지은 것입니까?" 한다. 드디어 그를 돌아보고서 한 바탕 웃고서, 이러한 내용을 시로 적어주고서 떠났다.

여기에 인용된 시구는 고려 때의 명신 김지대金之岱의 〈유가사瑜伽寺〉의 끝부분이다. 고승과 명유가 격의 없이 농담을 나누는 장면이 퍽 아름답게 보인다. (2005년 10월 25일)

갈매기 _치주환

　　　동서고금을 막론하고 그동안 갈매기 이야기는 많이 나왔다. 갈매기가 인간과 가까워서였을 것이다. 《장자莊子》 일문逸文에 나오는 갈매기 이야기가 있다. 장자는 중국 전국시대 사람이므로 2천여년 전의 이야기가 되겠다. 《장자》는 본래 52편이었는데 진晉나라 때 사람 곽상郭象이 33편으로 줄인 것이 지금까지 전해져 여러 편이 없어졌다. 그 없어진 글 중에 다른 책들에 인용된 부분이 약간 남아 있다. 그것이 《장자》의 일문이다. 젊은 어부가 있었는데 고기를 잡으러 배를 타고 바다에 나가기만 하면 갈매기들이 날아와 배에도 내려앉고 어부의 주위를 돌며 온 몸 아무데나 막 내려앉고는 했다. 어부가 하루는 집에 돌아와서 자기 부친에게 바다에서 만나는 갈매기 얘기를 했더니 부친이 집에서 가지고 놀게 한 마리를 잡아오라고 하였다. 그래서 어부는 갈매기를 한 마리 잡아올 생각을 하고 배를 타고 바다로 나갔는데 갈매기들은 여전히 떼지어 날아왔다. 다만 어부가 잡으려는 기색이 있는 것을 알아차렸는지 갈매기들은 어부의 손이 닿지 못할 만큼의 높이에서만 나는 것이다. 어부와 갈매기의 이야기에 부쳐 사람이 무슨 생각이라도 품으면 어떻게라도 그 기색이 나타나게 마련이라는 것을 일러주기 위한 우언寓言이라 하겠다.

갈매기 하면 우리 고장에서 생각나는 것이 있다. 서울 강남구의 압구정동이다. 압구정동은 압구정狎鷗亭이 있었다 해서 얻은 이름이다. 압구정은 갈매기와 친밀하게 지내는 정자라는 뜻이다. 압구정을 지은 인물은 조선 초기 세조世祖의 공신으로 그 세도가 대단해서 그 권세는 임금이 바뀌어도 변함없이 유지되었을 정도였다. 갈매기와 친밀하게 지낸다는 것은 명리名利를 다투는 각축장에서 선선히 떠나 마치 은사隱士같이 산다는 의미가 내포되어 있어 사실상 그에게는 압구정의 주인으로는 별로 어울리지 않는다. 그가 압구정을 지어놓고서는 조야의 중진들을 온통 초대하여다가 엄청나게 큰 잔치를 벌였고 글 잘하는 사람들을 불러 모아 압구정을 두고 시문詩文을 짓게까지 하였다. 그런데 압구정이 있는 곳은 바다에서 멀리 떨어져 있어 갈매기가 올만한 곳은 아니었다.

나는 평생 동안 명리를 다투는 각축장에 이렇다 하게 끼어들어본 적도 없고 또 일자리에서 퇴직하고 이미 80대 중반에 접어든 처지여서 주로 집에 들어앉아 지내는 지금에 와서는 털어버리고 나설만한 이렇다할 일이나 사연은 있지도 않다. 그렇기는 하지만 단조로운 일이나 약간씩 하면서 노상 집에서만 지내다보면 무료해지게도 되어 가끔은 바람을 쐬러 나다니게도 된다. 어쩌다 서울에서 멀지 않은 강화도에 가게도 되는데 그 때에는 갈매기와 만나게 된다. 벌써 여러해 전의 일이 되었지만 처음으로 갈매기와 가까이 지내본 적이 있다. 강화도의 외포리는 선착장도 있고 바다가 내다보이는 식당들도 있고 해서 사람들이 많이들 들리고 갈매기도 많다. 여름철이었는데 하루는 그곳에 들러 이층 식당에 올라가 바다가 내다보이는 창 가에 앉아 점심을 먹게 되었다. 창 밖으로 갈매기가 꽤 가까이 날아다닌다. 옆 식탁에서 식사를 하던 사람이 생선 조각을 하나 창 밖으로 내던져 주니까 어느틈에 갈매기가 그것을 채어 물고 가는 것이 아닌가. 나도 좀 흥미로와져 횟조각을 하나 창 밖으로 힘껏 내던져보았다. 그랬더니 역시 갈매기 하나가 지나가며 그것을 놓치지 않고 받아 물고 가버린다.

나는 재미를 느껴 식당 주방에 내려가 회뜨고 남은 밴댕이를 얼마간 구해가지고 해안 절벽에 바싹 다가서 쳐놓은 난간에까지 나갔는데 갈매기는 어느틈에 내가 먹이를 줄줄 알고 모여들기 시작하여 내 위를 빙빙 돈다. 밴댕이를 던져주면 거의 놓치지 않고 공중에서 받아먹는데 던져주기가 바쁠 지경이다. 어쩌다 먹이가 바닥에 떨어져도 남김없이 찾아먹는다. 한참 동안이나 이렇게 갈매기와 접촉을 해보고 나니까 치졸稚拙함을 느끼는 일은 전연 없고 무척 즐거웠다. 물론 이런 일은 이미 오래 전부터 있어왔고 나는 늦깎기로 처음 해본 것에 지나지 않는다. 그 후 나는 몇 해 동안에 두서너 차례 외포리에 가서 같은 방법으로 갈매기에게 먹이를 주었고 그 때마다 즐거웠다.

얼마 전 초등학교 6년생인 외손녀가 찾아왔다. 특수중학교에 가기 위해 몇 가지 과외를 하느라고 쉴 사이도 없이 지내는 것이 하도 힘들어서 무지러뜨리고 놀러 왔다는 것이다. 외손녀아이를 데리고 강화도에 가서 배를 타고 교동도를 다녀왔다. 배가 떠나가고 도착하고 할 때 갈매기떼가 몰려들어 던져주는 과자를 받아먹는다. 외손녀 아이는 갈매기에게 먹이를 주는 것이 너무나 좋아서 이리저리 옮겨다니며 계속 과자를 던져준다. 두 손까락으로 먹이를 찝어서 쳐들고 있으면 갈매기가 날아와서 용케 채가는데 외손녀 아이는 그렇게 주는 것을 몇 차례 성공했다. 최근에 파리에 사는 딸이 다녀갔다. 강화도 갈매기 이야기를 했더니 파리에서는 갈매기가 바다에 먹이가 시원치 않아서인지 파리 시내로 날라 들어온다는 것이다. 여기서도 강화도까지 가지 않아도 갈매기가 서울 시내까지 찾아와 만나게 해줄 날이 올지도 모르겠다.

康健 有爲 長壽 _차주환

    건강한 몸으로 꾸준히 보람 있는 일을 맡아 해가며 백세를 훌쩍 넘기는 장수를 누릴 수 있다면 그것은 즐거운 일이기도 하고 또 바람직한 일이기도 하다. 다만 그렇게 해내기는 결코 쉽지가 않아서 문제다. 우리 학술원 회원은 평균연령이 70세 이상이고 80대 90대 100대가 두루 들어 있으며 대부분 노익장으로 학술활동 등을 지속하여 건강한 장수사회를 이루고 있다. 그중에도 최태영 선생같은 분은 백세를 훨씬 지나 금년에 백오세로, 지난번 훈장수여식에 참석하였을 때 건강하시냐고 인사하는 말에 "아직 망녕은 않습니다"라고 대답하여 사람들을 감탄하게 하였다. 최 선생은 또 본통신 바로 지난 호에 〈韓日合邦을 反對한 日本의 7博士〉를 발표하기까지 하였다. 최 선생의 장수비결이 따로 있는지 궁금해진다.

중국에서는 오랜 옛날부터 장생불사까지 들먹이며 그렇게 되기를 바라고 가지각색의 신선설이나 선화仙話같은 것을 만들어내고 '辟穀' '服餌' '導引' '閉氣' '按摩' '煉丹' 등등 실로 여러 가지 방법을 고안해 내기까지 하였으나 결국은 뚜렷한 효과를 보기에는 이르지 못했다. 그렇기는 하지만 옛날에도 중국에는 백세를 넘기는 장수를 한 사례가 있었던 것 같아서 그러한 늙은이들을 만나서 장수비결을 물어본 일을 노래한 시가 전한다. 그 시를 지은 응거應璩(190~252)는 위진시대魏晉時代의 시인으로 이야기조로 시를 써내는 것이 특장으로 그의 시풍은 도연명(376~427)에게도 영향을 주었다. 그 시의 제목은 〈三叟(세 늙은 이)〉로 다음과 같다.

三叟	세 늙은 이
古有行道人,	옛날에 길 가는 사람이 있었는데,
陌上見三叟.	밭길에서 노인 세 분을 만났다.
年各百餘歲,	나이는 각각 백여 세나 되었고,
相與鋤禾莠.	함께 김을 매고 있었다.
住車問三叟,	수레를 멈추고 세 노인에게 물었다.
何以得此壽?	"어떻게 이렇게 장수를 하시게 되었습니까?"
上叟前致辭,	상노인이 앞으로 나와 말씀하기를,
內中嫗貌醜.	"집안의 할망구가 추하게 생겼어요."
中叟前致辭,	중노인이 앞으로 나와 말씀하기를,
量腹節所受.	"배를 재서 먹는 것을 조절합니다."
下叟前致辭,	끝노인이 앞에 나와 말씀하기를,
夜臥不覆首.	밤에 자는데 머리를 덮어쓰지 않습니다.

要哉三叟言,	요긴하다 세 노인의 말씀,
所以能長久.	그래서 오래 살 수 있었던 거라.

세 노인이 일러준 장수비결은 별로 특이한 편은 아니다. 식사를 절제해서 과식을 하지 않는 것은 거의 상식에 속하는 일이다. 잠잘 때 이불 따위를 뒤집어쓰고 자면 탁한 공기를 마시게 되므로 위생상 좋을 게 없다. 다만 지금까지도 잠잘 때 이불을 덮어쓰고 자는 사람들이 꽤 있어서, 장수까지는 몰라도 건강유지에 다소간 도움이 되는 말이라고는 할 수 있겠다. 다만 마누라가 추하게 생겨서 성생활이 가능한데도 근접하지 않는다는 이야기에는 문제가 없지 않다. 성생활이 장수에 해로운가의 여부도 알 수 없기는 하지만 그것은 차치하고라도 그런 경우에는 다른 여인에게로 마음이 돌아갈 가능성이 없지 않다.

조선 전기의 인물인 심수경沈守慶(1516~1601)은 팔도감사八道監司 등을 지내다 선조宣祖 23년(1590) 75세되던 해에 우의정右議政에까지 올랐는데 시화와 만록漫錄을 수록한 《遣閑雜錄》이라는 책을 남겼다. 그 가운데 다음과 같은 심수경 자신의 이야기가 실려 있다.

나는 75세에 득남하고 81세에 또 득남했는데 다 미첩婢妾의 몸에서 났다. 80에 아들을 났다는 것은 근래에 드문 일이다. 남들은 경사라고 하지만 나는 재난이라 생각했다. 장난으로 절구 두 수를 지어 서교(西郊-宋贊)와 죽계(竹溪-趙應祿) 두 노래의 친구들에게 보냈더니 다 이에 화작和作하였으니 더욱 우습다.

| 七五生兒世固稀, | 일흔 다섯에 아들 낳기란 세상에 드물음 말할 것 |

	없거니와,
如何八十又生兒?	어찌하여 여든에 또 아들을 낳았는가?
從知造物眞多事,	이로써 알겠거니와 조물주 정말 할 일 많아서,
饒此衰翁任所爲.	노쇠한 늙은이 하는 대로 내버려 두게 했지.
八十生兒恐是災,	여든에 아들 난 건 아마도 재앙이니,
不堪爲賀只堪哈.	축하할 건 못되고 웃음거리 될 뿐이라.
從敎怪事人爭說,	이로써 해괴한 일을 사람들 다투어 말하게 하여,
其奈風情尙未灰?	"그래 바람기가 아직도 가시지를 않았는가?"

심수경은 75세와 81세에 본댁이 아닌 비첩의 몸에서 득남하고 그후에도 5년을 더 살았다. 백수는 누리지 못했으나 심수경은 노경에 접어들어서도 아들을 둘씩이나 낳으며 우의정을 지냈으니 당시로서는 장수한 편이다. 그리고 성생활이 장수에 별로 방해가 되지 않음을 보여준 셈이다.

얼마 전 한 친지가 읽어보라고 일본어로 된 《人間百歲自由自在》라는 책을 인편에 보내왔다. 이 책은 백세를 넘기고도 골프시합에서 우승할 정도로 건강한 개업의인 塩谷信男(시오야 노부오)와 영문학 교수로 정년퇴임하고 노경에 접어든 평론가인 渡部昇一(와다나베 쇼이찌)의 백세인생을 살아내는 일을 중심으로 한 대담이다. 두 사람은 다 백세인생을 힘차게 살아내는 일에 대해 자신만만하다. 시오야 노부오는 인간 수명은 백세라고 하여 자신을 표본으로 '인간백세수명설'을 내세우며 관련된 여러 가지 일을 대담하게 설명한다. 기본되는 것은 정심조식법正心調息法이라 하여 마음가짐과 호흡법에 두고 있다. 무슨 일에 대해서든지 마음을 전향적으로 가지고 긍정적인 사고를 하고 매사에 감사하는 마음으로 적극적으로 대응한다는 것이다. 조식법調息法은 설명이 있는데 일종의 심호흡법으로 복식호흡 내지는 단전호흡과 비슷하다. 별로 특별한 것은 아니지만 백세를 살아낸 경험에서 우러난 것이어서 읽는 사람의 주의를 끌게 된다. 시오야 노부오는 최고학부의 의학과를 나온 의사이기는 하나 병을 치료하는 데 있어 아픈 부위에 손을 대주는 관습을 확대시켜 모든 질병에 아픈 곳에다 손을 대주는 치료법을 철저하게 사용한다. 그리고 상상 이상의 효험을 본 경험을 말한다. 거기다 질병을 고치거나 어려운 일을 해결하는 데 있어 완료형으로 생각하는 방법을 쓰는 것이다. 이를테면, 이 병은 이미 다 나았다, 이 일은 이미 잘 해결되었다 등으로 생각하는 것으로 그런 방법도 실제로 뚜렷한 효력이 있다고 강조한다. 역시 백세인생을 살아내는 요령에 속하는 것으로 여기는 말투다. 다만 그는 성생활에 대해서는 아무 말도 하지 않았다.

우리 나라에도 백수를 넘어선 인구가 천단위로 헤아릴 정도라고 한다. 활기차고 건강한 몸으로 꾸준히 맡은 일을 해나가면서 백세를 넘어서는 장수를 누릴 수 있는 시대가 왔다고 생각해볼 수 있다. 다만 그렇게 해내는 데 지켜야할 사항이 정해져 있는 게 아니어서 사람들은 여러 가지로 자기 의견이나 경험을 말하고는 한다. 상식적인 차원에서 심신의 건강을 지켜나가는 것이 백세인생을 살아내는 기본이 아니겠는가 하고 생각해본다.

老後生活_차주환

　　1986년 2월말 내 나이 만 65세에 서울대학교 교수직을 정년 퇴임하였다. 말하자면 그때부터 내 노년기가 시작되었다고 하겠다. 그렇기는 하였으나 그때 나는 별로 늙었다고 느껴지지는 않았다. 요행히 나는 곧 이어 단국대학교의 대학원교수로 초빙되어 상근으로 동교 동양학연구소東洋學硏究所에 근무하게 되었다. 매일 아침에 출근해서 연구실에서 사전편찬의 업무를 돕고 연구원들의 질문이 있으면 의논상대가 되어주고, 중국문학과의 대학원 강의를 매학기 한 강좌씩 맡아보았다. 단국대학교는 일찍부터 주5일근무제를 실시하여 주말 2일이 자유로웠고, 방학 동안은 반일근무여서 느긋하게 지낼 수 있었다. 나는 외부의 학술관계 회의에는 참석이 허용되었다.

　　당시 동양학연구소의 소장은 김동욱金東旭 교수였는데 그는 매사에 의

욕적이고 일의 추진이 과감하였다. 나는 연구소의 사업추진의 선후문제를 김동욱 소장과 의논하는 자리에서 무엇보다도 먼저 《韓國漢字語辭典》의 원고를 완결시켜 간행을 서둘러야한다는 의견을 내놓았는데 김동욱 소장은 그 의견을 받아들여 그 일을 적극적으로 추진하여 의외로 빠른 시일내에 원고작성과 편집을 완결시켜 출판부에 넘겼다. 김동욱 교수는 얼마 후에 많은 사람들이 애석해하는 가운데 급서急逝하였고, 1992년 박천규朴天圭 교수가 동양학연구소 소장 직에 있을 때 《韓國漢字語辭典》이 46배판 1200면 내외의 4권본으로 출간되었다. 이 《韓國漢字語辭典》은 한국 초유의 예상외로 내용이 풍부한 사전이어서 국내외 각계각층의 환영을 받아 출간 즉시 만여부가 나가고 계속 판매호조를 보였다. 연구소에서는 곧 이어 대사업인 《漢韓大辭典》의 원고작성에 들어갔다.

나는 단국대학교 동양학연구소에서 만 13년 동안 상근교수로 일하면서 끝무렵에는 석좌교수로 동양학연구소 소장을 지내기도 하였다. 그동안 나는 한국도교사상연구회韓國道敎思想硏究會 동양문학비교연구회東洋文學比較硏究會 한국돈황학회韓國敦煌學會 등의 회장과 학술원의 부회장을 지내면서 각종 회의에 참석하였다. 그리고 《中國詩論》《中國文學의 饗宴》 수필집 《세월을 다듬으며》 등의 책을 내기도하였고 학술논문도 여러 편 발표하였다. 《中國詩論》은, 당시까지도 한국에서는 시론을 다룬 전문서적이 어느 나라의 것도 나오지 않은 상황이어서, 중국의 시론을 다룬 것이기는 하였으나 시론분야의 주의를 끌 수 있었다. 이렇듯 정년 후 13년 동안은 노년기의 곤혹도 그리 느끼지 않으면서 큰 탈

없이 지낼 수가 있었다.

그러구러 2000년대에 접어들어 나는 80대에 들어서게 되었다. 80대에 들어서서부터는 적이 늙음을 자각하게 되었다. 그동안 건강상으로는 순환기내과 호흡기내과 신장내과 피부과 비뇨기과 등 여러 병과에서 검진과 치료를 받아오고 있으나, 몇 차례 단기간 입원치료를 받은 적은 있지만, 일상생활에 별로 큰 어려움은 없이 지낼 수 있어 다행으로 생각하고 있다. 이 단계에 와서는 밖에 나갈 일이 별로 많지 않게 되어 자연 집에 머물러 있는 시간이 많아졌다. 서재에 들어앉아 그동안 발표한 학술논문과 정리해둔 학술자료를 손보아서 단행본으로 엮어내는 일이 문과교수로서는 말하자면 자연스러운 귀추라고 할 수 있다.

그동안 《中國詩論》은 3000부가 매진되어 재판을 내게 되었는데 그 기회를 빌어 여러 가지 관계자료를 보충하여 정보판訂補版을 내기로 하여 꽤 오랜 시간을 두고 그 작업을 마무리해서 출판사에 넘겼다. 꽤 부피가 있는 책이 되었다. 나는 도연명(365-427)의 시문을 좋아했으나 관련된 단행본을 내지 못했다. 이번 한가해진 기회를 활용해서 《韓譯 陶淵明全集》을 냈다. 한글 역문과 원문과 원문독음을 엮어서 전집에 접근할 수 있는 작업을 해놨고, 그동안 여러 군데에 써낸 도연명과 그의 시문에 관한 내 글들을 부록하였다. 이와는 별도로 역주와 해설을 붙인 도연명시의 간략한 선집을 《陶淵明詩》라는 서제를 붙여 단행본으로 냈다. 1960년 대만의 중앙연구원에서 왕숙민王叔岷 선생과 하이타워(Hightower) 교수와 함께 1주일에 두 차례씩 모여 도연명시를 끝까지 읽고 토론한 생각이 난다.

 오래전부터 연구해오던 돈황사본敦煌寫本에 나오는 사작품詞作品에 관한 논문을 정리하고 필요한 부분을 보충하여 《敦煌詞文學論考》라는 서제를 붙여 2004년에 단행본으로 냈다. 이 책은 2005년도 학술원의 '우수학술도서'로 선정되어 비교적 널리 보급되었다. 2005년 《韓譯 論語》를 냈다. 상세한 서설을 첫머리에 실어 공자와 논어에 관한 해설을 달았다. 본문은 현대 한국어 역문을 맨앞에 내놓고 표점부호를 붙인 원문과 구결(토)을 단 한국음 독법과 해설을 달아 한국인이면 아무나 쉽게 읽고 뜻을 터득할 수 있도록 하였다. 나는 금년에 세는 나이로 87세다. 이제부터는 이러한 책을 엮어내는 일 같은 것에서는 손을 떼고 내 전공과는 다른 분야의 책이나 골라서 읽고 연속방송극 같은 오락프로나 시청하고 지내야할 것 같다.

📖 지은이 소개

강성위 - 서울대 중국어문학 연구소 책임연구원
김성곤 - 한국방송통신대학교 중문과 교수
류종목 - 서울대 중문과 교수
박 석 - 상명대 중문과 교수
오태석 - 동국대 중문과 교수
원종례 - 가톨릭대 중문과 교수
이남종 - 서울대 규장각 책임연구원
이병한 - 서울대 명예교수
이영주 - 서울대 중문과 교수
이장우 - 영남대 명예교수
차주환 - 대한민국학술원 회원, 서울대 명예교수

우문회 산문집
산성마을 농사꾼 이야기

초판 1쇄 인쇄 2008년 5월 5일
초판 1쇄 발행 2008년 5월 10일

저 자 | 이병한 외
펴낸이 | 하운근
펴낸곳 | 學古房

주   소 | 서울시 은평구 대조동 213-5 우편번호 122-843
전   화 | (02)353-9907 편집부(02)356-9903
팩   스 | (02)386-8308
전자우편 | hakgobang@chol.com
등록번호 | 제8-134호

ISBN 978-89-6071-076-4 03040

값 : 12,000원

※파본은 교환해 드립니다.